品牌营销实战

新品牌打造+营销方案制定+自传播力塑造

张文强　姜云鹭　韩智华　著

清华大学出版社

北京

内 容 简 介

本书从为读者提供实战化启发角度出发，用10章内容，系统化地为读者讲述如何从品牌思维出发做营销、从零开始打造新品牌实战攻略、轻松达到消费者看一眼便牢记品牌效果实战教程、"老"品牌进行营销创新再度翻红实战指南、具体制定品牌营销推广方案实战策略、撰写高质量营销文案实战方法、如何有效实现品牌自传播、将消费者转化为品牌粉丝的实战法则、做好品牌公关实战要则、打造优秀营销团队实战攻略等知识点。

通过阅读本书，读者将熟练掌握品牌营销所需的实战技能，对企业发展、个人工作能力提升及职场升迁具有重要意义。本书适用于所有从事营销工作的职场人士，也适用于高校经管专业的学生，同时适用于对品牌营销感兴趣的广大读者。

本书封面贴有清华大学出版社防伪标签，无标签者不得销售。

版权所有，侵权必究。举报：010-62782989，beiqinquan@tup.tsinghua.edu.cn。

图书在版编目(CIP)数据

品牌营销实战：新品牌打造+营销方案制定+自传播力塑造 / 张文强，姜云鹭，韩智华著. —北京：清华大学出版社，2021.2
ISBN 978-7-302-57087-5

Ⅰ. ①品… Ⅱ. ①张… ②姜… ③韩… Ⅲ. ①品牌营销 Ⅳ. ①F713.3

中国版本图书馆CIP数据核字（2020）第251177号

责任编辑：陈立静
装帧设计：华文智赢设计部
责任校对：吴春华
责任印制：宋　林

出版发行：清华大学出版社
　　　　网　　址：http://www.tup.com.cn, http://www.wqbook.com
　　　　地　　址：北京清华大学学研大厦A座　　邮　　编：100084
　　　　社 总 机：010-62770175　　邮　　购：010-62786544
　　　　投稿与读者服务：010-62776969，c-service@tup.tsinghua.edu.cn
　　　　质量反馈：010-62772015，zhiliang@tup.tsinghua.edu.cn
印 装 者：三河市中晟雅豪印务有限公司
经　　销：全国新华书店
开　　本：170mm×240mm　　印　张：17.75　　字　数：298千字
版　　次：2021年2月第1版　　印　次：2021年2月第1次印刷
定　　价：59.80元

产品编号：078222-01

前言 PREFACE

　　品牌营销这一概念，其实并不新颖，只是近年来随着互联网的发展而愈发被各个企业重视起来。从本质上讲，品牌营销其实是要站在市场环境中，将用户放在核心位置上，同时与过去相比，还要分出更多的心思将营销这件事考虑得更加周全。时代在不断变革，但凡与品牌直接挂钩、要借助品牌获得收益的人，都要学会如何运用合理、先进的手段去打造好一个新品牌。

　　产品本身是非常脆弱的东西，因为能够影响其发展的要素实在太多了：用户需求的变更、新兴技术的诞生、竞争对手的压力……我们当前所看到的知名品牌，都经历过各种各样的危机事件。无论是某些初创企业为了使品牌能够存活更久，还是某些大型企业想要让品牌形象更加深入人心，首先要做的，就是让自己具备正确的营销理念。

　　就目前的市场情况来看，能够在竞争中胜出的品牌大都有着执行力超强的团队，以及紧跟潮流的营销思维。其中，在品牌营销方面比较成功的代表当属江小白。无论人们是否购买过江小白的产品，都对这个品牌有着深刻的印象：文案很"扎心"、品牌的人格化形象很有特点、品牌定位很新颖。当人们提起某个品牌，能够在第一时间说出与该品牌有关的一两个关键词时，就能够说明该品牌的营销工作做得比较到位。

　　另外，本书还提到一个对品牌营销来说非常关键的地方，即对互联网的应用。直白地说，互联网的发展极大地推动了企业打造品牌的进程，与此同时，互联网有时也会对品牌自身造成伤害。放眼那些层出不穷的网红品牌，我们可以从中看到什么？是对信息技术的利用和对线上线下的连接。能够将互联网与品牌营销完美结合的人，大都懂得与互联网和谐共存的道理：既要懂得发挥互联网优势的一面，又要避免踩入其危险的陷阱。

本书将按照品牌营销的常规顺序来进行划分，主要包括：品牌思维的讲解、品牌定位的方法、品牌印象的塑造、品牌创新的技巧、品牌推广的方案、品牌文案的撰写、品牌传播的诀窍、品牌粉丝的转化、品牌公关的关键和营销团队的构建等。

无论如何，如果企业下定决心要做好品牌营销，就一定要足够坚定、要做好将品牌营销当作长期任务去做的准备，同时要把握好正确的行进方向。

由于作者知识水平有限，书中难免有疏漏之处，望广大读者批评指正。

编　者

目录 CONTENTS

第 1 章　如何从品牌思维出发做营销

1.1　什么是品牌营销··001
    1.1.1　进行品牌营销的目的···001
    1.1.2　传统营销理论在品牌营销上的乏力··004
1.2　如何立足品牌思维做营销··008
    1.2.1　品牌并非单纯指产品···009
    1.2.2　STP：品牌营销战略三要素···011
    1.2.3　品牌不同生命周期在营销侧重点上的不同······································014

第 2 章　从零开始打造新品牌实战攻略

2.1　定位：占领用户心智才能成功···017
    2.1.1　品牌定位 = 差异化标签 + 品类··017
    2.1.2　6 种常见的品牌定位策略··021
    2.1.3　品牌定位常陷入的 3 类误区···023
2.2　目标用户群定位：用户越聚焦，穿透力越强···024
    2.2.1　逐步细化目标用户群画像实战流程···025
    2.2.2　品牌定位目标用户群过程中的常见误区···026
2.3　产品打磨：打造受欢迎产品的科学方法论···028
    2.3.1　超级产品是创造用户需求而非满足用户需求····································028
    2.3.2　如何判断一个产品是否有价值···030

    2.3.3 打造受欢迎产品的两个经典模型·····033
  2.4 定价：直接决定品牌利润与生存空间·····036
    2.4.1 产品定价时应考虑的外部因素与内部因素·····037
    2.4.2 最适合新品牌的产品定价模型·····038
    2.4.3 如何基于数据测试动态调整产品定价策略·····041
    2.4.4 四种保有利润前提下品牌进行打折实战方法·····045
  2.5 品牌故事：品牌人格化传播第一步·····047
    2.5.1 讲好品牌故事的5个诀窍·····047
    2.5.2 创始人：品牌故事的最好IP·····052
  2.6 种子用户的拉取方法与新品牌营销冷启动·····054
    2.6.1 种子用户的4种实用拉取方法·····054
    2.6.2 如何利用种子用户完成新品牌冷启动·····057
  2.7 优秀品牌从零开始成长实战案例分析·····059
    2.7.1 【案例】韩都衣舍初创期如何实现品牌突围·····059
    2.7.2 【案例】Supreme逐步成长为全球潮牌案例分析·····063

第3章 轻松达到消费者看一眼便牢记品牌效果实战教程

  3.1 与定位理论一脉相承的"视觉锤"·····067
    3.1.1 什么是"视觉锤"·····067
    3.1.2 品牌利用视觉锤影响消费者的10种方式·····070
  3.2 如何想出令消费者难忘的品牌名与广告语·····073
    3.2.1 创作高质量品牌名的5种实用方法·····073
    3.2.2 魔性广告语均具备的5个特点·····078
  3.3 品牌占领独特门类的实用方法·····080
    3.3.1 品牌占领独特门类4部曲·····080
    3.3.2 【案例】江小白、小郎酒如何占领年轻白酒消费群体·····083
  3.4 品牌为消费者创造安全感与顺从消费者实战方法·····085
    3.4.1 品牌强调正宗、销量第一背后的安全感考量·····085
    3.4.2 品牌在创新与顺从消费者间寻求取舍的方法·····087

第 4 章 "老"品牌进行营销创新再度翻红实战指南

4.1 "老"品牌营销创新"三板斧" 090
- 4.1.1 产品创新：品质+年轻化元素 090
- 4.1.2 宣传创新：跨界+时尚娱乐元素 093
- 4.1.3 渠道创新：宣传+产品售卖渠道创新化 098

4.2 "老"品牌营销创新再度翻红实战案例分析 100
- 4.2.1 【案例】故宫通过营销革新打造网红品牌案例分析 101
- 4.2.2 【案例】海尔基于移动互联网的品牌营销变革之路 109

第 5 章 具体制定品牌营销推广方案

5.1 品牌如何高效进行市场调研 113
- 5.1.1 品牌低成本又有效进行市场调研的 7 种方法 113
- 5.1.2 导致企业问卷调研沦为无用功的 6 个常见原因 121

5.2 调研结果分析实战方法 128
- 5.2.1 宏观分析：PEST 分析模型+SWOT 分析法 128
- 5.2.2 用户分析：定性研究与定量研究 133

5.3 依据调研结果制定品牌营销推广策略 4 步走 136
- 5.3.1 品牌营销推广渠道选择原则和参考标准 136
- 5.3.2 SEO/SEM：品牌如何做好竞价推广 139
- 5.3.3 品牌营销投放前小范围效果测试实战攻略 146
- 5.3.4 利用数据分析持续优化品牌营销策略实战要领 148
- 5.3.5 【案例】一份可借鉴的品牌营销推广方案模板 149

第 6 章 撰写高质量营销文案实战方法

6.1 文案 4 要素的相应创作技巧 154
- 6.1.1 吸睛标题：10W+ 文案标题均具有的特点 154
- 6.1.2 受众信任：如何利用 AIDA 模型赢得用户信任 157
- 6.1.3 购买欲望：激发用户购买欲望的 7 个撰写技巧 159

6.1.4 引导下单：高效卖货文案的4个引导下单技巧 ·············· 161
6.2 多类型品牌营销文案相应撰写技巧 ·············· 163
　　6.2.1 广告宣传文案：如何一句话击中用户内心 ·············· 163
　　6.2.2 长文案：利用深入描述进行品牌公关 ·············· 165
　　6.2.3 电商文案：侧重卖点挖掘才能卖货 ·············· 168
　　6.2.4 TVC文案：一定要洗脑的广告短片 ·············· 170
　　6.2.5 仪式型文案：品牌营销如何结合节日热点 ·············· 173
　　6.2.6 软文：创作优质品牌营销软文6步走 ·············· 175
6.3 高质量文案撰写案例分析 ·············· 177
　　6.3.1 【案例】一款简单的帆布袋如何写出高质量品牌文案 ·············· 177
　　6.3.2 【案例】马蜂窝、BOSS直聘、知乎世界杯洗脑广告片案例分析 180

第7章　如何有效实现品牌自传播

7.1 开发产品自传播潜力应满足的前提 ·············· 183
　　7.1.1 产品能激发自传播潜力的4个前提 ·············· 183
　　7.1.2 如何通过复盘典型用户优化品牌传播路径 ·············· 185
7.2 利用产品设计形成自传播能力的4种实用方法 ·············· 188
　　7.2.1 购买前：降龙爪爪门店广告牌中的设计心思 ·············· 188
　　7.2.2 拿到手：小米手机借助用户开箱体验形成病毒式传播 ·············· 190
　　7.2.3 使用中：地砖品牌如何在使用中形成自传播 ·············· 192
　　7.2.4 使用后：三胖蛋瓜子提前为用户想好朋友圈传播姿势 ·············· 194
7.3 其他可实现品牌自传播的6种实战方法 ·············· 196
　　7.3.1 实现产品与用户的双重可视化 ·············· 196
　　7.3.2 产品个性化、高颜值、高档次自传播策略 ·············· 199
　　7.3.3 利用品牌标签形成自传播社交货币 ·············· 201
　　7.3.4 产品塑造超预期体验形成自传播实战技巧 ·············· 203
　　7.3.5 用户有参与感便会主动为产品宣传 ·············· 205
　　7.3.6 品牌贴热点形成自传播的3个黄金法则 ·············· 207

第 8 章　将消费者转化为品牌粉丝的实战法则

8.1 消费者为何能成为品牌粉丝·····················210
8.1.1 消费者可转化为品牌粉丝的心理学基础·················210
8.1.2 品牌将消费者转化为粉丝的 4 个常见路径·················213

8.2 品牌最大限度将明星粉转化为品牌粉实战方法··············215
8.2.1 品牌如何利用数据分析寻找最优明星代言人············215
8.2.2 娱乐明星粉转化为品牌粉 3 步走·················217
8.2.3 【案例】肯德基转化鹿晗流量粉案例分析············219

8.3 品牌如何利用 IP 营销聚集忠实粉··············221
8.3.1 品牌进行 IP 营销的 7 种不可替代的优势·············222
8.3.2 品牌 IP 的必备要素·················224
8.3.3 优质品牌 IP 实战开发流程·················226
8.3.4 品牌 IP 营销如何避免粉丝反感·················228
8.3.5 【案例】MM 豆品牌 IP 营销案例复盘·················230

8.4 让社群成为品牌营销的全新增长极··············232
8.4.1 如何用 STAR 法则评估品牌是否适合做社群·············232
8.4.2 做好品牌社群的 3 个关键词：密集、亲近、时长············235
8.4.3 【案例】罗辑思维利用社群实现商业成功案例分析············237

第 9 章　做好品牌公关实战要则

9.1 品牌公关在营销中的独特性·················240
9.1.1 什么是品牌公关·················240
9.1.2 品牌公关与广告、促销的区别·················243

9.2 高效做好品牌公关实战要则·················244
9.2.1 做好品牌公关的 7 种常用方法·················245
9.2.2 互联网快速传播特性对品牌公关带来的影响············247

9.3 如何化解公关危机·················249
9.3.1 品牌应对公关危机应把握的 3 个基本原则·················249

9.3.2 不同类型品牌公关危机与实战处理方法……252

9.3.3 【案例】教科书级的海底捞危机公关……254

第 10 章 打造优秀营销团队实战攻略

10.1 如何提升个人营销能力……257

    10.1.1 优秀营销人员应重点培养的 8 种核心能力……257

    10.1.2 懂数据、懂用户心理的营销人进步更快……260

10.2 如何组建优秀的营销团队……262

    10.2.1 营销团队组建初期如何吸引、留住人才……262

    10.2.2 有效提升营销团队执行力的 4 种方法……264

    10.2.3 【案例】美团地推"铁军"是如何炼成的……266

附录

【附录 1】 名创优品从 0 到 100 亿元品牌营销全流程解析……269

【附录 2】 营销达人雕爷连续打造三大网红品牌背后的实战方法论……271

第1章
如何从品牌思维出发做营销

品牌的竞争个性是由企业资源现状以及价值观来决定的,品牌诉求的定位及其内涵是由品牌的竞争个性或目标市场定位来决定的,而诉求又是由内涵来决定的,这些关系看起来错综复杂,因此企业必须弄明白这些关系,否则就无法发展。所谓的品牌内涵其实指的是品牌能够为消费者提供什么样的价值或者利益。我们只有根据消费者的情况对品牌内涵进行相应的调整,才能获得发展,而上述一切,都与品牌营销密不可分。

1.1 什么是品牌营销

企业依靠品牌与市场进行接触,其产品、服务等都是通过品牌呈现且被消费者认知的。所以,企业的市场营销工作应该以品牌为视角来开展,品牌营销对企业而言具有非常重要的作用。

1.1.1 进行品牌营销的目的

品牌归根结底属于一种通过识别、连接的功能来帮助消费者作出分辨的标志。当品牌形象人格化后,就形成了IP。一家企业想要做长期营销规划,获得长久发展，品牌或 IP 的作用至关重要。

现在大家对于营销已经不陌生了，不仅实力雄厚的企业会有专门的营销部门或团队，普通店铺也普遍采取各式各样的营销手段来吸引消费者。随着互联网时代的到来，虽然营销主体没变，但营销本质却发生了翻天覆地的变化。

1. 品牌营销的 4 个维度

随着产品同质化现象越来越严重，营销重点开始向更高层次发展，也就是品牌营销。品牌营销的目的不是兜售产品，其真正目的是让消费者对品牌产生认知并且做出选择。结合品牌营销的发展历程，我们可以将其划分为 4 个维度（如图 1-1 所示），每个维度所形成的品牌生态也不一样。

图 1-1　品牌营销的 4 个维度

1）功能营销维度

在一些产品差异化较为明显的市场中，这种营销方式的使用比例较大。简单来说，就是通过突出产品的功能特点并使其成为产品卖点，比如"农夫山泉有点甜""充电 5 分钟、通话 2 小时"等。只要能够找到产品的卖点，并且进行宣传，功能营销的作用还是十分有效的。

2）品类营销维度

品牌进行品类营销的关键在于成为品类中的第一或者是代表，以占领用户心智，成为用户购买该品类时第一个能够想到的品牌。品类不一定是以产品的属性作为划分标准，也可以通过地位、档次、场景等来找到相应的领域，进而占领品类，所以关键之处在于找准品类。通常来说，品类营销的做法就是通过拟定独特的广告语并且结合大量的宣传，在受众脑海中形成独特标签。比如，"送礼就送脑白金""中国两大酱香白酒之一""更适合中国宝宝体质"等。

3）情感营销维度

情感营销与品牌调性息息相关，是指赋予品牌人格化，使其具备某种情感、性格或者身份，然后结合内容与场景进行营销。情感营销通过打造包装与情趣等与用户形成互动，增强用户体验，实现情感连接，成为用户喜欢的"调性"。

在情感营销中，内容比单纯的打广告更重要，用户体验比用户心智更重要，口碑效果比推广效果更重要。所以，与品类营销相比，情感营销更胜一筹。情感营销的传播不是依靠独特的广告语或者硬广告，而是通过用户的分享与转发实现裂变。从当前来看，情感营销是品牌营销手段中最为有效的一种营销方式，它与互联网的特性相符，满足消费者个性化、圈层化的趋势，因此尤其受"90后""00后"的年青一代的欢迎。

许多知名品牌在情感营销方面都做得不错，比如可口可乐、耐克、星巴克等，而近几年声名鹊起的一众网红品牌也都是情感营销的高手，比如喜茶、江小白等。

4）精神营销维度

国外权威机构的调查数据显示，如果产品的品质、价格相差不多，八成以上的消费者会更倾心于有社会责任感的品牌，这一比例超过95%。

以美国加州汤姆制鞋公司为例，其前身不过是一家小小的鞋店，但销售模式是，消费者每购买一双鞋子，他们就免费赠送给贫困地区的孩子一双鞋。正是因为汤姆制鞋坚持这一销售模式，短短4年，年销量已经达到上千万。汤姆制鞋的成功之处在于，其营销模式不再局限于产品的概念，而是上升为公益活动，因此获得了大量消费者的认可。

精神营销是情感营销的进阶，是提升社会价值并且获得消费者认可的营销方式，也是品牌营销发展的必然发展趋势。

2. 制定营销策略的目的

企业所制定的营销策略应该以品牌为视角来开展，主要是为了达到以下四个目的。

1）力量最大化

品牌营销能够通过共享模式聚合众多参与者，品牌不再独自出战，而是与利益相关方共同发力，形成更大的力量，共同朝着同一方向进行营销。

2）效率最大化

当力量集中在一起时，利益相关方会主动关注品牌营销效果，并且出谋划策，提供相关数据与资源，营销效率自然而然就得到提高。

3）风险最小化

市场风险不仅仅是品牌方独自承担，利益相关方也同样需要承担，这样就形成了风险共担机制，各自需要承担的风险自然小了，同时还有助于降低内耗。

4）费用最小化

品牌营销从每一个节点的费用都由原来的品牌方独自支付、控制，变成与利益相关方共同支付、控制，从而能够控制成本支出，利益也会随之加大。

在"互联网+"时代，品牌需要用长远目光来审视和维护自身与消费者之间的关系，通过不断地给消费者营造"惊喜"来获得消费者的认可，让品牌营销发挥应有的作用。

1.1.2 传统营销理论在品牌营销上的乏力

当前，消费品行业中出现了许多不错的创新品牌，比如高大师、熊猫精酿、自嗨锅、元气森林、单身粮、嗨吃家、艾格吃饱了以及钟薛高等。

与传统品牌相比，这些创新品牌有很多不一样的地方。比如，绝大多数传统品牌在进行营销的时候，都是通过在电视中投放广告的方式来进行的，铺货的时候都是通过线下加盟招商的方式来进行的。而这些创新品牌则不一样，它们所使用的营销模式可以说是前所未有的。

对于传统企业来说，品牌力、产品力和渠道这三种力量是打造竞争壁垒的核心因素。然而这种竞争壁垒搭建起来非常困难，因为企业在生产、传播和分销的时候，都需要达到较大的规模。只有规模足够大，才能够建立起坚固的竞争壁垒。虽然难以建立，但一旦建立起来就很难被他人攻破。

不过，随着时代的发展，像这样由规模化建立起来的竞争壁垒正在逐渐被打破。在创新品牌的攻势下，这些传统的大品牌正逐渐失去他们的优势。在现在这个时代，消费品行业的营销底层逻辑发生了很大的变化，主要体现在3个方面，如图1-2所示。

1. 营销资源方面的变化

首先，传播资源变得更加丰富，逐渐打破传统的品牌壁垒。

在很长一段时间内，想要推广品牌，往往只能通过投放广告的方式，但投放广告的价格十分昂贵，绝大多数品牌承受不起这个费用。在这里，我们介绍一个真实的案例：2005年，某品牌想要在中央电视台《新闻联播》后的黄金时段投放广告，广告的时长为5～15秒，仅仅播放一次，就需要花费20万元左右，如果播放一个月，就需要花费600多万元！如果播放一年，就需要花费1亿元！注意了,这是在 2005 年的时候!然而就算是如此高昂的价格,仍然有大量的企业想要在这个黄金时段投放广告。

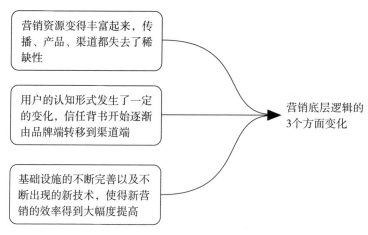

图 1-2 营销底层逻辑的 3 个方面变化

1998 年,《新民晚报》是当时上海影响力最大的报纸,在四分之一通栏的位置打广告就需要花费 16 万元左右,而且不是说有钱就可以投放的,广告的内容还要符合要求,广告能够取得什么样的效果也没有任何保证。因此,在互联网时代尚未到来的时候,如果企业没有充足的资金,根本就无法在电视或报纸上长时间地投放广告。

从某种意义上来讲,在这些媒体上打广告和赌博差不多。如果赌赢了,那么品牌的知名度将会大幅度提升,产品的销量也会随之上涨;如果赌输了,就会倾家荡产,比如旭日升、太子奶、三株口服液、秦池等品牌。当然,赌赢的品牌也有很多,许多品牌都是通过电视广告做到了家喻户晓的程度,比如脑白金。

到了互联网时代,传播的资源变得丰富起来,投放广告所需花费也大幅度减少,就算你只有 100 元钱也能够投放广告,甚至还是在头条的位置,并且广告的效果也能得到一定的保证。你想要将你的广告推送给谁就能够推送给谁,还能够根据广告效果进行付费。甚至你在朋友圈中随便发布的内容,都能够进行大规模的传播,而且一分钱也不用花。

在互联网时代到来之前,传播资源较为稀缺,并且较为集中;互联网时代到来之后,传播资源已经变得过剩了,并且较为分散。

由于传播资源过剩,导致了传统的营销壁垒逐渐消失。小企业也有了更多的发展机会，尤其是消费品行业。营销的关键是媒介，现在的媒介越来越丰富，传播门槛也大大降低，如果小企业能够利用好传播资源，同样可以得到很大的发展。

其次，渠道资源同样变得丰富起来，渠道壁垒正在渐渐被打破。

按传统渠道来说，如果品牌商想要在全国范围内销售产品，那么往往需要在全国范围内的线下门店上架产品。然而，每一个门店的经营面积都不是无限的，货架资源相当稀少，不是想上架什么就能上架什么。想要在货架上摆上自己的产品，就需要花费大量的资金，并且还需要与竞争对手抢夺货架资源。营销中有一个词是"渠道为王"。通俗来说，就是谁拿到渠道的控制权，谁就可以取得成功。掌握了渠道的控制权，就相当于掌握了货架，产品在消费者面前展示的机会就多了。如果产品的包装能够吸引消费者，销量自然就能够上去。除此之外，掌握了渠道甚至还能够决定消费者能够买到什么样的产品，比如啤酒行业的五大品牌联合起来，完全控制了渠道，使小品牌无路可走。这个行为从本质上来讲，就是凭借垄断渠道来构建竞争壁垒，最终整合整个市场。小品牌连卖东西的地方都没有，怎么发展呢？

我国餐饮行业的零售终端有将近1200万家，想要完全掌控零售渠道，就一定要打造出一个相当完善的分销体系，并且做到很大的规模。假如终端销售服务团队能力不足，想要控制零售终端基本是不可能的事情。除此之外，组织管理能力也一定要强。从另一个角度来看，企业的管理壁垒就是由组织管理能力搭建起来的。

而在现在这个时代，创业者设计出了一款新的产品，想要销售非常容易，各种各样的电商平台都可以作为媒介。只需要在这些平台进行注册，开一家个人店就能够在网上销售产品。消费者下单后，只需要利用好快递资源，就能够将产品送到消费者手里。换句话说，你想进入市场，不再需要打造一个规模庞大的销售网络，也无须投入大量的资金去打通线下零售渠道，而是借助互联网的力量就能够轻而易举地铺开商品，进行大规模的销售。

互联网的发展、电商的诞生、快递的建设使渠道资源变得丰富起来，小企业凭借"电商＋物流"的模式就能够获得发展。当消费者下单之后凭借快递就能够将货物送达消费者，而不必再去与大品牌争夺线下货架资源。

因此，在互联网时代，大品牌面临巨大的挑战。它们在先前很长的一段时间内，凭借自己的渠道优势努力建立起来的竞争壁垒，就这样被打破了，通俗来讲，掌握了渠道不一定就是成功了。

最后，产品的壁垒被打破。

除了传播以及渠道外，产品的壁垒也被打破了。从前，如果你想要通过生产衣服来赚钱，就需要购置生产线，而一条生产线的价格相当高，因此在很长一段时间内，只有大公司才有实力生产衣服。

如今，在产能相同的情况下，生产线的价格大幅度降低。随着技术的发展，衣服制造技术变得非常简单，所以有很多创业者都开始做起服装行业的生意。各种各样的服装品牌涌现出来。这些品牌充分利用电商平台进行快速分销，导致国际大品牌不得不与小品牌进行竞争。

除了服装行业，其他行业的情况也是如此。生产技术的发展速度相当快，基本上每个消费品领域的生产设备都在朝小型化的方向发展，还变得越来越智能化，设备的价格也大大降低。产品的生产门槛大幅度降低，生产成本大幅度减少，效率大幅度提高。

换个角度来看，大品牌的设备很多、规模很大，而小品牌并没有这些方面的限制。消费者的需求是时时刻刻都在变化的。小品牌的灵活性比大品牌高。当消费者需求发生变化的时候，小品牌能够很快进行调整，而大品牌调整的速度相对较慢，从而在竞争中失去优势。

之前，大品牌的竞争壁垒都是依靠稀缺资源建立起来的，而如今这个时代，这些资源变得丰富起来，大品牌的竞争壁垒被打破了，小品牌有了发展的机会。

2. 用户认知形式的变化

由于先前的营销资源具有稀缺性，导致消费者的认知受到一定的限制。站在消费者的角度来看，你敢去购买一个不知名的品牌的产品吗？如果你看到的品牌反复在电视上出现过，你是不是一下子就放心了呢？但这时就出现一个新的问题，消费者的认知是有限的，不可能记住所有电视中出现的品牌。对于不同品类的品牌，消费者可能只记得住第一和第二。因此，品牌进行营销的时候面临的最大问题就是，通过什么样的方式才能够抓住消费者。最终，他们研究得出了一个结论：想要让消费者记住，往往只需要一句简短的话语，比如"送礼就送脑白金""怕上火喝王老吉"。当消费者进行消费的时候，往往会先购买他认识的品牌。

但现在不一样了，消费者购物变得十分简单，可以直接在线购买，不需要再到线下门店去。在这个信息大爆炸的时代，消费者每天都会接收到各种各样的信息，注意力变得分散。当消费者看到喜欢的产品时，如果没有产生购买的欲望，那么过几分钟后，他可能就会忘掉了。在现在这个时代，消费者对产品的性价比以及质量非常重视。用户的评价就是非常重要的参考依据。他们在购买产品之前，往往会先看看其他用户的评价，或是询问朋友的意见。

比如直播"带货"很火的薇娅以及李佳琦，之所以取得如此巨大的成功，就是因为他们能够帮助用户减少挑选产品的时间，并且还能够为用户提供一定的优化建议，使用户的认知成本降低。

从本质上来讲，因为用户信任的背书产生了一定的改变，亲朋好友的推荐、KOL的推荐在推广过程中所发挥出来的作用比传统广告要大得多。企业想要赢得消费者的心，就必须把产品做得更好、提供优质的服务，建立良好的品牌形象。

3. 基础设施的不断完善以及不断出现的新技术提高了新营销效率

我国的移动网络可以说是全世界最好的，通信基础设施非常先进。这就使得人们沟通的效率得到大幅度提高，人和人之间的联系也变得越来越紧密。随着互联网的不断发展，只要有一台手机就可以随时随地与他人建立连接，还能够在全世界范围内挑选商品，并且我国的交通基础设施正在不断完善，物流的速度得到了极大的提高，就算你在偏远地区，你也能够通过网络买到你想要的东西。

以前品牌商在进行营销的时候，会将市场划分为一级到六级，但现在的市场发生了极大的变化，变成了一个一元化的市场。绝大多数大品牌在发展遇到困难的时候，都会进行市场下沉，主要原因在于市场下沉已经没有物理上的障碍了。因此，可以预见，未来的中国市场肯定是一个超级市场，一个一体化的市场。

》》 1.2 如何立足品牌思维做营销 《《

企业在进行营销之前，一定要设计出具有针对性以及连续性的品牌营销步骤，据此来进行营销。要注意的是，品牌营销步骤一定要以长远的眼光来看待，要能够逐渐适应目标受众群体的习惯以及生活方式。

1.2.1 品牌并非单纯指产品

在现在这个时代，绝大多数消费者在购物的时候，更关心产品是什么牌子的。

如果你不信，可以回想一下，你买东西的时候，是什么因素导致你选择了某个品牌呢？现在的商品极为丰富，甚至还有些过剩，一款产品随随便便就能够找出数百种相同类型的产品。例如电饭煲，我国生产电饭煲的厂家基本上有上千家，但很多人仍然首选美的电饭煲，而不是其他品牌，为什么呢？很明显，这就是品牌的力量。

你基于对品牌的认知，信任这个品牌，所以选择了这个产品。因此我们说，消费者购买的并不是产品本身，而是品牌。如果你购买的是产品本身，那么你甚至不需要经过任何思考，点开淘宝，输入产品名称，找到一个最便宜的产品来购买就好了，但明显大家都不会这样做。所以，基于以上的理解，我们认为，产品≠品牌。

1985年，唯一一个持有可口可乐配方的人——乌德鲁夫去世了。在这时，百事可乐抓住机会，与麦克·杰克逊建立了合作，打算对可口可乐发起进攻。可口可乐被逼无奈，只能改变可乐的配方，将使用新配方生产的可乐投入市场，但这一举动却受到消费者的抵制。

为什么会这样呢？可口可乐在打算要使用新配方的时候，就已经错了：他们只把"可口可乐"视作一款产品而已，为了能够打赢百事可乐，就想要对可乐这款产品进行"改进"，便使用了新的配方。但他们没有意识到，可口可乐是一个品牌，一个与消费者连接紧密的品牌。它们"产品＝品牌"的想法直接抹杀了消费者与品牌之间的感情。

从这个例子中可以看出，"产品＝品牌"的想法是不正确的。所以，企业在打造品牌的时候，必须认识到产品对于品牌具有什么样的价值、具有什么样的意义。特别是对于成长型的品牌来说，一定要学会用品牌的思维去培养品牌。

一个成功的品牌往往是以一款好的产品为基础的，这是不可否认的事实。但仍然有大量优秀的产品没有发展成为一个成功的品牌。所以，品牌思维具有一些独特的规律，既不等于产品思维，也不等于技术思维。

虽然品牌与产品之间存在本质上的差异，但两者之间又是相互依存的，两者的地位是同样的。比如子弹和枪，你认为哪个更重要一些呢？如果只有枪而没有子弹，那么枪就和废铁差不多；如果只有子弹没有枪，那么子弹同样和废铁差不多。只有两者结合起来才能够发挥出巨大的威力。品牌与产品之间的关系就和子弹与枪的关系一样。

实际上，我们打造品牌的过程，就是消费者通过产品与品牌进行情感连接的过程。消费者从最开始认识产品，到认可产品，到习惯使用产品，再到建立起情感连接，最后甚至无法离开产品，这个过程需要大量的时间。在这一过程中，消费者与品牌之间建立了情感关系，同时品牌与产品之间也建立起了关系。如果消费者与品牌之间的情感达到一定的程度，那么这个品牌就能够得到巨大的发展。

消费者与品牌之间建立起情感连接，需要有一个载体，而这个载体，就是产品。不管是什么品牌，产品在成长过程中都发挥了重要的作用。提到奔驰，你就会想到汽车；提到迪奥，你就会想到香水。为什么消费者能够记住这些品牌呢？因为消费者在使用品牌产品的过程中，获得了良好的体验，认可品牌的产品，因此慢慢地建立起了情感连接，最终认可这一品牌。

因此，在打造品牌的时候，一款相应的产品是非常重要的。产品是品牌的基础，一定要竭尽全力去做好产品，使品质以及质量都达到最好，从而使得品牌的声誉得到保证。

假如品牌还在成长的时候，产品发生了危机，那么品牌也难逃一劫。就算品牌已经成熟了，危机也是不可避免的。比如前几年备受关注的"三鹿三聚氰胺"事件，就算三鹿已经成长为著名品牌、驰名商标，但这次事件过后，三鹿这一品牌因为产品的问题，迎来了倒闭破产的结局。除此之外，一个品牌想要成功，必须成为产品的认知升华，否则品牌就无法取得成功。

在这里，我们列举几个品牌：说起格力空调的时候，你就会不自觉地想起核心技术；说到宝马汽车的时候，你就会不自觉地想起驾驶的快乐；说到加多宝凉茶的时候，你就会不自觉地想起降火。

这就是产品的认知升华，那么，如何才能够将产品的认知升华呢？答案是：口碑。

身边的人都觉得 iPhone 好用、可口可乐好喝、加多宝可以降火，就算消费者本身没有购买过这些产品，也没有实际使用过这些产品，也会认为：所有人都说这个东西好，这个东西就真的好。所以，如果能够形成良好的口碑，就能加快产品认知升华的速度。

从中我们可以看出，产品本身所具备的价值，是使消费者功能方面的需求得到满足，但品牌不一样，品牌的价值是使消费者的精神需求或是情感需求得到满足。

因此我们认为，品牌生存的基础，是产品，而产品认知的升华，是品牌。产品是实物，消费者看得见、摸得着，而品牌是虚的，消费者看不见、摸不着。品牌是一种观念，它存在于消费者的联想中、感知中。

如今的时代，消费者购买产品的时候往往不会以产品的功能为依据，而是以品牌为依据。所以，只有得到消费者认可的品牌才能够取得巨大的发展。消费者认可的程度越高，品牌竞争力就越强；而品牌的竞争力强了，产品的竞争力也会随之变强。

总而言之，现在已经从产品消费转变为品牌消费。所以品牌模式的升级就显得尤为重要，只有这样，才能提高品牌的影响力，进而使得产品的影响力得到提高。

1.2.2　STP：品牌营销战略三要素

STP 理论中的"S"指的是 Segmenting（细分），"T"指的是 Targeting（目标），"P"指的是 Positioning（定位）。该理论主要讲述的是市场目标定位，是战略营销中的关键内容。

STP 理论认为，市场具有多元化以及多层次的特性，一个企业不可能满足市场中的全部需求。企业需要充分认识自己，找到自己的优势，确定目标市场，然后将企业的定位以及品牌传播给目标受众群体。

1. S——细分

所谓市场细分，其实就是以消费者的差异化需求作为基本依据，对某个市场按照不同的维度划分为一个个细分市场，并根据自身的实际情况确定目标市场。

对市场进行细分的维度有很多，这里我们列举 3 种：品类、地区、人群，具体如图 1-3 所示。

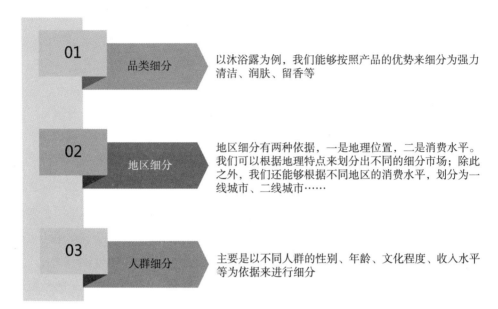

图 1-3　市场细分的 3 个维度

需要注意的是，在市场细分的过程中，往往会陷入 3 个误区。

（1）品类误区：想要销售所有产品。

不管任何人，如果想要成功，就应该先从自己最擅长的开始。企业也是如此，要想取得发展，在市场中打败竞争对手，就应该将自己最具优势的产品拿出来卖。明确应该在什么市场进行销售、选择什么品类来进行销售，将所有的力量都用在一个点上，集中精力办大事。如果你想占领所有的市场、销售所有的产品，就无法取得成功，你的产品核心竞争力几乎为零。

（2）消费者误区：想让每一位消费者都喜欢自己的产品。

世界上的人有着各自不同的特点，你不可能满足所有人的要求。因此，你一定要认识到谁才是自己的目标客户，然后针对目标客户开发产品、改进产品，将产品卖给他们。如果你想要让每一位消费者都喜欢自己的产品，那么你的产品就会缺乏针对性，无法满足特定消费者的需求，并且还会导致无法集中宣传。所有的事情都做，就会导致精力无法集中，以致所有的事情都做不好。

（3）地理误区：一直想要"全面开花"。

任何一个企业都不可能拥有无穷无尽的资源，想要完成全国的布局需要投入的资源实在太过庞大。你手头上的资源还不足以让你完全开发地区市场，你就想进军全国市场，这样反而会拖垮自己。

2. T——目标

进行品牌营销的目标通常只有两个：一是提高销量，二是提升品牌影响力。两者缺一不可，同等重要。然而绝大多数企业都对第二个目标视而不见。他们进行品牌营销只为了提高销量，这样的行为确实能够在短时间内使销量和利润得到提高，但忽视了品牌的力量往往无法走得远，没有品牌的帮助的发展就像坐过山车一样，到达了顶峰又瞬间下滑。

因此我们在做品牌营销的时候，一定要能够在两者之间取得平衡。即使品牌在短时间内无法为企业提供很大的帮助，但是从长远来看，对企业的作用是无法估量的。

（1）销量目标。

在制定销量目标的时候，我们应该将地区、时间、产品等要素考虑进去，并且还应该制定一个年度销售目标。

（2）品牌目标。

品牌目标可以划分为以下五个层面，如图1-4所示。

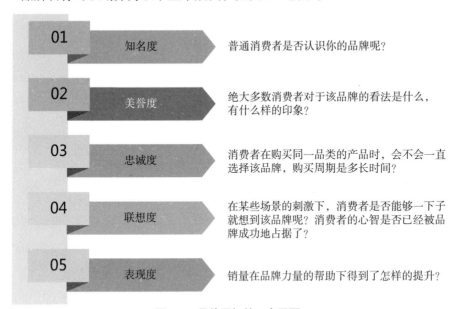

图1-4 品牌目标的五个层面

3. P——定位

市场定位还有另一个名称，叫作"竞争性定位"。简单来说，就是企业在进行营销的时候，根据企业自身的实际情况以及产品的优势，确定自己在目标市场中所处的位置。企业为了确保自己的产品能够在市场中拥有一定的竞争力，往往选择对自己而言最有利的位置。

1.2.3 品牌不同生命周期在营销侧重点上的不同

通常情况下，我们会将品牌的生命周期分为四个发展阶段，分别是导入期、成长期、高峰期以及衰落期。在不同阶段的营销侧重点也是不一样的。

1. 导入期

所谓导入期，就是指品牌在刚刚进入市场中，与竞争对手进行竞争的时期。在这一时期，品牌的经营理念刚刚形成。在进行营销的时候，应该结合市场的情况以及产品的特点找到一个最适合的点，确保在起步的时候能够拥有一个较高的起点。

企业在制订营销计划之前，一定要先对市场进行调查，并以调查结果作为依据，这样才能够确保营销计划有效实施。站在媒体的角度来看，新品牌的诞生会引起他们的兴趣，但媒体的最终目的是吸引读者，所以新品牌在市场中的表现会对媒体的关注度产生影响。新品牌反响好，受关注就越多，反之就越少。企业应该尽可能地满足媒体的需求，这样才能够让媒体为企业助力。媒体在进行报道的时候，通常会遵循时效性、新闻性以及公益性，所以企业为了引起媒体的兴趣，应该尽可能做到这三点，让媒体成为营销的一大助力。

总而言之，在导入期，企业进行品牌营销应该将重心放在制造新闻效应以及打造热点方面。因为每一个不同的新品牌在导入期的市场反应不一样，产品特点也是不一样的，所以营销模式也是不固定的，需要根据实际情况来设计。

2. 成长期

当品牌进入成长期之后，企业就应该重新认识自己的品牌，并根据实际情况对品牌特点进行改进，目的是打败竞争对手或是适应顾客。通常情况下，进入成长期的品牌会受到更多的关注，消费者也会积极评论成长期品牌的产品，如果产品很好，那么消费者会很乐意帮助品牌进行传播。

企业应该根据消费者的反馈以及要求对产品的外观、技术、品质、包装以及服务等要素进行调整，如图 1-5 所示。

企业根据消费者的反馈调整内容	（1）对目标市场进行重新评估，对品牌定位进行重新评估，看看是否有某块市场仍然存在空白
	（2）分析企业的技术现状以及经营能力是否与品牌的竞争个性相符，品牌具有什么样的内涵，品牌是否具有差异性
	（3）深入发掘品牌内涵定位中的价值、属性、个性、利益、使用者特征、文化等方面存在的不足之处，然后进行改进，并确保这些方面具有准确性以及针对性

图 1-5　企业根据消费者的反馈调整内容

品牌的核心价值以及产品的价格组合和功能决定了消费者的忠诚度，产品的质量决定了品牌的美誉度。

在创立品牌的时候，企业应该想方设法提高自己的知名度，然后去获得忠诚度以及美誉度。当品牌进入成长期之后，意味着知名度已经达到了一定的程度，此时，为了提高品牌的忠诚度以及美誉度，企业一定要对消费者的期望值进行管理。

所以，企业要在渠道、技术、产业链升级以及服务等方面与其他品牌建立合作，达成战略联盟关系，一起瓜分现有的市场或是集中力量开辟新的市场。除此之外，企业还要利用媒体提高品牌的知名度，使品牌的发展进入一个全新的阶段。

3. 高峰期

当品牌进入高峰期之后，就意味着技术水平已经发展到一定的程度，如果技术比不上竞争对手，那么品牌几乎无法进入高峰期。然而实际上，消费者的忠诚度是需要一定的付出的。如果企业的付出无法满足消费者，那么消费者的忠诚度也会随之消失。有很多企业认为消费者的忠诚度形成了之后就会一直增加，这是错误的想法。企业需要在产品的功能组合、技术、产品线、包装盒、附加价值、服务等方面进行不断的改进，保证产品能够不断满足消费者的预期。

进入高峰期之后，品牌应该再一次全面地审视自己，找出自己的优势以及劣势，比如品牌价值、品牌内涵、市场定位、核心优势、消费者忠诚度、渠道布局等，这些方面都是竞争对手最看重的地方，如果你做得不够好，竞争对手会毫不留情地抢夺过去。在这一阶段，品牌应该扩大自己的优势，弥补自己的劣势。

在这里，必须认识到一个问题，当品牌进入高峰期，与导入期以及成长期相比发生了质的变化。因为在此时，品牌拥有了一定的新闻特征，几乎每一家媒体都会关注你，特别是在企业声誉或是产品方面，如果出现一些纰漏，也会导致媒体大肆宣传，这就会对品牌造成极大的负面影响。所以，企业应该将营销的重心放在媒体公关以及运营安全上。

4. 衰落期

品牌在高峰期确定的竞争定位在衰落期会慢慢地显示出缺陷，品牌进入衰落期，很有可能是这些缺陷导致的。品牌必须知道究竟是什么原因导致衰落期，如果是由于市场定位的缺陷导致的，那么就应该弥补这些缺陷，然后保持高峰期的定位；如果是因为竞争对手的原因导致的，那么就应该分析竞争对手究竟使用了什么手段导致品牌跌落到衰落期，然后对症下药。因此，在分析导致品牌跌落到衰落期的原因时，必须从多方位进行考虑。

品牌的竞争个性是由企业资源现状以及价值观来决定的；品牌诉求的定位以及内涵是由品牌的竞争个性或目标市场定位来决定的；品牌诉求又是由内涵来决定的，这些关系看起来错综复杂，但企业必须弄明白这些关系，否则就无法发展。所谓的品牌内涵其实指的是品牌能够为消费者提供什么样的价值或是利益。我们应该根据消费者的情况来对品牌内涵进行相应的调整，这样才能够脱离困境。

总而言之，大部分品牌从高峰期跌落到衰落期，是因为危机导致的，如何对危机进行正确的处理非常重要，它决定了品牌是否能够生存下去并重回高峰。通常情况下，危机具有扩散性、突发性、机遇性以及相对可控性等特点。

第 2 章
从零开始打造新品牌实战攻略

当市场上出现一个新品牌的时候,不同消费者的反应是不一样的,有些人会尝试使用,有些人会关注,有些人乐于传播,而有些人会对新品牌视而不见。因为不同类型的产品存在很大的差异,市场也是十分复杂的,所以在打造新品牌时需要注意的事项尤其多,本章我们将详细介绍。

〉〉 2.1 定位:占领用户心智才能成功 〈〈

具体来说,定位又包括品牌定位、战略定位、产品定位等。什么才是真正的品牌定位?总而言之就是一句话:能够占领用户心智的定位才是好定位!

2.1.1 品牌定位 = 差异化标签 + 品类

想要了解什么是真正的品牌定位,需要先了解定位的历史。

20 世纪 70 年代,美国商业日渐繁荣,商业竞争愈演愈烈。在当时,货架上商品数量越来越多,因而导致严重的同质化问题,这时如何让消费者记住自己的品牌成为最大的难题。而雪上加霜的是,品类开始分化。

以计算机为例,随着时代的发展与需求的变化,计算机开始衍生出众多品类，比如服务器、小型机、个人电脑等，而其中个人电脑这一品类还可以划分为家用电脑、办公电脑、游戏电脑等更多细分品类。

再以汽车这一大品类为例，也衍生出了众多品类，比如轿车、SUV、商务车、旅行车等，而根据不同标准又可以划分为更多小类。比如，以价格作为依据，可划分为经济型、中档、中高档、豪华型等；以空间作为依据，可划分为小型、紧凑型、中型、中大型等。

不同品类之间存在不同的品牌，产品型号也在不断增多。无论消费者选择哪一个品类，能够供其选择的品牌都有很多。

在这种情况下，消费者的消费行为就变成通过品类来考量、品牌来表达。比如，消费者想要买辆车，就会考虑买商务车还是旅行车？价格上会考虑是经济型还是中高档？空间是需要小型的还是中型的？当确定品类后，才可能采取下一步行动。比如，消费者决定买的车是豪华型、空间要中型，而奔驰C级、宝马3系、奥迪A4L等品牌产品都符合消费者的要求，消费者便可以对比一系列符合条件的品牌，比较不同品牌产品的优势与不足等，并结合自身情况进行购买。而这一过程便是我们所提到的通过品类来考量，通过品牌来表达。

然而，商品品类越来越多，消费者不可能记住每一个品牌。心理学家认为，消费者在每个品类中能记住的品牌最多只有7个。所以，消费者在确定品类后，哪个品牌最先被消费者想起来，其也就在销售上占据了先机。

我们仍然以汽车为例，除了上述提到的奔驰C级、宝马3系、奥迪A4L等品牌产品，其实凯迪拉克ATS-L、英菲尼迪Q50L、雷克萨斯IS等品牌也同样符合"豪华型""中型""轿车"这三大条件。但是消费者首先想起的往往是宝马、奔驰等品牌。

所以，品牌需要在消费者能够记住的品类列表中找到正确位置，这就是品牌定位。定位是基于品类实现的，核心在于凸显自己的特色，做到在消费者眼里不同于其他品牌。由此可见，定位的本质就是通过在消费者心里贴上属于自己的标签，让自己与竞争对手有所区分，进而占据消费者的心智。一般而言，品牌可通过以下三种方式为自己贴上差异化标签。

1. 成为品类领导者

占据品类的首选标签是成为品类领导者。我们日常在购买某个品类的产品时，往往想到的第一个品牌所占据的优势是最明显的。因此，许多品牌纷纷抢占品类领导品牌的地位，以期获得更大的市场份额。比如，阿芙精油的广告语非常简单："阿芙就是精油！"（图2-1），消费者在购买精油时，很容易就会联想到阿芙这一品牌。

图2-1　阿芙精油广告语

另外，香飘飘奶茶著名的"杯子连起来可绕地球 x 圈"的广告语标签也是经典案例。除此之外，香飘飘还宣传自己是"杯装奶茶开创者"以及"连续五年全国销量领先"（图2-2），从地位、销量等方面不断巩固自己在杯装奶茶品类中的领先地位。

图2-2　香飘飘奶茶广告语

2. 品类再细分

每个品类的领导者一般只有一个，其他品牌应该如何做呢？将品类进行再细分是一个不错的做法。

定位论有两位创始人，当前国内较为推崇的是杰克·特劳特（Jack Trout），而另一位鲜被人提起的则是艾·里斯。艾·里斯在其著作《品牌之源》中所体现的核心观点，正是品类细分促成了品牌的诞生。如果想要成就一个新的品牌，细分原有品类是必经之路，这也是定位论中的核心观点。

在品类再细分上，有不少品牌都做得很好。比如，海飞丝主打去屑，并且成为去屑洗发水品类领导者，而清扬则另辟蹊径，开创了男士去屑品类，如图2-3所示。

图 2-3　海飞丝与清扬去屑产品图

品牌可以通过人群、产品功能、档次等方面对品类进行再细分，给自己贴上更明确的标签，进而获取突出重围的机会。

3. 比附定位

当本品类已经有了领导者时，紧跟领导者一样能够获得一定的曝光度，并且让消费者记住自己，这就是比附定位。比如，以香型作为划分依据，白酒可划分为浓香型、酱香型、清香型等类型，其中酱香白酒这一品类中的领导者非茅台莫属。基于此，郎酒旗下的高端产品青花郎，便紧贴茅台做宣传，定位为"中国两大酱香白酒之一"（图 2-4），言外之意就是如果不选择茅台，那就选择青花郎吧。

图 2-4　青花郎的定位宣传

另外，在传统认知里，高档白酒非茅台、五粮液、剑南春三大品牌莫属，于是剑南春便顺杆而上，给自己贴上"中国三大名酒"的标签，这也是比附定位。

比附定位不仅可以用在小品牌比附大品牌上，还可以小品类比附大品类。

比如，与大众所熟知并且同为碳酸饮料的可乐相比，七喜给自己贴上"非可乐（Un+cola）"的标签（图2-5）后，于是一举成名。

图 2-5　七喜定位标签

将以上三种情形进行归纳，可以获得品牌定位 = 差异化标签 + 品类这一公式，也就是明确品牌在品类中的定位。所以，当消费者通过品类来考量，并且通过品牌来表达时，品牌在消费者想要购买的品类中是第几个被想起的，有哪些差异化标签在消费者的心目中，就是品牌在用户心中的位置，也就是定位。

2.1.2　6种常见的品牌定位策略

想要让消费者在偌大的市场中了解到品牌的独特性，还需要通过采取定位策略来完成。品牌定位的策略有很多，如图2-6所示，接下来简单介绍一下。

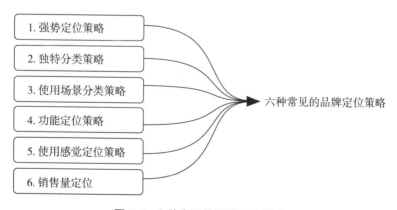

图 2-6　六种常见的品牌定位策略

1. 强势定位策略

如果品牌是同品类内建立最早的,就可以设定一个比较强势的定位。以可口可乐为例,其在可乐品类中是出现最早的品牌,因此有底气设定"只有可口可乐,才是真正的可乐"这样的强势定位。而设定这一定位的原因在于,大家都喜欢真正的产品并且反感假冒伪劣产品。

2. 独特分类策略

独特分类策略就是创造新品类,逐渐走出一条小路,避免在大道上挤破头而且难以出头的情况。以农夫山泉为例,在消费者的认知中,日常在商店购买的饮用水都是经过加工处理的,但是农夫山泉却声称"我们不生产水,我们只是大自然的搬运工",突破饮用水的固有概念,成为第一个"搬运工"。

3. 使用场景分类策略

消费者在思考品类时,有时是以其特点以及相应场景作为出发点的。简单来说,就是产品在消费者的生活中扮演什么样的角色。比如,在"早餐"这一场景中,很多人都会联想到早餐牛奶、面包等,这些产品大多数时候便被定位为早餐用品。例如,曾经风靡一时的营养快线的广告词是"早上喝一瓶,精神一上午",充分体现了其所扮演的早餐饮品的角色;伊利的谷粒多燕麦牛奶所宣传的"将扛饿进行到底",让消费者在感到饥饿的时候联想到它。具体来说,消费者对于习惯性场景的依赖程度较高,只要在广告中将产品使用的具体场景予以体现,就会很容易引起消费者的注意并且记住品牌。

4. 功能定位策略

功能定位就是根据产品的某一功能存在明显的优势或者特殊性来定位。以王老吉为例,其定位就是其功能——防上火。作为一款具备保健功能的饮料,其凸显的功能会比宣传味道好等更有效果。在这方面,也可以借鉴宝洁的做法,其旗下大多数产品都主推一个功能优势并且将其作为定位,比如海飞丝定位的是去屑,飘柔定位的是头发柔顺,潘婷定位的是修复。

5. 使用感觉定位策略

简单来说,就是从消费者使用了产品之后将会产生什么样的愉快感觉的角度出发,通过定位来传达这一种舒适感,进而吸引用户。比如,雪碧的"透心凉"、特步的"飞一般的感觉"都是通过消费者的使用感觉来进行定位的。

6. 销售量定位

通过强调突出的销量,进而激发消费者的从众心理,也是一种不错的品牌定位策略。因为人都会有从众心理，而且优秀的销量相当于给自己吃了一颗定心丸：那么多人都在买，我买应该也不会错的。

从"一年卖出三亿多杯，杯子连起来可绕地球一圈"到"一年有12亿人次在喝"，我们可以看到，香飘飘的品牌定位一直都在强调销量。另外，当下的自媒体往往都喜欢将用户量、销量和金额量等标注出来，这也说明了这些数字标签的重要性。

以上六种是常见的品牌定位策略，品牌具体应该使用哪种策略，需要根据自己的实际情况作出选择。当然，也不仅仅局限于以上六种，还可以结合自身特色来创造新方法。

2.1.3 品牌定位常陷入的3类误区

在夏天感到口渴时，很多年轻人想要来一口清凉的"雪碧"；想要联系某个人时，会拿起手机点开微信……这都是因为某个品牌的产品在消费者心中占据了独特的位置。当产生相应需求时，第一时间就会想到该品牌。由此可见，品牌要找到适合自己的市场位置，就是品牌定位。换句话说，品牌定位也可以视为建立目标品牌形象的过程与结果，是基于市场定位与产品定位而作出的商业性决策。

品牌定位通过将产品转化为品牌，进而促进消费者对品牌的认知。正确进行品牌定位是品牌经营的基本要素，是促进企业开拓市场的重要助推力。如果品牌定位失误，便难以在众多性能、服务等相似的产品中通过树立独特的形象来吸引消费者。因此，在进行品牌定位时，需要避免误区，以免导致品牌定位失败。一般而言，品牌定位常陷入的误区有以下三种类型，如图2-7所示。

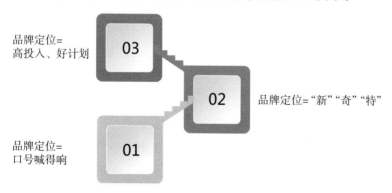

图 2-7 品牌定位常陷入的误区

第一类：品牌定位＝口号喊得响

品牌运营在一定程度上可以说是基于品牌定位而运作的，如果在品牌定位过程中将其作为"口号"来理解，将导致无法实现准确且细致的企划构思，品牌无法精准定位。不仅如此，这种形式还有可能造成"虚、假、套"的空派作风。

第二类：品牌定位＝"新""奇""特"

很多人认为，品牌定位就是给自己贴上差异化标签，进行差异化经营，因此大家看到有些品牌能够抓住一些"新""奇""特"的"好点子"，进而一举成名。然而，这些成功的品牌仅是个例，不是所有的品牌都适用这种方式。有的品牌为了"新""奇""特"，通过一些哗众取宠的"噱头"获得曝光率，然而转化率却非常差，个中缘由不言而喻。而且，过分追求"新""奇""特"的点子不一定是消费者所理解和认同的，即便后续投入再高的成本，也无法实现转化。由此可见，品牌定位应该结合消费者的需求来塑造，不能盲目追求"新""奇""特"。

第三类：品牌定位＝高投入、好计划

如上所述，品牌定位是打开市场的助推力，同时也是差异化经营的重要切入点。因此，以品牌定位为核心来开展各项工作，才是工作的重点。品牌定位要想在市场中泛起水花，还需要依靠终端执行力来进行。无论拟订品牌定位的计划有多么完美，投入资金多少，如果在市场中没有溅起水花，那就相当于"海市蜃楼"。

品牌定位理论在我国发展的时间不长，但是产生的影响有目共睹。通过对品牌进行正确定位，便能够在市场中大放异彩。正如曾经被人认为是"过夜茶"的广东凉茶，在定位为能够预防上火的功能性饮料后，便在全国范围内畅销。

2.2 目标用户群定位：用户越聚焦，穿透力越强

随着互联网步入大数据时代，消费者行为也将因此而产生变化甚至是重塑，其中最为明显的变化就是消费者的行为逐渐变得"可视化"。随着大数据技术的不断发展与应用，各行业都开始聚焦于如何利用大数据来进行精准营销，以此来进一步实现商业价值。在这一背景下，目标用户群定位的概念应运而生。

2.2.1 逐步细化目标用户群画像实战流程

用户画像作为大数据营销的基础，将一个消费者的信息全貌进行了多维总结，通过大量的数据基础来帮助企业进一步了解消费者的行为习惯和消费习惯等重要信息。

简单来说，用户画像是将消费者信息标签化。也就是说，通过对大数据技术的应用，对消费者的社会属性、生活习惯、消费行为等相关重要信息数据进行收集，以此形成相对完整的消费者商业全貌。用户画像为产品的设计提供了足够的信息基础，以此帮助商家或企业迅速找到精准消费者群体及其需求。最基础的用户画像组成有七个方面：行为特征、基本属性、消费特征、交易属性、潜力特征、兴趣偏好以及预测需求，而这些也是消费者标签中最基本的部分。

（1）行为特征方面：行为特征记录的是消费者的操作信息。如在什么时间点会频繁出现、浏览了什么页面、使用的时长是多少等方面的使用信息。

（2）基本属性方面：基本属性记录的是消费者的特点。通过软件上的注册信息，能时刻关注到消费者信息的发散，如身份、年龄、经常发布的状态等体现个人形象的有关信息。

（3）消费特征方面：消费特征主要是记录消费者的消费情况，如在使用产品时的购买记录、在什么时间花了多少钱买了什么的类似情况。

（4）交易属性方面：交易属性主要是记录消费者的交易记录，如进行交易的频率、交易的订单额度、交易时长以及交易间隔等体现交易程度的数据。

（5）潜力特征方面：潜力特征主要是记录消费者的未来倾向内容，如对于交易标准的态度转变，或者对于使用条件的思考方面等个人思想上、行为上不可控的转变。

（6）兴趣偏好方面：兴趣偏好主要是记录消费者的兴趣、喜好，如在食物方面的甜咸口味、在颜色方面的冷暖取向等不同方面的偏好内容。

（7）预测需求方面：预测需求主要是记录消费者在转变方向上进行的改变、预设措施，在掌握消费者转变态度的基础上，进行整合修改的信息。

想要确定品牌的目标用户群，可以通过用户画像的方式来实现，可以结合AARRR（Acquestion、Activation、Retention、Revenue、Referral）模型一起使用，如图2-8所示。

AARRR 模型介绍	1. 获客（Acquestion）：产品的获取经营渠道及其规模，如访问量、访问用户量；新增渠道的能力，如新增访问量、访问新用户量；渠道的整体质量，如访问时长、关键行为转化、留存率；新老用户的转化过程
	2. 激活（Activation）：活跃规模大小，如日活、周活、月活；产品的转化率，如核心行为转化率、流失率；用户以及功能的留存
	3. 留存（Retention）：用户留存，如日、周、月；用户生命周期，如生命周期长度；用户健康度，如流失用户、低频访问用户、中频访问用户、高频访问用户占比
	4. 收入（Revenue）：订单转化率、单量、人均消费价格、使用者收入、用户生命周期价值
	5. 传播（Referral）：传播指数、传播影响的新增用户数和活跃用户数

图 2-8 AARRR 模型介绍

通过 AARRR 模型，可以了解到新用户、活跃用户、流失用户具体都有哪些标签，进而调整产品与服务，让新用户更稳定、活跃用户更活跃、流失用户回归。另外，还可以根据用户价值来确定更为精准的用户群，将用户群细分为普通用户、传播用户、付费用户等。

2.2.2 品牌定位目标用户群过程中的常见误区

大家先来看一下寻求消费者目标中比较常见的一些误区。

我们先看一下这个场景，比如某个人是做有关于母婴行业的产品，那是不是就是说，每一个母婴消费者都是这个人的目标顾客呢？再看另一个场景，比如这个人是做有关美食行业的产品，那是否也可以认为每一个爱好美食的消费者都是这个人的目标顾客呢？

或许你会不假思索并且脱口而出：那是肯定的了，购买母婴商品的母婴消费者并非目标顾客，还有哪一个才是这个产品的目标顾客呢？那些购买美食商品的美食消费者并非这个产品的目标顾客，哪一个才是美食产品的目标顾客呢？

换一个与上面不同的场景，大家来看看下面这些示例。

有一位孕妇在此之前其实从事过孕育相关的行业，是这方面的专家，是不是说她就必须下载一个孕育类的软件以辅助她孕育呢？另外，她一直都不相信网上卖的那些奶粉、认为自己必须亲自去买奶粉，尽管她是母婴用户但是她还是觉得网上的奶粉不可信，那么她会不会去网上逛奶粉店，然后下单买奶粉呢？

结果可想而知，所以，和消费者基本属性差不多，关键的地方是要看消费者的认知属性和行为属性。

有的消费者就是对于个人第一眼所看到的而且使用的商品有兴趣，也就是说在这之后会造出几个比这个还要完备的替代品，消费者也很有可能对之产生不了兴趣，这种现象能够说明什么呢？其实就说明了为何市场上那么多质量差不多的产品都能够生存下来，即使所有个体消费者都是具有自身的差异化的。

比如，有的消费者就是去网上浏览一下信息而已，可就是不从网上买东西。即使在网上看到他想要的东西，但他也许只是想从网上了解这个产品的信息，然后线下去买。

或许你会认为列举的这些例子都非常极端，绝大多数用户都不像上面例子里的消费者那么奇葩，我们只需看平常的消费者就行了，那些少数的有这种行为的消费者也是能够忽略的吧。可是现实真的只是如此吗？

大家可以去调查一下，去快手 App 进行调研，要是你录了视频上传到快手，假如你不在视频中提示用户"要是想下载可点一下这下面的按钮哦"，这句话，敢问有几个使用者会清楚这样操作才可以下载视频呢？点击率又有多少呢？然后和视频提醒用户去下载后的按钮点击率增加了多少做个对比，显而易见就能从调研的数据显示中知道结果。

要是在视频里不提示用户去这样下载相对于安全下载来得更方便，那么就意味着有很多用户会去安全下载那里先下载应用市场，然后才会去下载你的软件。

所以这一现象能够说明为何对于同一类消费者我们推出一些增值服务，通常转化率并不像大家想象得那么高。

因此，有时并非大家太过于较真，实际上是身为一个互联网行业从业者，往往忽略了一些事实：大部分处于三四线的城市，乃至农村市场的使用者、消费者，真的不像大家想象的那么清楚知道怎样去使用互联网。在我们眼里很简单的事，他们也许真的不知道，很可能真的对此不感兴趣，真的并非以理性去思考问题，也并非以理性思维去作出决策。

从这一个视角可以审视出，以上列举的例子正是某个城市的现状，先入为主的影响十分大，除非是运用特别的手段去诱导消费者，比如利用"利益"诱导、"从众"心理诱导，不然难以使消费者改变习惯。在消费者和用户眼里，他们认为把钱存进支付宝都是不安全的，存在银行才是比较安全的，所以很难让这种类型的用户去选择在线上购物，然后进行线上付款的购物方式。

概括一下就是：我们认为的目标使用者，有时并不一定是真正的目标使用者。

2.3 产品打磨：打造受欢迎产品的科学方法论

行为科学有一个观点：习惯是一种"在情境暗示下产生的无意识行为"。通过这个观点，在此大胆假设了一个结论：暗示＋场景＝习惯养成。为了证明这个结论，我们花费了数月时间来查看相关资料，特别是行为心理学的资料，因为行为心理学所研究的就是人类行为。值得一提的是，无论从事的是什么行业，你都需要掌握一定的行为心理学，原因在于它能够帮助你"透视"用户的心理，知道用户想的是什么，从而打造受欢迎的产品。

2.3.1 超级产品是创造用户需求而非满足用户需求

为了使用户的需求得到满足而想方设法地打造产品的企业，只能称之为"好"的企业。如果想要成为成功的企业，就必须竭尽全力打造超级产品。因为"好"企业能够满足用户的需求，所以这些企业能够被用户记住，也能够在用户心里留下不错的口碑。但这些"好"企业往往只能维持现状，无法得到更大的发展。

想要从一个"好"的企业发展为"成功"的企业，必须不走寻常路，竭尽全力打造出一款令人震惊的超级产品，将用户的目光全部吸引过来，进而引领整个时代，最终既能得到很好的盈利，又可以留下良好的口碑。

部分企业的产品仅仅能够使用户的需求得到满足，当用户的需求满足之后，这些企业就无法得到更好的发展了，但部分企业选择打造超级产品这条路，这些企业的发展前景是不可估量的。

我们现在所处的时代，物质水平得到了大幅度的提高，已经不再需要担心能不能吃饱，什么时候才能买一件新衣服穿。在物质层面的需求得到满足之后，人们就开始追求精神层面的需求，但精神需求是看不见、摸不着的，甚至就连用户本身也不知道自己的精神需求是什么。

简单来说，用户的精神需求具有即时性、突发性以及不确定性的特点，我们将其称为"非刚性的隐性需求"。用户的精神层面需求并非一定要马上就得到满足。但对于企业来说，最好是能够发掘出这些需求，并创造出能够满足精神需求的产品，才是打造超级产品的重点。

在 Kindle 电子书阅读器还没有面世的时候，人们尚未形成阅读电子书的习惯，因为阅读电子书和翻看纸质书没什么两样。但 Kindle 电子书阅读器出现之后，一切就变得不一样了，它能够为用户带来难以想象的阅读体验，使用户的精神需求得到极大的满足，整个产品都挑不出一点毛病，让人难以拒绝。在这之后，很多公共场合，比如公交车上、地铁上，甚至是在吃饭的时候，都有人沉浸于 Kindle 电子阅读器中，如图 2-9 所示。

图 2-9　Kindle 电子阅读器

在饿了么还没有面世的时候，人们几乎都是通过打电话的方式来点外卖的，很少有用户有线上点外卖的需求，就算部分用户存在这一需求，但他们自身也并没有意识到。但是当饿了么出现，并经过一番推广之后，人们逐渐养成了线上点外卖的习惯，并且逐渐形成了商家＋外卖平台＋用户的生态。饿了么的出现就是创造出了新的需求，并满足了用户的需求。

在共享单车还没有面世的时候，人们短途出行要么靠走，要么靠私家车，要么靠公共交通工具，无论选择哪一种方式都十分麻烦。但共享单车出现之后，人们的短途出行又多了一种选择，并且十分方便，喜欢这种出行方式的人也不计其数。

就像乔布斯说的："用户并不知道自己需要的是什么，直到我们拿出自己的产品，他们才会发现，原来这就是我想要的东西。"

现在这个时代，用户的消费行为不仅是为了使自己的刚需得到满足，更重要的是不断被企业开发出来的"隐性需求"得到满足。

在这里，我们必须提醒大家，创造需求指的是我们打造出了一款能够使用户现有的需求得到满足之后，再去打造超级产品来满足用户本身都没有认识到的需求。满足用户的基本需求，是在已知条件中找出一个最好的解决方案，而创造需求是在未知的条件中不断探索。

我们以矿泉水为例。农夫山泉只卖 2 元钱，当用户产生了"喝水"的需求时，只需要花 2 元钱买一瓶农夫山泉就能够得到满足。但依云矿泉水却想要打造一个高端矿泉水品牌，想要打造出更好喝的水，商家宣称依云矿泉水中含有更丰富的电解质以及矿物质，这些成分给人体机能带来更大的好处。

但实际上，不管是什么品牌的矿泉水，在绝大多数人眼里，它的味道都是一样的，基本上感受不到任何差别，但高端矿泉水却凭借着创造需求的方式，开辟了新的市场。

在苹果手机尚未面世的时候，绝大多数用户都不知道自己内心存在着对智能机以及工业美学的需求。但当苹果手机出现以后，全世界都为之感到震惊，掀起了一股抢购苹果手机的浪潮，好像全世界都期待着苹果手机的面世。然而实际上，在苹果手机以及安卓系统没有出现之前，绝大多数用户在用智能机的时候也没觉得有什么不好的地方，他们并没有意识到自己想要更少的物理键以及更大的触摸屏。

一款超级产品想要取得成功，除了需要满足用户的需求，成为用户的必需品外，还需要让用户能够欣赏产品，能够体验到产品的"美"，引发用户的无限遐想，激发用户的内心情感，这样才能够抓住用户的心，使用户成为企业增长盈利的助力。

2.3.2 如何判断一个产品是否有价值

假设你是一位创意总监，突然有一天你想到一个不错的方法，认为是全世界最好的方法。在此，我们想问你几个问题，既然这个方法是全世界最好的方法，那为什么只有你能想出来呢？有没有可能别人早就想出来了，但是没有去实施呢？你想出来的这个方法真的是全世界最好的吗？如果你的想法值几百万元，你该如何通过它赚钱呢？你如何利用好这个想法来设计出一款畅销全球的产品呢？

如果一个人认为自己的方法是全世界最好的，那么最好先回答以下问题，然后去判断按照这个想法设计出来的产品是否真的有价值，如图2-10所示。

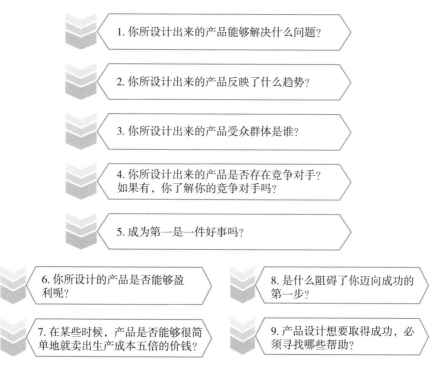

图 2-10　判断一个产品是否有价值的九个问题

1. 你所设计出来的产品能够解决什么问题

如果一个产品设计真的价值百万元，那么它至少要能够解决一个问题，并且这个问题还是已有的产品都无法解决的。假如你的产品设计解决的问题是市场中已有的产品能够解决的问题，那么你的这个设计并没有太大的意义。它既无法脱颖而出，也无法为你带来很大的利润。

2. 你所设计出来的产品反映了什么趋势

虽然说设计产品并不是非要追随潮流，但顺着潮流往往能够让你有机会取得更大的成功。比如，现在的智能手机都是朝着全面屏的方向发展，在设计方面追求简洁。因此，你在设计智能手机的时候应该顺着潮流，想方设法地提高屏幕占比，减少不必要的按键。假如别人都在顺着潮流，追求全面屏，而你却仍然保留

"大额头"和"大下巴",消费者会买账吗?就算会,销售的过程会不会多了很多不必要的麻烦呢?

3. 你所设计出来的产品受众群体是谁

不管是什么类型的产品,要想取得成功,就一定要明确目标受众群体,并充分了解这个群体的特点。如果你的产品还处在设计阶段,那么就更应该确定目标受众群体了。确定了受众后,设计过程中就可以根据受众群体的特点、喜好、需求来添加一些特定的功能。抓住受众群体的心智,设计出一款能够吸引他们的产品,能够激起他们购买欲望的产品。同时,找准目标受众群体还有利于提高产品受欢迎的机会,从而获得利润。

4. 你所设计出来的产品是否存在竞争对手?如果有,你了解你的竞争对手吗

这个问题非常关键,尤其是当你对现有产品进行改进的时候,要先确定你的主要竞争对手是谁,想方设法收集对方的信息,研究对方的产品,找出对方的产品与自身产品的差异,看看有什么地方是值得学习,消费者为什么会喜欢竞争对手的产品。然后去分析如何对现有产品进行改进,或者找出竞争对手的产品中不具备的功能,然后为自己的产品添加这一功能,从而让自己的产品脱颖而出,激发消费者的购买欲。

5. 成为第一是一件好事吗

假如你在设计一款前所未有的产品,打算开辟一个全新的市场,在这个市场中只有你一个人,不存在竞争对手。简单来说,整个市场都被你牢牢控制在手中,不会有人来抢夺你的市场份额。

但换个角度来看,成为第一或许并不是一件好事,可能会给你带来很大困难。比如,市场中只有你一个人,没有任何可以参照的东西,你不知道你的产品是否真的受消费者欢迎,也不知道你是否真的取得了成功。或许消费者只是因为只有你一家产品可以购买,只是被迫购买,并且由于你开辟的是一个全新的市场,你根本就无法预测这个市场是否能为你带来盈利。所以成为第一,就会面对很多风险。

6. 你所设计的产品是否能够盈利呢

大多数企业家觉得,只要能够以 50% 的价格卖出他们的产品就已经可以了。但利润以及利润率是一个非常困难的挑战,你不能只考虑自己赚不赚钱,赚多少钱,还要考虑你的合作伙伴(制造商、分销商、零售商等)能不能赚钱,能赚多少钱。如果你赚得很多，而合作伙伴赚得少，他们可能就不会销售你的产品；而如果合作伙伴赚得多，你赚得少，那就得不偿失。所以，在确定产品零售价格的时候，不仅要保证自己能够赚钱，还要保证合作伙伴也能够赚钱。

7. 在某些时候，产品是否能够很简单地就卖出生产成本五倍的价钱

虽然看起来，生产成本五倍简直是赚翻了，但在这里必须强调一个问题：这是生产成本的五倍！运输、销售等一系列过程都需要成本，如果按照生产成本的两倍来销售，过不了多久企业就会倒闭破产。按照生产成本五倍的价格来销售还有另外一个好处：你不可能做到每一款产品都能够取得成功，每一款产品都能够很快地销售出去，用成功的产品身上赚取的利润来保证现金流充足，才能够在别的产品失败时维持下去，就算你的产品销售过程十分缓慢，你也有一定的余地。

8. 是什么阻碍了你迈向成功的第一步

就算你的设计思想是全世界最好的，但在落实的时候可能遇到各种想象不到的困难。最常见的一个问题就是：预算不足，特别是对于创业企业来说。有大量的企业家的的确确想出了很多好方法，但资金或是技术方面的限制导致他们的想法无法成为现实。因此，我们必须准确地找出产品成功路上的障碍，并排除障碍。

9. 产品设计想要取得成功，必须寻找哪些帮助

如果你真的认为你的产品设计有很大的价值，那么你就需要寻求帮助来实现这一设计。

世界上最好的产品，并不是一个人想出来、做出来的，而是多人合作创造出来的。因此，想取得成功，就必须找到合适的人来帮助自己。

2.3.3 打造受欢迎产品的两个经典模型

不知道大家认不认识 CLV 这个词，在这里，简单地向大家介绍一下。CLV 全称是 Customer Lifetime Value，翻译过来就是客户生命周期价值或客户终身价值，意思是用户一辈子能够为你创造的价值总和。

如果你是做产品的，那么你就必须掌握这个词，并深入理解它。简单来说就是：从用户身上获取利润，并不能称之为成功；从同一个用户身上获取到一辈子的利润，才能够称之为成功。这就是我们所说的 CLV。在了解了 CLV 之后，你就能够明白用户留存率是如此重要了。如果用户买了一件你的产品就不买第二件了，那么他的终身价值几乎为零。

因此，在这里问大家一个问题：通过什么样的方式才能够保证用户喜欢我们的产品呢？通过什么样的方式才能够提高用户留存率？

做到最高层次的产品是：让用户习惯于使用你的产品，一天不用就浑身难受。如果你的产品能够达到这种境界，那么根本就不需要考虑用户留存率的问题。比如微信，在现在这个时代，使用微信已经成为人们的一种习惯，如果不用微信，用户就浑身难受。那么我们应该通过什么方式才能够做到微信这样的地步，让用户习惯于使用我们的产品呢？

通过什么样的方式才能够让产品变成用户的习惯呢？在这里，为大家推荐两个模型。

1. Fogg 行为模型，也叫 FBM 模型

Fogg 行为模型如图 2-11 所示。

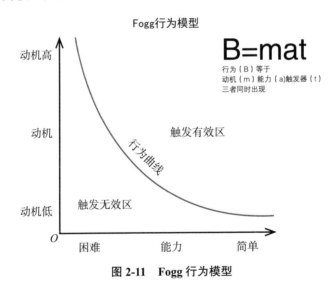

图 2-11　Fogg 行为模型

之所以叫这个名字，是因为该模型是 BJ Fogg 研发出来的。Fogg 是著名的行为科学家，斯坦福行为设计实验室的创始人。要想让用户养成习惯，首先就必须让用户动起来。通过什么样的方式才能够让用户动起来呢？Fogg 的观点是：人类不管做出什么样的行为，都是由动机、能力以及触发器三种要素来驱动的。要想让人们行动起来，这三个要素是必不可少的，如图 2-12 所示。

这个模型应该如何理解呢？我们来假设一个场景：你在睡觉，突然间手机的铃声响了，但你没有接听电话，为什么呢？

第 2 章 从零开始打造新品牌实战攻略

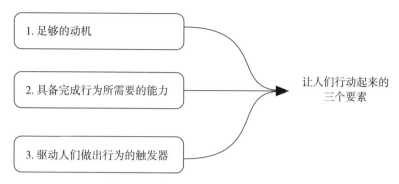

图 2-12　让人们行动起来的三个要素

原因一：你睡得正香，突然间被电话吵醒，很不耐烦。你认为这时不会有人打电话给你，对方可能是诈骗电话或是广告推销，根本就没有接听的念头。通俗来说，就是没有接听电话的动机。

原因二：或许是因为你突然间被铃声吵醒了，大脑还没有反应过来，找不到手机在哪里，导致你无法接听电话。通俗来说，就是没有接听电话的能力。

原因三：或许你知道这个电话很重要，手机就放在床头，一伸手就能拿到。虽然你有充足的动机去接听电话，也有接听电话的能力，但你仍然没有接听电话，因为你睡熟了，根本就没有听到手机的铃声，缺少了"触发器"，导致电话没有接听成功。

从中我们可以看出，想让用户行动起来，产品就必须具备以上三种要素：让用户有足够的动机使用我们的产品、让用户轻而易举地就能使用我们的产品、打造一个触发器驱动用户使用我们的产品。Fogg 行为模型关键之处就在这里——要想让用户养成习惯，首先必须让用户动起来。

2.Hook Model，中文名称叫上瘾模型

斯坦福大学商学院教授尼尔·埃亚尔（Nir Eyal）有一本书叫《上瘾：让用户养成使用习惯的四大产品逻辑》。上瘾模型就是这本书中所提出来的概念。Nir Eyal 在上瘾模型（见图 2-13）中将养成用户习惯的一整个过程分成了触发、行动、多变的酬赏和投入四个阶段。

（1）触发：刺激用户主动地去使用产品。

（2）行动：有充足的动机去使用产品，并且具备足够的能力去完成行为（与 Fogg 行为模型一样）。

（3）多变的酬赏：通俗地讲就是给予用户一定的奖励。多变，就是让用户不知道奖励是什么，具有不可预期性。

图 2-13　上瘾模型

（4）投入：让用户在产品中投入大量的时间、精力或是其他东西。用户在产品中"投入"的东西越多，产生的沉没成本就会越大，从而使用户无法离开产品。

当用户大量"投入"之后，就会增加再次进入"触发"这一环节中的概率，从而形成一个循环，最终导致用户"上瘾"。

埃亚尔将 Fogg 行为模型作为理论的基础，又添加了大量的上瘾元素，最终形成了上瘾模型。让用户完成一次又一次的循环，最终养成使用产品的习惯。上瘾模型的关键之处在于培养用户使用产品的习惯，就是让用户使用产品"上瘾"，一次又一次地进行循环。

2.4　定价：直接决定品牌利润与生存空间

每一个品牌经营者都认为，在激烈的价格战中，优质的产品以及优质的服务能够让他们立于不败之地，还能够逐渐拖垮对手，最终在价格战中取胜，然而事实并非如此，产品定价也是非常重要的因素。产品的价格会在很大程度上影响到企业在竞争过程中能否取得成功，所以在制定价格的时候一定要三思。

2.4.1 产品定价时应考虑的外部因素与内部因素

我们在销售一件产品的时候,如果想提升销量,不仅需要提供高质量的产品以及优质的服务,更要懂得定价策略。举个例子:产品在市场中处于什么样的地位,产品的目标客户、财务方面是否一定要盈利等,都会影响到定价。要知道,如果不追求盈利,那么产品的定价就会比成本还要低。下面就为大家介绍一下,如何确定产品的价格区间、定价时应该参考什么因素。产品在定价的时候,主要受两种因素影响,一种是外部因素,一种是内部因素。

1. 外部因素

影响产品定价的外部因素包括以下几点。

(1)市场供需。

我们在定价的时候,市场需求会对其产生非常大的影响。如果产品在市场中供不应求,那么价格肯定就会稍微高一些。如果产品在市场中已经饱和,那么价格肯定就会稍低一些。除此之外,不管哪个行业,新产品的研发速度都相当快。当市场中出现一款能够替代旧产品的新产品时,旧产品就过时了,消费者肯定会优先选择购买新产品,此时就只能是通过降价销售的方式来挽回成本了。

(2)竞争对手的价格。

每一个行业都有大量的品牌,各个品牌之间存在着竞争关系。如果功能差不多,但产品价格要比竞争对手高很多,就相当于将消费者拱手让人,所以在定价的时候还必须充分考虑竞争对手的价格。

(3)产品成本。

①月租或佣金。

如果你是在线上平台销售产品,那么平台就会收取一定的月租,部分平台还会抽取一定的佣金。如果你是在线下销售产品,那么店铺的租金、人工等成本因素都需要考虑进去。

②产品成本。

一件产品的成本包括很多方面,比如研发成本、材料成本、人工成本、生产成本等。总而言之,如果一款产品的品质很高,那么成本也会很高;如果一款产品的品质很低,那么产品成本也会很低。如果卖家想要对产品进行一定的优化,也是需要付出成本的。

③运输费用。

一款产品从生产完成到销售，还会发生一定的运输成本，同样会对产品的定价产生影响。

2. 内部因素

①预期利润。

预期利润同样会在很大程度上影响产品的价格。同样一件产品，想要赚得越多，价格就越高，想要赚得越少，价格就越低。但预期利润一定要在一个合理范围内，否则消费者根本就不会买账。

②营销费用。

经营者为了能够更好地销售自己的产品，往往通过各种各样的方式来推销产品，这也会产生一定的营销费用，这也是确定产品价格时必须考虑的因素。

2.4.2 最适合新品牌的产品定价模型

定价策略并不是永远不变的，在产品生命周期中，产品所处阶段不同，使用的定价策略也是不同的。特别是在产品的成长阶段，定价是非常重要的。当推出的产品是一个新品牌时，可以考虑以下三种定价模型，如图2-14所示。

图2-14 新品牌的产品适合的定价模型

1. 撇脂定价（marketing-skimming pricing）

有很多公司在成功地研发出一款新产品，要投放到市场的时候，会把价格定得非常高，这样做是为了获取更多的利润，使产品的研发成本能够快速地回收。但从另一种角度来看，该做法就是在榨取市场，就像是从奶里面撇取奶油，所以人们将这种做法称为撇脂定价法。

绝大多数公司采用这种做法的一个主要原因在于，一款产品在刚刚投放到市场的时候，消费者会觉得这是一款新产品，价格高一点儿是应该的。所以公司就利用这一心理，把产品的价格定得虚高一些，同时为日后的降价做好准备。

如果想要使用撇脂定价法，就必须具备以下四个条件，如图 2-15 所示。

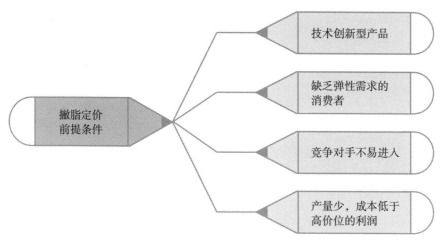

图 2-15　撇脂定价的前提条件

（1）产品必须是技术创新型的，具有非常高的知识含量以及技术含量。这样才会使消费者认为这款产品的质量非常好，让消费者愿意为其埋单。

（2）市场中存在大量的刚性需求，就算产品价格很高，有需求的消费者仍然会去购买。

（3）一定不能让其他的企业进入这个市场中，如果市场中存在竞争对手，那么就无法将产品价格定高，否则会受到竞争对手的打击。

（4）在生产产品的时候，如果是少量生产，那么产品的生产成本一定不要大于高价位产生的利润，不然就会导致产品没有生存的可行性。

举个例子：在众多使用撇脂定价法的公司中，苹果公司是用得最好的。苹果公司每隔一年才发布一款品质更好，价格也更高的新品。这种做法能够使创新型消费者的需求得到满足。而当产品的销量开始减少，而且竞争对手也研发出了同类型的产品时，苹果公司就稍微降低产品的价格，从而使普通消费者的需求得到满足。苹果公司使用这种方法赚到了不少的利润。

2. 渗透定价（marketing-penetration pricing）

渗透定价就是当企业成功地研发出了一款新产品并刚刚投放到市场的时候，把价格定得稍微低一些，甚至可能比成本还要低。这么做是为了使新产品以更快的速度占领市场，获取更多的消费者，并尽可能地在市场中取得较高的占有率。

这种方式与撇脂定价正好相反。

这种定价策略虽然使产品的价格降低了，但销量却上去了，当销量达到一定程度时，产品的成本也会随着降低，从而能够再次降低产品的价格，在很长的一段时间内价格方面始终保持优势，提升企业的竞争力。一般而言，使用渗透定价法必须具备以下三个条件，如图2-16所示。

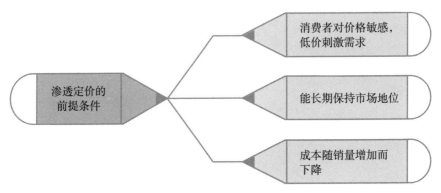

图 2-16 渗透定价的前提条件

（1）消费者对于价格十分敏感，通过降低商品价格的方式能够刺激消费者需求，从而使得产品销量得到提高，提高市场占有率。

（2）通过低价的方式能够有效地阻止竞争对手进入市场。使用这种方法必须在很长一段时间内保持市场占有率，不然就没有任何意义。在这里还必须注意一点，低价只是众多竞争手段中的一种，并不属于恶意竞争。

（3）当产品的销量提高后，产品的生产成本以及销售成本一定要降低。

使用渗透定价方式最知名的就是小米公司了。小米公司在很长一段时间走的都是性价比路线，将产业链的所有资源整合起来，发布了一款又一款千元机，以常人难以想象的速度打开了手机市场，抢走了其他手机厂商的市场份额。由于产品的价格低，质量也还说得过去，性价比极高，大量的消费者便疯狂地购买这些产品，其销量得到了大幅度提升，从而使得产品的成本再次降低，最终使小米公司在很长一段时间占据优势地位。

3. 满意定价（satisfaction pricing）

前面两种定价方式，一种是将产品的价格定得很高，另一种是将产品的价格定得很低，还有一种方式，就是折中定价。我们将这种定价方式称为满意定价法。为什么呢？因为这种折中的价格不仅让消费者满意，还会让中间商、生产商也满意,甚至会让全社会都满意。

使用这种定价方式的一个最大好处在于,价格处于一个合理的范围内,中间商在销售产品时能够得到一定的利润,而消费者也能够接受这个价格,无论是买方还是卖方,皆大欢喜。并且因为在定价的时候,就定在一个中间的水平,所以,当日后想要提高价格或是降低价格都有较大的操作空间。但这种定价方式过于保守,如果市场竞争过于激烈,根本就无法适应竞争环境。

与上面提到的两种定价方法相比,满意定价法必须具备的前提条件是市场中没有激烈的竞争,通过折中定价的方式进入市场,平平稳稳地获取收益。满意定价法的攻击性并不是很强,而另外两种定价方法都具有很强的攻击性,进入市场的目的就是抢占市场,并且都拥有各自的竞争优势,市场的领军者往往是使用这两种定价方式的公司。与另外两种定价方式相比,满意定价法更适合在稳定的市场环境中使用。

2.4.3 如何基于数据测试动态调整产品定价策略

产品价格并非一成不变,还可以根据市场变化等因素进行动态调整。在此,我们主要介绍基于数据测试动态调整产品定价的两种办法。

1. 价格敏感度测试

所谓价格敏感度测试,就是指通过一定的方式来调查用户能够接受产品的价格水平,从而得出产品价格定在什么范围内比较合适,以最终发掘出用户眼中"最优的价格"。

在测试的时候,一般会通过这样的方式来进行:首先让用户体验产品,然后将提前准备好的价格测试表发放到用户手中,让用户回答以下四个问题。

> 第一,什么价格会让你感到产品便宜?
> 第二,什么价格会让你感到产品很贵?
> 第三,什么价格会让你感到产品的价格实在是太贵了,导致自己不想买了?
> 第四,什么价格会让你感到产品的价格实在是太便宜了,导致自己不想买了?

在收集了一定的数据后,就需要对这些数据进行分析。首先,需要对不同价格下的四个价格点的累计频率进行相应的计算,汇成表2-1。简单来说就是每一个不同的价格点会有多少用户认为便宜,又有多少用户认为太贵,两个类别的用户累计总和的方向是不一样的。比如,如果其中一位用户觉得10元已经贵了,那么11元他肯定也会觉得贵，如果用户觉得 10 元便宜，那么 9 元他肯定也会觉得便宜。

表 2-1 数据分析示例表

	觉得便宜	觉得贵	太贵	太便宜
10				
9				
……				
2				
1				
0				

在坐标轴上画出曲线图，用百分比表示。从图中能够详细地看到随价格变化的积累人数。用 P1 表示认为产品价格太贵以及太便宜的用户人数的交点；用 P2 表示认为产品价格贵以及便宜的用户人数的交点；用 P3 表示认为产品太贵以及便宜的用户人数的交点。

通常情况下，我们会将 P2 看成是用户最优可接受的价格，这是因为 P2 这个点上用户既不会认为产品太贵，也不会认为产品太便宜，而 P1 以及 P3 这两个点的价格是用户能够接受的价格范围，具体如图 2-17 所示。

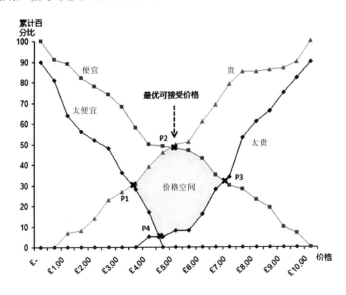

图 2-17 累计人数百分比曲线图

在对品牌进行价格敏感度测试的时候,还需要注意以下问题。

(1)选择用户样本:在进行测试之前,应该确定好测试的目的,然后围绕这个目的来选择普通样本、混合样本以及特殊样本。样本之间的比例以及样本的数量应该合理。举个例子:我们在测试一款新产品的时候,选择样本可以是市场中具有代表性的用户群体,也可以是潜在用户群体;我们在测试延伸产品线的时候,可以选择产品原先的目标用户群体。如果我们进行测试的目的是与竞争对手的产品进行竞争,那么就应该选择一定的竞争对手的用户群体作为样本。

(2)测试材料:测试所选择的材料应该与实际产品高度契合,相似度最好能够达到99%。如果是实物产品,那么可以直接将实物交给用户进行试用;如果不是实物产品(如照片、视频等),那么应该尽量跟用户清楚地描述产品的概念以及用处;如果测试的产品范围很广,那么就根据产品的类型(实物、非实物)来选择上述测试方式。

(3)价格范围:通常情况下,我们会将产品现在价格的3%~5%作为价格间距,然后去选取6~12个点,最后确定产品的价格范围。在这里必须强调:产品的价格范围一定不能太大,比如,价格范围在10~20就比较合适,而10~100的范围实在是太大了。

2. Gabor Granger 法

Gabor Granger 法,即价格断裂点模型。当产品的价格发生了一定变化的时候,用户是否仍然会选择我们的产品就会用到这种方法。通过这种方法,能够确定销售额最大的价格点。

测试的过程是这样的:第一步,将产品交给用户,第二步,把事先确定好的价格水平由低到高展示给用户,然后询问用户在各个不同的价格是否还会选择购买我们的产品。举个例子:

这款产品的价格如果定为_____,你是否仍然想买呢?

A. 绝对会购买

B. 有购买的可能

C. 不清楚究竟是否会购买

D. 有不会购买的可能

E. 绝对不会购买

通过 Gabor Granger 法进行测试之后，我们能够发现在什么样的价格区间能够获取最大的收益，并且了解不同的价格下，有多少人绝对会购买，有多少人可能会购买，有多少人肯定不会购买……并确定好不同群体占的百分比是多少。如果产品的价格为 100 元，用户的回答是绝对会购买或有购买的可能，那么产品的价格为 99 元的时候，用户的回答也是一样的；如果产品的价格为 100 元，用户的回答是绝对不会购买或有可能不会购买，那么在产品的价格为 101 元的时候，用户的回答也是一样的。如果产品的定价很低，那么销量也会随之提高，但这时候能够得到的利益却并不是最高的，我们确定最高的收益计算方式为：肯定会购买的用户或有可能会购买的用户的百分比 × 价格，如表 2-2 所示。

表 2-2　计算仿造收益案例

价格水平	肯定或可能购买的百分比	仿造收益 / 虚拟收益
0.01	99	0.99
1	99	99
5	90	450
15	50	750
28	30	784
30	24	720
……	……	……

注：以上为假设数据，不代表实际情况。

当我们收集到一定的数据之后，就可以根据数据来描绘一条曲线，通过曲线了解绝对会购买的人数和可能会购买的人数随着价格的变化而发生的变化。通过曲线能够了解到两个方面的信息。

一方面，我们能够通过曲线了解到细分市场的信息。在下面这张图中，黄色以及蓝色这两条曲线是完全不一样的，所以存在着两个市场的概率。当产品的价格范围较低时，价格提高的时候，用户的需求也会提高，在某个点会达到最高点，然后慢慢降低。而当产品的价格范围较高时，消费者就不会太在意价格。在这种情况下，就有概率存在一个价格更高的细分市场，如图 2-18 所示。

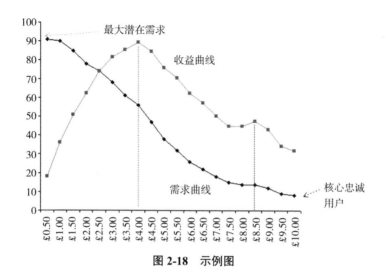

图 2-18　示例图

另一方面，我们可以了解到用户的需求信息。当产品的价格在最低点的时候，用户的潜在需求会表现出来，我们就能够从中发现用户的需求。通常情况下，就算价格已经是最低的了，仍然会有一些人不会购买。当产品的价格在最高点的时候，仍然会有用户存在刚性需求，他们仍然会选择购买产品。我们能够通过曲线的起伏程度看出需求弹性的大小。

2.4.4　四种保有利润前提下品牌进行打折实战方法

有很多品牌为了在竞争中取胜，会利用各种各样的方式，放弃所有的利润，甚至是亏本销售。在你降价的时候，你的竞争对手甚至会降得比你更低，为的就是击败你。在这里，介绍四种方法，让你在打折的时候仍然能够获取一定的利润，并且在激烈的价格战中取胜。

1. 找到你的定价权

无论哪个行业，定价权都是相当关键的。对于部分特定的产品来讲，掌握了定价权，就等于保证了利润率，并且还能够保证价格具备一定的竞争力。除此之外，确定商品的价格时，一定要确保价格具有竞争力。质量相差无几的产品，你卖 100 元，你的竞争对手卖 50 元，谁会来买你的产品呢？想要在价格战中取得胜利，就必须足够了解竞争对手的价格。

2. 增加附加价值

在价格战中，一味地压低成本、降低产品的价格是不行的。我们可以通过另一种方式来打赢价格战——给产品增加附加价值。新零售业掀起了一股新的潮流：体验。为了加强消费者的购物体验，部分家居修理店为用户提供 DIY 服务；部分运动服企业免费让用户体验瑜伽课，这些都不是产品本身的价值，都属于附加价值，使部分用户的兴趣得到了满足，并让用户在店铺中花费更多的时间。体验是非常不错的方式，它会激发用户的购买欲望，并提高用户的忠诚度。

增加附加价值的方式有很多，比如购买产品时赠送一些小礼品、包邮、延期保修等。如果你的品牌的附加价值做到了无与伦比，那么你在价格战中并不需要和竞争对手一样降低产品的价格，自然也能立于不败之地。

3. 如果必须和竞争对手打价格战，那么最好是在一定的范围内进行

Paula Rosenblum（市场调研公司 RSR 合伙）曾经说过这样一句话："消费者可能对价格敏感，但零售商甚至价格最低的零售商都无法永远在价格竞争中获胜。"如果你只能通过降低产品价格的方式在价格战中取胜，那么你就算赢了，也是亏的。因为你的利润被压得很低，甚至根本没有利润，你的品牌价值大幅度降低。就算你赢了，击败了竞争对手，销量得到了大幅度提高，但在这时候，消费者已经习惯了低价购买你的产品。如果你恢复到从前的价格，消费者肯定会去买别人的产品，那么你打赢这场价格战的意义在哪里？

而打折就能很好地避免这种情况的发生。先制定规则，再给消费者一定的折扣，是保护利润最好的手段，也是唯一的手段。

绝大多数品牌在使用定价引擎的时候都面临这样一个问题：假如竞争对手也开始使用定价引擎，那么价格战会不会一直打下去，并且是毫无底线地打下去？为了避免出现这种情况，绝大多数品牌在进行价格战之前，都会制定相应的规则，确定价格的上限以及下限。

4. 有独特的分类

在某些行业中竞争是非常激烈的，对于这些行业来说，想要取胜往往只能通过降价这种方式，而这时却出现了一个"异类"——零售商品牌 Target。它打价格战并没有通过降价的方式来进行，而是另辟蹊径：加入独家设计师系列产品。

Target 通过这种方式不仅可以吸引大量的时尚消费者，树立良好的品牌形象，还能够使自己的利润率得到保证。Target 的独家设计师系列产品都是限量销售的。

正所谓,物以稀为贵,就算价格非常昂贵,仍然有消费者愿意买账。

就目前的情况来看,折扣都是品牌为了在竞争中取胜而作出的一种妥协方式,但如果想要在打折的同时保证获取一定的利润,唯一的方式就是使折扣能够与内部目标、竞争环境相同。就算是为了赢得价格战,也并不一定要把产品的价格降到比竞争对手低很多的程度。我们只需要掌握竞争对手的定价,并对产品的价格进行相应的调整,仍然能够保证获取利润。

不管是什么品牌,在打折的时候,如果能够保证完成利润目标以及营收目标,那么利润率就得到保证,也能够树立良好的品牌形象。

2.5 品牌故事:品牌人格化传播第一步

"故事营销是通过讲述一个与品牌理念相契合的故事来吸引目标消费者。在消费者感受故事情节的过程中,潜移默化地完成品牌信息在消费者心智中的植入。"这是一位十分著名的营销大师——菲利普·科特勒(Philip Kotler)对于故事营销的定义。通俗地讲,就是通过故事的方式来"骗"消费者,让消费者对品牌产生好感,然后进一步地认可品牌并记住品牌,最终变成品牌的铁杆粉丝。故事营销主要就是将我们所要表达的情感传递给消费者,让消费者能够感受到我们的情感,并引起共鸣。

2.5.1 讲好品牌故事的 5 个诀窍

如果将品牌形象、品牌文化等内容通过幽默风趣的故事表达出来,那么消费者就会更好地接受传播的内容,有利于对内容进行多次传播,无论是传播的深度还是广度都能够达到更高的水平。通过一个好的故事来为品牌进行代言,能够让品牌拥有强劲的生命力,使得品牌的形象变得更好,甚至使品牌精神变成一种象征、一个标志,使品牌的价值大幅度提升。

那么,什么样的故事营销才能够称得上是"好"的呢?通过什么样的方式才能够很好地进行故事营销呢?我们对各种各样的故事营销进行了深入分析,总结出了以下五个要点,如图 2-19 所示。

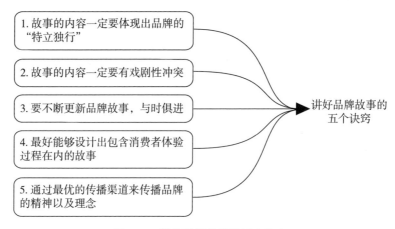

图 2-19 讲好品牌故事的五个诀窍

1. 故事的内容一定要体现出品牌的"特立独行"

在现在这个时代，人们的物质需求得到了极大的满足，开始追求精神需求的满足。在很多时候，消费者之所以会去购买一件产品，不单单是因为该产品的使用价值，主要是因为该产品能够在一定程度上满足消费者的心理需求或精神需求。想要满足这些需求，就必须通过品牌个性来完成。故事的内容要能够展现出品牌的独特性，并且核心内容能够清晰地表达出品牌的形象定位，这样才能够取得成功，品牌才能够提高影响力。

所以，在进行故事营销之前，必须明白产品的核心属性是什么，品牌的核心价值是什么，并始终围绕这两样东西来收集故事的素材，故编写后不断地进行修改，最终使得故事能够与品牌文化、品牌价值，甚至企业文化紧紧地结合在一起。

在这里，我们以依云矿泉水为例。它被称为天然矿泉水中的贵族，之所以有这样的地位，就是充分利用了故事营销体现品牌高端奢华的特点。

依云的故事营销内容大概是这样的：依云矿泉水并不是普通的天然水，而是阿尔卑斯山的雪水，你所喝下去的每一滴依云矿泉水，都是以每小时几厘米的速度慢慢地渗透到自然含水层中，然后在大自然的过滤之下以及冰川砂层的矿化之后才形成的，这个过程需要大概15年的时间。天然形成的雪山让依云矿泉水富含矿物质，并且有了别具一格的滋味。

除此之外，依云还通过一个非常夸张的故事来描述他们发现水源的过程：在

1789 年夏天，有一位侯爵不幸患上了肾结石，经过很多治疗也没有效果。但在某天，这位侯爵饮用了花园的泉水，他觉得味道还不错，便持续饮用了很久。突然有一天，他发现自己康复了！在 1864 年，拿破仑三世在机缘巧合之下喝了依云镇的矿泉水，他只喝了一口就特别喜爱，于是，这个地方被正式称为依云镇。

New Balance 之前在打造英美产品的时候，为了能够让自己的产品显得独具匠心，就拍摄了一个名为《致匠心》的广告，邀请李宗盛作为嘉宾。

广告的内容非常简单，语言也非常直白，故事的内容是李宗盛在打造木吉他，New Balance 的工匠在打造 NB990。

在广告中，李宗盛说了一句非常有哲理的话："一辈子总是还得让一些善意执念推着往前，我们因此能愿意去听从内心的安排。"说完，李宗盛就弹起了吉他，在这时候，李宗盛又说："专注做点儿东西，至少，对得起光阴岁月。其他的，就留给时间去说吧。"就是这两句简短的话语，激发了观众内心的情感，引起让观众对工匠精神由衷的敬佩，也使得 New Balance 的品牌内涵得到了丰富。

在这里，必须强调一点：品牌故事的内容，往往是由品牌的内涵以及品牌个性构成的，而不是由创意来组成的。如果内容极具创意，但和品牌的内涵以及个性不沾边，那么故事又有什么意义呢？

2. 故事的内容一定要有戏剧性冲突

一个故事，要想让消费者记住，就一定要存在戏剧性冲突。如果故事内容一直都是平平淡淡的，那么消费者看着看着可能就睡着了。想要引起消费者的情感共鸣基本是不可能的事，消费者看完就忘记了，这样的故事毫无用处。在现实生活中，绝大多数青春偶像剧的故事内容都是王子与灰姑娘的剧情，因为两者的身份存在一定冲突，而如果是王子和公主的剧情，毫无冲突，有什么看点呢？

故事具有戏剧性冲突，而且情节起伏很大，才能够给消费者带来刺激；而如果故事像流水账一样，消费者压根就不会记住故事到底讲了什么。

在这里，我们以大众银行为例，它打造了一个名为"母亲的勇气"的故事。故事内容是这样的：一位来自台湾的母亲已经到了 63 岁的年纪，为了去国外看看女儿，在路途当中遇到了各种各样的阻难并一一克服。这个故事完美地展现出大众银行的品牌精神——"不平凡的平凡大众"。

故事的内容深刻地对"大众"进行了描述，让观众感受到了品牌的"大众"

精神，还能够吸引到观众的注意力，激发了观众的情感共鸣，树立了品牌"勇敢、坚忍、爱"的形象。

3. 要不断更新品牌故事，与时俱进

很多品牌在打造出"完美"的故事之后，就不再进行更新了，一直不断地播放这一故事，这种做法是不对的。不管是什么故事，消费者看多了都会产生审美疲劳。品牌需要根据品牌内涵、品牌理想以及市场诉求的改变来更新自己的品牌故事。无论是什么样的品牌，想要打造一个丰富的品牌内涵都需要一个又一个令人印象深刻的故事来完成，不可能一次就能成功。

所以，对品牌进行管理是一件非常重要的事情，企业中的相关人士在更新故事的时候必须参考之前的故事内容，最好是做到始终保持一个主题，通过小型连续剧的方式来呈现。

这种小型连续剧的形式用得最好的就是益达了。益达的故事内容都是一些十分甜美的爱情故事，在其中穿插了各种各样"吃完喝完嚼益达"的广告，并且益达一直都在更新自己的故事内容，但大致情节不会有太大的变化，仍然是爱情故事，在起起落落的故事情节中，益达在不知不觉间就变成了传递情感的"载体"。益达的故事情节就像是电视连续剧一般，在用户的不断传播中，成功地获取了大量的铁杆粉丝，并且在人们不经意间就树立起益达的品牌形象，如图2-20所示。

图 2-20　益达的品牌形象

4. 最好能够设计出包含消费者体验过程在内的故事

前面我们说过，现在这个时代，消费者的物质需求得到了极大的满足，很多消费者在购买产品的时候，都不会去考虑产品的质量如何、产品的功能如何，他们的关注点变成了：产品能够为我带来什么样的感受，能够让我得到什么样的体验。一个故事想要成功，就必须做到让消费者在使用产品的过程中能够获取到深

刻的情感体验。

在这里，我们以南方黑芝麻糊为例。它的故事内容就能够为消费者带来深刻的情感体验，让消费者在吃的时候能够感受到故事中所要表达的情感。

一个非常古朴的大街，有两个穿着十分朴素的人，在明亮的灯光下，听到了非常熟悉的叫卖声。这样几个简单的画面，就能够让人留下很深刻的印象。

当你在观看这则广告片的时候，你仿佛"穿越"到故事中的地点；如果你的生活经历与广告类似，那么你就会在内心深处回忆从前的生活，并十分怀念那样的生活。在画面中，有一个非常可爱的男孩，他在吃芝麻糊的时候，吃得满嘴都是，甚至还在舔碗边，意犹未尽。这样的画面会让人不禁回忆起自己的小时候，引起内心深处的共鸣。而小男孩那意犹未尽的感觉，还会使观众仿佛闻到了芝麻糊的香味，就好像画面中的人是自己一样。

每一个人在成长的道路上都会留下许多回忆，如果故事可以让人们想起从前的情景，广告就能够取得巨大的成功。让每一个观众都认识到你的产品，并留下深刻的印象。在故事的最后，旁白说了一句"一股浓香，一缕温暖"，这句话又一次引爆了广告，让人们感受到了温馨，让每一位观众都受到极大的感染。在这种情感的驱使下，人们看到南方黑芝麻糊的时候，就会有种温馨的感觉，从而激发人们的购买欲望。

5. 通过最优的传播渠道来传播品牌的精神以及理念

在很久以前，故事只能是通过人们口口相传。但现在的故事能够通过很多方式来进行传播，语音、电台、直播等都是非常好的方式。如果想要品牌故事不断被地传播下去，紧跟时代的潮流对内容进行持续更新是不够的。为了能够让更多的消费者了解到你的故事，还必须根据品牌的理念、产品的特点以及故事内容，优化传播渠道来进行推广。

新世相就是凭借自己的力量，对公众号进行运营，与目标读者建立起链接，也正是这个链接使其在日后的商业化转型过程中得到巨大的帮助。关注新世相的用户中，有60%都是女性，绝大多数用户是在北上广深等大城市，年龄为18～35岁。

2016年6月，新世相进行了一次很有意义的直播——"凌晨四点北京"。这个主题就十分符合它的受众群体，并且这次直播中所凸显的"深夜孤独"的感觉，也刺激了受众的内心，引起了情感共鸣。在直播之前，新世相通过"一次有预谋的集体熬夜"来进行宣传，营造了一种冒险的氛围。就算是在深夜，但这场直播的观看人数仍然达到了30万人！

直播属于一种新型营销渠道，通过新的渠道来进行故事营销，能够更好地传播品牌形象以及内涵。选择合适的传播渠道，能够让传播变得事半功倍。

2.5.2 创始人：品牌故事的最好IP

如果品牌的创始人拥有一个属于个人的IP，会是怎样的情景呢？

当说到乔布斯这个名字的时候，你就会立即联想到苹果；当说到福特这个名字的时候，你就会立即联想到汽车；当说到比尔·盖茨这个名字的时候，你就会立即想起微软；说到马化腾，你就会联想到腾讯；说到马云，你就会联想到阿里巴巴……

在现在这个时代，许多公司的创始人渐渐地有了属于自己的个人IP，同时个人IP也变成了一种符号。这些创始人都为品牌立下了很大的功劳，并且能够在公司IP与个人IP之间取得一定的平衡，这就是他们的智慧。

我们假设一下，如果马云没有一个属于自己的个人IP，就算你知道阿里巴巴公司的存在，对公司的印象也不会很深刻，就算有一天阿里巴巴破产倒闭了，你也不会有多大的感受。

但如果拥有个人IP，情况就完全不一样了。

特别是在现在这个时代，信息传播的速度非常快。如果创始人不具备个人IP，就会遇到各种各样的困难。

创始人不具备个人IP，就不会拥有太多的人脉资源，甚至还会感到自卑，很少会有人认识到你的产品，你会被竞争对手远远地甩在身后，就算你愿意花钱来打价格战，消费者也不一定会购买你的产品……

总而言之，如果创始人不具备个人IP，不管做什么事情都会遇到困难。如果创始人具备了个人IP，那基本上不会遇到什么困难，并且还会收获到各种意料之外的好处，甚至还会使公司能够在自己的影响下得到巨大的发展。创始人具备个人IP，主要有以下五个好处，如图2-21所示。

因此，身为创始人，必须通过各种各样的方式为自己打造出一个极具特色的个人IP，并利用个人IP的影响力帮助公司发展。

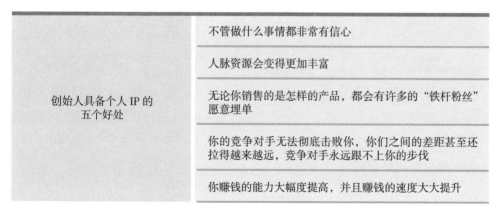

图 2-21 创始人具备个人 IP 的五个好处

通过什么样的方式才能够让个人 IP 为企业的发展提供帮助呢？对于这个问题，我以两个人作为例子，一个是马云，一个是乔布斯。

虽然两者所处的国家不同、环境不同，但他们在打造个人 IP 的时候具有的共同点是：积极地展现自己，努力地寻求在公众面前进行演讲的机会，凭借自己的能力、对未来的认知、对产品的认知、对社会的认知，持续向社会输出正确的思想以及个人价值观。然后凭借自己的影响力为公司"代言"，进而使得公司的知名度得到大幅度提升，最终使自己成为一个"桥梁"，连接公司与更高端的资源，使自己的公司得到不断的发展。

打造个人 IP 的方式有很多，但总体来说可以划分成两种：一种是定位策略，就是根据自己的定位能够创造的价值来打造个人 IP；另一种是占位策略，就是以定价策略为基础，通过各种各样的传播渠道以及工具来增强人们的认知度。

"让天下没有难做的生意"就是马云的定位。马云正是以这个定位为出发点，打造出一个又一个电商平台，使得人们的交易方式发生了极大的变化。用户在家里轻点几下手机，就能够购买到来自世界各地的产品，并且充分地利用电商平台占据了中小企业的心理以及痛点，最终使得阿里巴巴平台成为中小企业的追捧对象。

"与众不同"是乔布斯的定位。乔布斯以这个定位为出发点，进行了多次让世界感到震惊的创新，打造出了许多独特的产品，并且充分地利用"与众不同"这一特点成功地占据了市场份额，吸引了大量的"铁杆粉丝"。也正是因为苹果公司的"与众不同",让很多人都疯狂地迷恋苹果公司,追捧苹果产品。

定位策略与占位策略通常都是配合使用的,无论创始人更加倾向于哪种策略,都必须在两者之间取得一定的平衡,并且竭尽全力去打造自己的个人 IP,使自己成为某个领域的"代表"。当人们提到这个领域的时候就会想起你,当提到你的时候就会想到这个领域。通过各种各样的方式不断提高自己的影响力,并为公司的发展提供帮助。

2.6 种子用户的拉取方法与新品牌营销冷启动

什么是种子用户?为什么要用"种子"这个词?在人们的普遍印象中,种子具有生命力且经过培育可以持续生长,而种子用户也同样拥有这种特点,在新品牌营销冷启动中起到重要作用。

2.6.1 种子用户的 4 种实用拉取方法

种子用户所担任的角色与测试员有些相似。作为第一批体验、使用产品的用户,他们能够为运营工作提供较大助力,但并不是所有人都能成为种子用户。举个例子,当某餐厅推出新菜品时,要先由一个或一群人进行试吃。而这时,餐厅的目的并不在于试吃的人数有多少,而在于试吃者能否给出可供参考的真实反馈,并提出自己的改进建议。通过这个例子,就可以对种子用户与普通用户的差别有大致了解。

对于这类能够为新产品作出较大贡献的人群,品牌自然要将其放在重要位置,但在此之前,品牌首先要明确寻找种子用户的方法,如图 2-22 所示。

1. 非公开市场精准渠道获取

说到渠道,大多数人认为,渠道运营和用户运营没有必然的联系。许多负责产品运营的团队成员认为,一款产品上线后当务之急是把产品推出去,无论是 APP 类的产品还是公众号,首先要做的就是通过各种各样的渠道宣传产品。第一批用户进来后,才开始用户运营的操作。

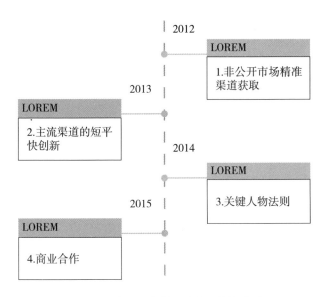

图 2-22　种子用户的四种实用拉取方法

事实上，很多互联网类的产品公司都很小，所以会有员工一人多职的情况。在产品上线后先负责渠道，等用户聚集后再转为做运营。但事实上，选择产品推广渠道的时候，就可以开始为用户运营铺路，注意渠道本身的自有活动，尤其是非公开市场的渠道，充分利用这些渠道获取种子用户。

例如，小米公司已经连续多年在 4 月举办"踏青季"活动，"618"又做了电商的"消费季"，产品团队可以提交产品到活动中去吸引关注度，因为在活动期间，使用产品的用户一定是对电子商务消费感兴趣的。这些用户的转换率肯定比一般客户的转换率要高，有种子用户的潜质。

其实这和手机内的 APP 的预安装是一样的道理。在过去，手机软件预安装是看有多少装机容量和用户花多少钱，但是随着商业模式的逐渐成熟，预安装的软件厂家会与手机生产商做更加深入的合作。如果你的产品有自己独特的价值，就可以和这些手机生产商进行更深层次的合作。例如，美颜相机类的手机 APP，就可以与手机的生产商合作将美颜软件直接植入手机的自带相机中，与手机厂家共享用户。

除了线上的非公开市场渠道推广外，还有线下的推广渠道。如鼓励亲朋好友注册成为产品用户，给纸媒投稿，或者聘请大量的线下推广人员。如饿了么之类的订餐软件可以直接到线下的餐馆中谈生意，出租车软件可以开办网课对司机进行软件教学，团购网站也可以进行线下的商务谈判。但这种方法人力成本大，获取种子用户的速度慢，适用于有一定财务实力的产品团队。

2. 主流渠道的短平快创新

利用主流渠道短平快的特点获取种子用户。目前，我国最主流的营销渠道就是微信，微信营销是对传统营销模式的颠覆和新的探索。

微信，一个包含语言、文字、图片、视频的多功能组合软件，正在改变中国人的日常生活。随着移动互联网和智能手机的普及，微信迅速发展，受到公众的广泛青睐。朋友圈成为人们分享心情与活动的线上社交圈。微信用户可以通过朋友圈分享图片、文字、文章或者音乐。微信好友可以对朋友圈中发布的内容进行"评论"或"点赞"。朋友圈不仅仅是向潜在用户推广产品，也是在获取关注度，而对于产品团队而言，产品有了关注度，距离成功就又近了一大步。

除了微信这一营销性质明显的社区渠道外，有些产品自身就是一个社区，可以根据自己的产品属性，将自己的平台活动发布到其他拥有众多用户的多个平台上，收集种子用户。以这种方式收集的用户，必须及时跟进，建立后续的沟通路径。

比如，一个健身软件在微博上发帖子，召集健身人士，一起跑多少公里，或者一起达到什么健身目标。事实上，从数量的角度来看，转发帖子的用户并不多，大约200个，最后回复的用户也是一两百人。然而，这些用户更精准，素质也相对较高，大多数都可以转化为种子用户。在做主流渠道活动的时候，产品团队必须首先确定活动的目的是什么，吸引什么样的用户，这些用户是不是我想要的，明确了这些问题，才能保证用户的质量。

社会化的媒体宣传也是一种主流渠道，借助媒体宣传产品，例如36氪、虎嗅等行业网站。这些网站本身的知名度足够高，会带来许多圈内的高质量种子用户。还有那些主流社区、QQ群和百度贴吧等选择目标用户聚集的主流平台，从目标用户群中提取种子用户。

3. 关键人物法则

为什么有些产品广告铺天盖地，用户还是很少，有些产品广告宣传看似很少，品牌却发展得蒸蒸日上？这是因为营销不是针对大多数用户，而是针对少数关键用户。

饮料业在过去几年中市场低迷。康师傅等大牌企业也逐渐衰落。饮料行业是最以市场为导向的行业，每个产品团队都在寻找机会，逆势而上。在这种氛围中，乳酸菌饮料应运而生。一时间，市场上乳酸菌饮料遍地开花。

益生菌饮料分为活菌型和杀菌型。前者低温冷藏如蒙牛的优益C、伊利、唯唯、光明等企业都有类似产品；后者是常温产品如太子奶、娃哈哈、君乐宝等知名企业也参与其中，蒙牛、光明等在推出低温产品时，也会携带一些常温产品。

稍微了解益生菌的人都知道，常温乳酸菌饮料中的"菌"是被杀死的。广告宣传中的"百亿"只是噱头，没有生理作用。从营养角度看，乳酸菌饮料中牛奶含量低，蛋白质占1%左右。此外，含糖量大多在10%以上，食品添加剂的用量也不低于大多数饮料。然而此类乳酸菌饮料却很受用户的欢迎，销量节节攀升。

许多人可能会疑惑，为什么有些产品并没有实际宣传中的效果，却有用户愿意买账，这就涉及营销中一个重要的理论——创新扩散理论（Diffusion of Innovations Theory）。这个理论的关键就是关键人物法则。

创新扩散理论创始人是美国的社会学大师埃弗雷特·罗杰斯（E.M.Rogers）。在创新扩散理论中，埃弗雷特·罗杰斯按照不同人群对新事物的态度和行为，把人群分成了五种类型：创新者或者叫尝试者、早期采纳者、早期大多数、后期大多数和保守者。

了解了罗杰斯的创新扩散理论，你就会发现为什么一般消费者的产品总是很遥远。对他们来说，很难找到行业内的专家、分享和有发言权的早期采用者。他们的市场只能由公司自身投入的资源来驱动。更不幸的是，他们的一些保守人士，但也是竞争产品的早期采用者，将找机会攻击他们，破坏他们的资源。

遵循创新扩散理论，找到关键人物，将关键人物作为产品的种子用户对于产品的宣传推广、拉新、引流有很大的作用。

4. 商业合作

该渠道要求运营团队预算充足且具备一定影响力，如果采取商业合作的形式，那么对方一定在某领域具有较强的权威性。这种类型的种子用户含金量非常高，但对接到的合作邀请函也会很挑剔。如果产品的知名度不够，或是产品功能特点并不明显，想要实现商业合作就比较困难。

2.6.2　如何利用种子用户完成新品牌冷启动

下面先来具体介绍种子用户的特点，如图2-23所示。

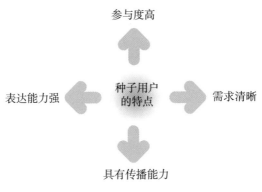

图 2-23 种子用户的特点

1. 参与度高

种子用户必须表现出强烈的参与积极性,那些带着敷衍、排斥态度的人就不具备成为种子用户的条件。自身的态度往往会影响到整体工作效率,因此,种子用户一定要具备愿意尝试新事物的精神。

2. 表达能力强

由于种子用户需要在体验产品后提出自己的看法或意见,有时还会涉及更细化的测评内容,所以要求种子用户要具备一定的表达能力,尽量将隐性信息转化为显性信息,使运营团队能够更好、更快地接收。

3. 需求清晰

种子用户要比普通用户具备更强、更清晰的需求性。如果相关产品正好是符合种子用户喜好或能够帮助其解决问题的类型,种子用户就会为了自己的利益而认真投入运营者交付的工作中。

4. 具有传播能力

抖音 App 中有一类短视频内容非常受欢迎,即通过探店打卡形式来为用户传递店铺信息、个人感想,而种子用户也要具备一定的传播能力,这样才能提升新产品的推广效果。种子用户影响力越大,其个人价值就越高。

我们在介绍种子用户特点的同时,其实也是在间接阐述种子用户的优势所在。而冷启动就是指在发展初期将目标用户转化为种子用户的全流程。众所周知,企业发展初期往往存在许多问题,比如产品功能不完善,因此需要少量用户成为产品的使用者,再通过冷启动实现爆发增长。冷启动方案的制定可以参考以下四种方式来进行。

（1）生产优质内容。

优质的内容能够迅速吸引关注，进而增加粉丝量。商家通过生产优质内容来进行冷启动，其实也是显性成本最低的一种方式。

（2）推行相应活动。

典型的火爆内容之一：新世相所推出的《4小时后逃离北上广》，如果没有与之相对应的活动相结合，最后能否吸引到那么多粉丝，便是一个未知数；当然，如果没有好的内容作为基础，活动的推广范围也不得而知。由此可见，内容与活动相结合而产生的价值能够引发更大范围的关注。

（3）全渠道利用。

渠道包括商家的自有渠道以及合作渠道，商家需要将自己能够利用的渠道全部用起来。如果不能做到这一点，商家需要反思一下活动的策划或者概念本身是否存在问题。

（4）引起媒体的关注。

媒体的传播力不言而喻，如果能够吸引媒体的注意，借助其强大的传播力，最后冷启动的效果会非常好。当然，只有将前三点都做好的情况下才有机会吸引媒体的注意。

2.7 优秀品牌从零开始成长实战案例分析

在互联网时代，单单依靠产品质量做得好是不够的，必须通过营销手段来促进产品的销售，否则你的产品再好，消费者也不会买账。接下来，我们将对韩都衣舍和Supreme两个成功的营销案例进行介绍，以供大家参考。

2.7.1 【案例】韩都衣舍初创期如何实现品牌突围

韩都衣舍创立于2008年。在刚刚成立时，赵迎光就找好了发展的方向——"韩国风"。经过很长一段时间的发展，韩都衣舍一跃而上，坐上了中国最大互联网品牌生态运营集团的位置。韩都衣舍能发展到这种程度，赵迎光功不可没。他创造出了一套极具特色的内部运营体系，就连长江商学院以及清华大学等都将这一体系收录到 MBA 以及 EMBA 的教学案例中。

要想成为成功者，就得先模仿成功者。接下来，我们就看看韩都衣舍在初创期是如何实现品牌突围并且取得成功的。

1. 确定服装定位的方式

2000 年，赵迎光第一次认识到了易趣网。从这一刻开始，他就觉得电子商务在未来具有很大的发展空间，于是他就参与其中。赵迎光前前后后进行过很多次尝试，经营过母婴用品、化妆品以及汽车用品，也尝试过"实体＋网店"的"全渠道"模式以及自己独立打造的 B2C 官网，但效果都不理想。

就这样一直持续到 2007 年，当赵迎光遇见一位来自韩国的电商朋友之后，他的创业路迎来了转机。这位朋友在韩国从事了十多年的服装贸易工作，具有非常丰富的工作经验。他在了解了赵迎光的实际情况之后，告诉赵迎光：就目前的形势来看，你在济南几乎不可能做出一个电商平台，你只能换一种方式来发展，做自有品牌就是一个很不错的办法。济南具有相当丰富的人才资源，应届生的数量众多，根本不需要担心人才方面的问题。2008 年，"韩潮"来袭，"韩风"迅速席卷中国。在电商平台中，"韩版"这一关键词的搜索量相当恐怖，一时间出现了大量主打"韩版"的产品。但在那个时候，并没有任何一个品牌敢站出来说"韩风快时尚"就是自己的品牌定位。

当时绝大多数从事服装行业的人都认为："韩风"就像是一阵"风"，来也匆匆去也匆匆。就算目前十分流行，但未来可不一定。如果真的将"韩风快时尚"作为自己的品牌定位，那么当"韩风"不再流行，人们不再喜欢"韩风"，再去想更高的产品定位就会十分困难。韩都衣舍就是否要将"韩风"作为自己的品牌定位这一问题展开了十分激烈的讨论。

在这个时候，赵迎光站了出来，他说：在 1997 年的时候，韩国政府就将互联网、电子、时尚娱乐这三个产业看成是韩国经济发展的关键。在将近 10 年的时间里，韩国政府对这三个产业投入了大量的资源。这三个产业都取得了巨大的发展，在未来很长一段时间中，"韩风"都不会过时。

从地域上看，中国与韩国非常近，并且具有一定的历史渊源。两国之间具有很强烈的文化认同感，没有任何一个品牌站出来表示自己是"韩风快时尚"品牌，而"韩风"又是一个规模巨大的服装品类，这时站出来，显然是有很大好处的。

在韩都衣舍内部讨论会上，所有人都被赵迎光的理由说服了。又一次讨论过后，确定了品牌名称叫作"韩都衣舍"，英文名为"HSTLE"。

"韩风快时尚"就是韩都衣舍的定位，他们打了一个非常响亮的口号："没空去韩国，就来韩都衣舍"。从这句话中我们可以看出，韩都衣舍想要成为"韩风"的代表品牌，希望通过自己的努力，做到人们提起"韩风"的时候，第一个想到的就是韩都衣舍。

韩都衣舍在确定服装定位的时候，并没有进行太多的尝试，在最开始的时候就确定了自己的目标，然后不断地去完善自己的业务。比如通过什么样的方式与韩国时尚界建立起合作关系，通过什么样的方式来研发产品，通过什么样的方式来建设品牌形象等。完善的过程需要花费大量的时间以及精力，在此过程中，赵迎光也遇到了很多难题，但他都一一克服了。

2. 身为一个服装电商品牌，通过什么样的方式才能够做到差异化

韩都衣舍差异化经营的原因如图 2-24 所示。

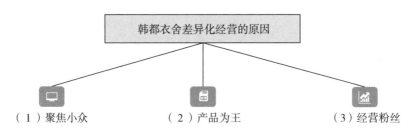

图 2-24 韩都衣舍差异化经营的原因

（1）聚焦小众。

所谓的小众，并不是指人数少。品牌定位明确、目标客户群体清晰，才是真正意义上的小众。世界上并不存在能够让所有人都满意的产品，韩都衣舍作为一个新品牌，必须明确自己要先让什么人满意，也就是要明确目标客户群体，否则就无法成功。

在起名字方面，一定要做到听起来顺口，记起来方便，容易传播。身为一个电商品牌，名字相当重要，因为它决定了你是否能够在消费者之间相互传播。如果你起了一个很长的名字，消费者记不住，如何帮你提高知名度呢？但在最开始的时候，千万不能着急，在起名字以及设计口号的时候，一定要再三思考，并且还需要做好知识产权的保护工作，如注册商标等。

（2）产品为王。

不管在什么时候，产品质量都是相当重要的。当确定了品牌的定位之后，接下来要做的就是始终围绕定位来开发产品。在设计产品的时候，不可能兼顾方方面面，有时需要做出一定的让步。比如"更新快、款式多、性价比高"就是韩都衣舍对产品提出来的要求。站在快时尚品牌的角度来看，这三个因素的重要程度应该是：款式数量最重要，其次是更新速度，产品品质排在最后。

但在这里，必须说明一点，产品品质排在最后并不表示产品的质量不重要，在前面两个因素得到保证的情况下，将产品的品质做到最好就足够了。如果你的款式只有10种，每年才更新一次，那么你的质量做得再好又有什么用呢？如果重要程度这样来排：产品品质最重要，其次是更新速度，款式数量排在最后，这就不是快时尚品牌了，目标用户群体完全不一样。有些人宁愿九块九的衣服穿一个月就扔，也不愿九十九块钱的衣服穿上一年。

（3）经营粉丝。

现在这个时代，几乎每一个人都是自媒体，每一个人都在扮演着传播者的角色。因此，在成立一个新品牌的时候，必须考虑并利用好这一点。

粉丝与用户之间存在很大的差异。用户就像是你的朋友，他对你的了解十分片面，他只知道有你这么一个品牌，你的产品用起来如何，但他对你的品牌故事、产品故事一概不知；而粉丝就像是你的亲人，他对你的了解相当深刻，了解你的日常生活，知道你的品牌故事、产品故事。

换句话说，在用户眼中，品牌和产品是画等号的；但在粉丝眼中，品牌所代表的不仅仅是产品，更是一个IP。身为一个新品牌，如果想要让消费者认识，对你有更深入的了解，那么创始人营销就是相当不错的方式。

创始人直接进入公众的视野中，介绍品牌在经营过程中发生的事情、品牌的理念及产品特色。假如创始人不具备这种能力，那么可以通过建立公关团队来代替创始人进行营销，通过制造大量与品牌有关的内容，全力打造品牌的IP，帮助品牌进行选择。在这方面，乔布斯做得就相当不错。每当苹果公司召开新品发布会的时候，乔布斯就会主动地告诉消费者自己为什么要做这款产品，研发这款产品的理念是什么。乔布斯对待每一款产品都十分认真，给人留下了深刻的印象。

绝大多数品牌在进行营销的时候，创造内容方面仅花费了大约20%的资源，但在传播内容方面却花了大约80%的资源，其中很大一部分都是广告费。在互联网时代，应该在创造内容方面花费80%的资源，将剩下的20%的资源用来传播内容，盯准一个点来引爆。前面我们说过，现在这个时代，几乎每一个人都是自媒体，我们一定要充分利用好这个特点，让用户主动地传播我们的内容，因此，内容就显得相当重要，好的内容才能够引起用户传播的欲望。

赵迎光和其他服装品牌创始人不同。其他创始人在各种公众场合都是谈论自己的服装在工艺方面有什么特点，面料方面有什么特点，设计的风格是什么。但赵迎光在公众场合所谈论的，都是品牌内部如何创新组织模式，如何创新商业模式之类。

有人认为，赵迎光之所以不讨论服装的相关内容，是因为他没有掌握这方面的知识，无法说出十分专业的话。但我们换一个角度来看，如果他也谈论这些东西，那么他和别人有什么区别呢？所有人都在谈论一样的东西，你还能记住他吗？

在未来，所有的服装品牌都会朝着纯电商的方向发展，使用的商业模式都是线上成交、线下配送的方式，通过各种各样的方式来提高转化率以及客单价，"薄利多销"，减去了线下销售很多不必要的环节，降低了产品成本。

韩都衣舍就十分认同这个观点，并提出了"品牌做成二级生态，中小品牌融入二级生态"的理念。

2.7.2 【案例】Supreme 逐步成长为全球潮牌案例分析

只要一谈到潮牌，就肯定会谈到 Supreme。有一段时间，Supreme 十分火爆，是全世界范围内最迅猛的几个潮牌之一。Supreme 创立于 1994 年，迄今为止也不过二十几年的时间。James Jebbia（Supreme 创始人）以 12000 美元的价格在纽约创办了一家经营滑板的店铺，当时，这只是一个不知名的品牌罢了，但出乎意料的是，Supreme 在经过了 20 多年的发展后，成为现在最火的一个潮牌。

Supreme 是如何从最开始的一个不起眼的滑板店发展到现在全世界最顶尖的潮流品牌以及电商品牌的？在这个过程中，Supreme 的营销发挥了重要的作用。它的营销方式和其他品牌不一样，值得我们去学习。别的潮流品牌在营销的时候，都是投入大量的资金到广告中大肆进行宣传，但 Supreme 却是将大量的资金投入帮助年轻人表达自我中，树立一个辨识度极高、真实的品牌形象，从而吸引了大量的年轻人。下面就让我们来看看 Supreme 是通过什么方式来进行营销的吧。

1. 与大品牌合作，推出联名款，增强自己的影响力

就现在的情况来看，联名并不是什么新鲜的东西，很多知名品牌都会通过联名的方式来进行营销，例如优衣库和 Kwas 合作发布的联名款 T 恤就产生了很大的反响。但要说到联名，Supreme 是一个高手，它所选择的合作品牌往往出乎人们的意料，每一次推出的联名款都让粉丝感到惊喜，从而吸引了大量的"死忠粉"。举个例子，每年 Supreme 都会与 Nike、The North Face 等国际知名品牌共同推出联名款产品。当这些产品正式上线的时候，几秒钟的时间就会被消费者抢购一空。

2017 年，Supreme 与 LV 之间建立了合作关系，共同推出了大量的联名款产品（图 2-25），涵盖包装、服装、行李箱甚至是手机壳等产品。这些联名款正式上线后，全世界都为之疯狂，用户们"拼了命"也要买到。有很多消费者都瞧不上大牌，有些贵妇也看不起潮牌，但他们依然会去疯狂抢购两者推出的联名款产品，甚至还有一部分明星也心甘情愿地帮助宣传产品。

图 2-25　Supreme 与 LV 联名款产品

有趣的是，LV 曾经在十几年前将 Supreme 告上法庭，原因是 LV 的 Logo 被 Supreme 进行了恶搞。而现在，两者不计前嫌，建立了合作关系，发布联名款产品，从而实现了双赢。在这次合作中，我们能够找出一些值得学习的地方。在最开始的时候，Supreme 和 LV 所针对的消费者群体并不相同，Supreme 是潮流品牌，而 LV 是奢侈品牌，但为什么两家公司之间能够建立起合作呢？这是因为 Supreme 想要借助奢侈品牌的力量来提高自己的品牌影响力，并得到更多的客户，而 LV 想要将自己的业务扩大到年轻消费者群体中，这次合作对于双方来说都是获利极大的，双方的影响力都迅速提高。

2. 通过攻击力非常强烈的电商营销手段来获利

Supreme 在营销方面，一直奉行两个原则：一是持续性，固定在每周四的上午十一点上线新产品；二是稀缺性，无论是什么样的产品，都是限量款，卖完就没有了。

针对这样的营销方式，有人就研究出了一款抢购机器人，名字叫作"Supreme Saint"。在每周四 Supreme 即将发布新款产品的时候，想要购买的用户就会通过这个机器人来进行抢购，支付 10～100 美元的价格，就可以慢慢地等待抢购结果了。有一次，这个机器人在 5 秒内一共抢购了 200 双 Supreme 与 Nike 合作的联名款鞋子，获取了巨大的利润。

除此之外，还有人觉得这是一个商机，经过调查分析之后，他们发现，如果自己能够抢购到 Supreme 的产品，然后将其转卖给其他消费者，平均每件能够获取到 67 美元的纯利润，只需要卖 150 件，就能够获取 1 万美元的纯利润！但就现在的情况来看，并没有多少人能够实现这样的想法，主要原因在于 Supreme 所发布的产品都是限量的，没有人可以保证自己每次都能抢购到。

3. 坚持品牌文化，吸引年轻消费群体

要想成功打造一个知名品牌，就一定要坚持树立品牌文化。星巴克就是一个非常不错的例子。它坚持树立属于自己的品牌文化，然后去推出各种周边产品。我国也有不少公司在树立自己的品牌文化，比如太二酸菜鱼、喜茶等，但这些品牌仍然没有取得成功。Supreme 从成立的那一刻开始，就始终有一种令人无法抵挡的魅力。从 1994 年销售滑板开始，它就一直坚持街头潮流的理念。在选择门店的地址时，Supreme 十分严格，它开设分店的地方必须有文化品牌。Supreme 从来不会因为一个人具有很大的影响力而将自己的产品免费送给他，也不会通过明星来炒作自己的产品。Supreme 推出的联名款产品除了限量发售外，在挑选合作对象方面同样具有极高的要求。

对于普通消费者来说，Supreme 一直都有一种十分神秘的色彩，他们从来都不会随意地扩张自家的门店，也不会通过媒体渠道去过多地曝光自家产品。20 多年来 Supreme 始终坚持这一理念，大量的品牌都称赞 Supreme 的这种做法，粉丝的忠诚度也因此得到保证。

4. 最厉害的饥饿营销使得 Supreme 的产品变成了一种许可证

这个世界上并不是只有 Supreme 在使用饥饿营销的方式，很多品牌都在用，但 Supreme 却是其中的佼佼者。Supreme 之所以有很多成功的案例，主要原因就是它一直坚持自己的品牌文化，20 多年里从未改变，从而获取了大量忠诚度极高的粉丝。对于绝大多数人来说，Supreme 的爆火好像十分突然，但实际上它早就进行了布局，多年的积累在一瞬间被引爆了，从而出现在普通消费者眼中。

假如你十分喜欢街头文化，那么你绝对十分喜欢 Supreme 这个品牌。在滑板领域中，如果你能够购买到一款 Supreme 的滑板，那么就像有了通行证一样，确保你融入滑板圈中。

Supreme 推出的每一款产品都是限量的，数量始终都是固定的，也从来都不会去补货。换句话说，你看上了 Supreme 的某款产品，并且十分喜欢这款产品，当这款产品上线的时候你不去购买，那么你就永远都无法买到它了。但并不是绝对的，可能你会在某个二手平台中发现这款产品，但并不能确保二手平台中销售的一定是正品。

站在品牌的角度来看待饥饿营销方式，不仅可以快速地将产品销售出去，最重要的一点是在销售产品的时候，用户会心甘情愿地去帮 Supreme 宣传。星巴克推出的猫爪杯就是一个非常不错的饥饿营销案例，基本上每个人都在抢夺猫爪杯，甚至还有人为此大打出手。这正是星巴克想要的广告效果，星巴克的曝光率也大幅度提高。

Supreme 的成功，不仅仅是饥饿营销做得好，在开店方面仍然使用了"饥饿营销"的方式。截至 2019 年年底，在全世界范围内，Supreme 一共只有 12 家门店，日本有 6 家，美国有 4 家，法国有 1 家，英国有 1 家，中国如此之大的市场也没有一家 Supreme 的店铺，从而导致在我国无法买到 Supreme 的产品，稀缺性大幅度提高，价格也水涨船高。

第 3 章

轻松达到消费者看一眼便牢记品牌效果实战教程

现在是信息爆炸的时代,用户的认知非常重要,谁能够更快地占据用户的心智,谁就能在竞争中立于不败之地。将用户的注意力吸引过来,就可以获取到用户的认知资源。

≫ 3.1 与定位理论一脉相承的"视觉锤" ≪

20世纪70年代,营销专家艾·里斯指出,产品的营销是一种关于思维的竞争,其"定位理论"是美国的市场营销中最具影响力的概念,对全球的企业营销都产生了深远的影响。40年后,定位理论的继承者 Laura Rees(劳拉·里斯,艾·里斯之女)出版了一本名为 *Visual Hammer*(《视觉锤》)的书,将"定位理论"扩展到一个更具想象力的范畴。如果我们仔细关注身边的品牌,会发觉对"视觉锤"的应用无处不在。

3.1.1 什么是"视觉锤"

大多数人都知道"视觉锤"这个词汇,但真正的"视觉锤"是什么,几乎没有人能够回答得出这个问题。

"视觉锤"这一词汇出自《视觉锤》一书,之所以没有人知道它的意义,主要的原因在于书中没有准确的定义。

如果我们一定要在这本书中找出"视觉锤"的定义,那么在前言中有这样一句话:"定位是一个语言概念,是钉子,将这个钉子钉入消费者心智的工具,就是视觉锤。"可能是最接近视觉锤定义的文字了。

既然这本书对于"视觉锤"没有一个准确的定义,那么在此就根据自己的理解来定义"视觉锤":所谓视觉锤,其实就是一个能够用来对品牌进行识别的视觉非语言信息。

劳拉·里斯认为,我们在日常生活中之所以要用到"视觉锤",是因为它拥有长时间的记忆,视觉是有一定的情感力量的,能够在脑海中长时间保存;能够更快速地进行识别。

其实,"视觉锤"能够发挥出强大的力量,并不仅仅是这两个原因而已。充分利用"视觉锤"才能够将"语言钉"钉入用户的脑海中,才能够大幅度提高传播效率。

一位美国心理学家曾经做过一个实验,得出了以下结论:在所有的信息传递过程中,有超过93%的信息是通过非语言的方式传递的,有将近7%的信息是通过语言的方式传递的。在所有的非语言传递方式中,通过形体姿态、面部表情、手势等肢体语言来传递的信息占55%,通过音调高低的方式来传递的信息占38%。

针对这个结论,心理学家提出了一个沟通公式:沟通的总效果 = 7%的语言 + 38%的音调 + 55%的面部表情。也就是说,通过视觉来传递的信息超过50%。

每一个企业在宣传的时候,都会受到资源方面的限制,所以触点就显得相当珍贵。你千辛万苦地打造出了一个"语言钉"去占领用户的心智后,为什么不再去打造一个"视觉锤",将"语言钉"钉得更深一点呢?

无论是"语言钉"还是"视觉锤",两者都能够在很大程度上提高企业的竞争力,但几乎没有人能够真正理解它们的含义。

视觉锤最重要的作用,就是刺激用户的视觉,可以凭借产品的差异化,吸引顾客的注意力,然后去占领用户的心智。

我们看过很多可口可乐的广告，也许广告词一时会想不起来，但弯曲的红色可口可乐瓶让人难以忘记。万宝路香烟的广告也没有很多文字，它用美国西部牛仔的形象来传播粗犷的英雄精神，如图3-1所示。这个视觉锤的目标就是"光临风韵之境——万宝路世界"定位的钉子。

所以我们必须深入了解"视觉锤"的本质。基本上每一个品牌都会设计一个具有特色的商标，但实际上商标和视觉锤并不能画上等号。

在全世界范围内，每个国家都有好几个汽车品牌。但所有的汽车品牌中，只有宝马这个品牌成功地打造出了视觉锤。为什么其他品牌不去打造视觉锤呢？事实上，其他品牌同样想打造视觉锤，但没有取得任何效果。

图3-1 万宝路香烟广告

举个例子，一项研究的题目是：用户在购买汽车的时候会对哪些方面比较重视呢？研究过后得出这样一个结论：里程要足够长、可靠性要好、可驾性要好、内饰要足够漂亮……在消费者眼中，希望无论是什么功能，都必须好。

宝马就针对这一结果做了一个广告，在广告中宣传：宝马具有消费者想要的一切功能，无论是驾驶性，还是性能或是油耗都相当不错。在十年的时间里，宝马的每一次广告都强调它什么功能都有，但宝马却并没有因此而成功。

每一个品牌都有自己的目标客户。这个世界上没有任何一个品牌能够满足消费者的所有要求，如果说自己什么都有，就会导致消费者认为你的产品没有特色。

在这之后，宝马就做出了调整，在广告里只宣传自己的"可驾性"、广告中始终强调"The Ultimate Driving Machine（终极驾驶机器）"，这就是我们所说的"语言钉"，然后宝马再通过打造视觉锤的方式，将这个"语言钉"深深地"钉"入消费者的脑海中。这次调整过后，宝马取得了巨大的成功。

从中我们可以领悟到一个道理：宣传自己什么都行，反而会让消费者觉得没有特色。我们应该着重强调某一方面，再通过打造"语言钉"以及"视觉锤"的方式，将其深深地"钉"入消费者的脑海中，让消费者记住你。

可口可乐在这方面就做得非常不错。它的所有广告都没有说自己的可乐是最正宗的可乐，但它通过视觉锤，将这一信息深深地钉入消费者的脑海中，也就是我们常常提到的眼见为实。无论是在瓶身的广告上，还是在易拉罐的外观或者是电话卡上、送货车上都能够看到可口可乐的流线瓶，这些视觉上的冲击都在告诉消费者：可口可乐才是最正宗的可乐。

3.1.2 品牌利用视觉锤影响消费者的10种方式

对于视觉锤的概念，我们可以简单地理解为：钉子是品牌的语言定位。例如，Nike的广告词"just do it（想做就做）"、宝马的"The ultimate driving machine（终极驾驶机器）"，在这之后，还需要让观众记住定位。视觉锤起的就是把钉子"钉"进消费者脑海的作用。下文将介绍品牌利用视觉锤影响消费者的10种方式，供大家参考。

锤子一：形状

形状这一"锤子"多用于产品商标的设计，力求以简洁的图案快速传达信息，使用户更容易理解产品的内涵。国际伤员救济委员会最初无法找到自己的视觉形象，直到将名称改为"红十字国际委员会"。今天我们熟悉的苹果公司最初的标志是牛顿在苹果树下的一个非常复杂的形象，如图3-2所示，后来才逐渐演变成今天家喻户晓的被咬掉一口的苹果。

图3-2 苹果公司最初的商标

锤子二：颜色

简单的颜色比五颜六色更容易辨认。最典型的是蒂芙尼（Tiffany）蓝，让无数女孩为之着迷，如图3-3所示。与之相反的例子是颜色复杂的汉堡王标志。即使汉堡王已经进入中国多年，商标还是很难区分，相比之下麦当劳的"金拱门"形象要好得多。

图3-3 蒂芙尼蓝

锤子三：产品

如果产品的视觉设计师能设计出一款包含视觉锤的产品，将在市场上占据巨大优势。例如，劳力士手表的表带，就是一个无与伦比的视觉锤，它将"奢侈手表中的领先品牌"这一产品定位根植于用户的心中，如图3-4所示。

图3-4 劳力士手表

锤子四：包装

产品包装是为了保证产品的独一无二性。独特的包装设计会给产品增加很多亮点。瑞典的Absolut Vodka（绝对伏特加）是独特包装的设计典范，如图3-5所示。他们经常采用革命性的包装设计，让用户产生不同于其他伏特加产品的视觉体验，从而建立起高端的产品定位。

图3-5 Absolut Vodka设计

锤子五：动态

动态视觉锤比静态视觉锤更有表现力与说服力。例如，经典的德芙巧克力"此刻尽享丝滑"的广告，为了表达巧克力顺滑的口感，将巧克力做成动态的流动的绸带，让用户对丝滑的感觉更加直观，如图3-6所示。特别是在抖音、快手的引领下，短视频时代到来之后，在产品宣传中熟练使用动态视觉锤变得越来越重要。

图3-6 德芙巧克力广告

锤子六：创始人

普通用户往往会对产品的创始人感兴趣，产品和服务也间接地反映了创始人的价值观念。从这个角度看，产品的创始人就是一个天然的视觉锤，在进行产品的自传播宣发时，可以着力塑造创始人的形象去代表产品的形象。例如，乔布斯代表苹果，董明珠代表格力。

锤子七：符号

说到NB，用户可能会首先想到New Balance（纽巴伦）。看到蓝色背景的白色 F 字样，用户可能会想到 Facebook（脸书），这些都是典型的视觉锤，将用户对公司的印象符号化，更方便记忆。美国的旅行者（Travelers）保险公司用一把红色的小伞来代表他们的企业形象。"伞下更好"的语言钉子，让抽象的保护得以形象化，如图 3-7 所示。

图 3-7　美国旅行者保险公司的商标

锤子八：名人

聘请名人代言可以帮助产品团队传播产品信息，粉丝量大的偶像明星的粉丝会自发地传播产品，为产品增加销量。比如张家辉、古天乐对贪玩蓝月的代言，小 S 对清扬洗发水的代言，都被认为是比较成功的产品代言。但是聘请名人代言需要承担很大的风险，因为名人可能不是产品的忠实消费者，而且他们一旦出现负面消息，产品也会不可避免地受到影响。最重要的还是名人代言的成本太高，普通品牌负担不起。

锤子九：动物

因为人们对动物的喜爱，动物往往成为效果显著的视觉锤。而不同的动物代表了不同的特质，利用动物的形象做企业宣传更有利于放大企业文化中独有的特征，如猫的时尚感、狗的忠诚感、猎豹给人的速度感等。

锤子十：传承

许多奢侈品之所以价格高昂，不是因为产品本身的质量远超同类产品，而是因为其自身携带了悠久的历史感。时至今日，爱马仕仍在使用马车的标志，如图 3-8 所示，并希望向每个用户讲述自己的历史故事：爱马仕最初是一家生产马具的企业，至今已有 170 多年的历史。

图 3-8　爱马仕的马车标志

综上所述，品牌利用视觉锤影响消费者的 10 种方式包括形状、颜色、产品、包装、动态、创始人、符号、名人、动物、传承，我们还列举了应用每种视觉锤的典型例子。希望品牌运营者能从中获得启发，根据产品的特性使用合适的视觉锤来促进产品的自传播。

3.2 如何想出令消费者难忘的品牌名与广告语

我们打开电视，总能听到耳熟能详的广告语，但有的广告语重复了上千遍，我们仍然记不住；同样地，在产生某种需求的情形下，我们总能想起一些品牌的名称，但是有的产品即便使用过并且觉得质量很好，却一直想不起名字……品牌名与广告在品牌营销中起到的作用是非常重要的，本节便以此为切入点，讲述如何想出令消费者难忘的品牌名与广告语。

3.2.1 创作高质量品牌名的5种实用方法

一个品牌成功与否的先决条件就是是否拥有一个易于理解和传播的好名字。那么，到底应该怎么取名？接下来与大家分享一些比较常见的也是比较有效的高质量品牌的取名方法。

1. 已形成记忆符号的词

利用已经在人们脑海中形成记忆符号的词来取名可以分为以下两种。

（1）直接用动植物名。

动植物名作为已经形成记忆符号的词，在为品牌取名时备受品牌方青睐，因为这类词往往早已扎根在广大受众心中。如果直接选用这类词命名可以节省许多传播成本。大象公会曾经写过一篇关于以动植物名取名的文章，列举了很多利于传播又易于被接受的名字，其中很大一部分都是以动植物命名的。对这些以动植物名命名的品牌加以分析就会发现，这些以动植物名命名的品牌绝大多数是互联网品牌。

利用动植物名字来作为品牌名，主要有两个优势：第一个是可以有效地降低品牌的传播成本。因为动植物的名称对于大家来说都耳熟能详，作为品牌的名称可以较快地被大众所熟知。第二个优势就是以动植物名命名可以避免侵权等问题。

如果人们比较细心就会发现，很多熟知的品牌都是直接以动植物命名的。一些直接以动物名命名的品牌有：小天鹅空调、老虎直播、武昌鱼、蚂蚁金服、菜鸟物流、虾米音乐等，如图3-9所示。

图3-9　直接以动物名命名的品牌

另外，以植物名命名的互联网品牌有：百合网、土豆网、小米手机、蘑菇街、豌豆荚、坚果手机、花椒直播、瓜子二手车、梨视频、荔枝FM、果壳网、西瓜视频等。

不过需要注意的是，品牌商在以动植物名命名品牌时，常常在后面加一个品类词，简单地讲，就是需要在名称后面说明产品的种类，好让消费者熟悉品牌的产品类型，以促进品牌的推广和宣传。比如，前面提到的以动物名命名的互联网品牌蚂蚁金服，如果不在蚂蚁后面加上"金服"二字，可能会使人感觉不知所云，加上了"金服"二字，便会使人明了这是一个关于理财投资的金融品牌。

（2）其他符号词。

各大品牌除了喜欢以动植物名称命名品牌，还倾向于用一些其他被大众所熟知的符号词。如果可以发现一个没有被注册的符号词，倒也不失为一个好名字。

由我们所熟知的锤子、功夫等符号词而衍生出锤子手机、真功夫等品牌，另外在中小学课本中出现的意大利访华旅行家马可·波罗也算是一个熟悉的符号词，由此命名的马可·波罗瓷砖便是利用了大家熟知的马可·波罗来为品牌命名。

2. 品类相关词 + 动植物 / 熟悉的物品词

有些人可能会说我们能够想到的动植物名称都已经被注册了，那又该如何取名呢？当我们熟知的动植物名称都被注册了，可以在动植物名称前加上品类相关词或者直接在品类相关词后面加上熟悉的物品词，这类取名方式的品牌也有不少，比如，搜索引擎搜狐，旅游类品牌途牛旅游、飞猪旅行，汽车类品牌路虎汽车、途虎养车、宝马汽车，以及天猫、爱豆等。

另外，名字本身存在冲突和对比可以更好地加深人脑的记忆，类似"飞猪"的命名就是出于这种考虑。"飞"与"猪"这两个词语本身就存在冲突，猪不可以飞，于是便加深了人们对品牌的印象。

利用这种技巧取名的典型例子还有搜狐引擎。它最早的名字是"搜乎"，这个名字虽然与品牌的特征非常相符，但是缺少了一些生动性。后来创始人张朝阳结合了动物的名称，将"搜乎"改为"搜狐"。因为作为搜索引擎的品牌，需要体现出灵活快捷的特点，而狐狸正好具有灵活、机警的特点，所以结合品类相关词语动物名称可谓是恰到好处，如图3-10所示。

图3-10　搜狐品牌

3. 叠词化

为品牌取名还有一个很常用的技巧就是叠词化。采用这类方式取名的品牌也不在少数，比如QQ、钉钉、脉脉、陌陌、探探、派派、YY，还有滴滴、当当、贝贝、转转、旺旺、盼盼。

叠词化的名字有一个明显的优势就是简洁明了，容易传播。叠词化的取名方式除了简单的两个字的重复，还可以取三个字的名字，虽然也是通过叠词化来命名，但是并不是简单的三个字的重复叠加，而是品类词加上两个字的重复，比如淘票票、货拉拉、拼多多、钱多多、房多多、运满满、娃哈哈、企查查等。前一个品类词简明扼要地介绍了品牌的种类，后面两个字的重复有利于人们加深记忆，如图3-11所示。

图 3-11 叠词化品牌

为什么叠词化容易被人记住？这是有科学依据的。人类对于叠词的印象比较深，这符合人的大脑记忆规律。孙庆金教授曾经解释过这个问题，举一个最常见的例子，小孩子学会的第一句话往往都是叠词，如"爸爸""妈妈"，其他的一些词语也总是说叠词，这并不是为了可爱，而是方便他们记忆，"吃饭"这个词语他们通常会说成"吃饭饭"，"洗澡"说成是"洗澡澡"。

4. 习惯用语

取一个好名字的妙处就在于可以有效降低品牌的宣传推广成本，对于广大受众来说，接受一个习惯用语远比重新接受一个陌生词汇要简单。这类品牌名字包括去哪儿、什么值得买、饿了么、阿里巴巴（暗示芝麻开门，财富大门打开）、今日头条、我爱我家等，如图 3-12 所示。

图 3-12 习惯用语品牌

因此，利用比较常见的习惯用语取出来的名字往往既贴切又接地气，是比较常用的取名技巧。

5. 数字 + 品类相关词

这个技巧也是取名字的一大妙招。比如核桃露六个核桃，还有零食品牌三只松鼠，还包括纯棉家居品牌一朵棉花。这类名字让人听了会觉得有几分俏皮感在里面。但是这种取名技巧比较忌讳的就是在已经被注册的或者已经拥有一定知名度的品牌名字上做小改动，比如把六个核桃改成八个核桃，你可能会沾沾自喜，觉得自己蹭了六个核桃的热度，自己的核桃露还比六个核桃多了两个核桃。然而事实上却会给品牌造成负面影响，让人产生"山寨"之感，也和前面提到的"不要产生负面认知的词"这个投资价值的原则产生冲突。

上面提到的这五个取名的小技巧，都非常实用，很多著名品牌的取名方式都无出其右。除了上面几个技巧外，还有一些其他技巧也非常好用，这些技巧具有一个共同点，即都可以有效地降低传播成本。

当取好了一个名字之后，怎么判断是一个高质量的品牌名字呢，下面给大家推荐几个比较常用也是比较好用的检测小技巧。

（1）听完能不能马上正确地写出来。

最简单的方法就是，当别人第一次听说这个名字之后的第一反应是什么，脑海中浮现的名字是不是与你所取的名字相一致。如果你一说，别人就了然于心，那这就是一个传播成本低的好名字。容易记得住，可以简单地听懂的就不失为一个好名字，不必过分强求文采，把名字起得文绉绉，让人听了云里雾里。很多我们所熟知的品牌都符合这个检测标准，比如三只松鼠、六个核桃、瓜子二手车等。

还有一些反面例子，比如"犇骉羴"，大多数人看到这个名字都不知道怎么读，并且不知道怎么打出来；像"tutorabc"这类名字由一长串的英文字母组成，基本上不会给人留下深刻的印象，所以不具有很高的传播度。

（2）输入名字时，是否要切换键盘。

第二个检测标准就是在输入名字时，是否需要来回切换键盘。可能最初品牌取名时是想取得高大上，取一个中英文混合的名字，可是这会加大搜索输入的难度，还有一些英文大小写混合的名字，甚至还有多种语言混合的名字。这些名字太过烦琐，会大大降低人们的搜索欲望，所以并不是好名字，也不利于品牌的宣传和推广。

(3)别人第一次听到这个品牌名后,能不能马上知道你是干什么的。

品牌的名称就是品牌的一个广告牌,品牌能否得到很好的传播推广,一定程度上取决于品牌的名字。当你告诉别人品牌的名字之后,别人是否可以第一时间明白品牌是干什么的。消费者只有在知道了品牌品类之后才可能进行消费。很多名字虽然取得非常有诗意,但是不够明确,反而容易使消费者产生误解,就像川菜品牌俏江南,当笔者第一次听到这个名字时还以为是唱戏的,很多人都有这种感觉。这样的例子还有很多,就像瓜子二手车,如果这个品牌没有在"瓜子"后面加上"二手车",很多人会以为这是一个卖瓜子的品牌。

(4)目标用户听到这个名字是否感到不安。

第四个方法是要检测品牌的名字是否符合普遍文化认知,或者是不是有负面的认知,这种检测方式主要是针对一些跨国或者跨地区的品牌。当一个品牌进军新市场时,它的音译或者翻译的名称是不是会让目标用户感到不安。比较明显的例子是在可口可乐最初进军中国市场时的音译名字是"蝌蚪啃腊",还有就是"金狮"这个名字不符合民族文化心理,"狮"字在广东话中发音类似于"死",所以这样的品牌名就不符合取名原则。

3.2.2 魔性广告语均具备的 5 个特点

什么样的广告才称得上是魔性广告呢?所谓的魔性,简单来说就是能够让你着魔,当你看到或是听到某句广告语后,就会存在你的脑海中,怎么也忘不掉。在这里,我们总结了部分经典的魔性广告语。

- 这是你的益达——益达口香糖
- 今年过节不收礼,收礼就收脑白金——脑白金
- 我们只是大自然的搬运工——农夫山泉
- 你的能量超乎你想象——红牛
- 再看,我就把你喝掉——旺仔牛奶
- JUST DO IT——Nike
- 巴黎欧莱雅,你值得拥有——欧莱雅
- 哪里不会点哪里——步步高点读机

从上面几个案例中,我们能够总结出一些魔性广告的特点。在进行了分析总结之后,将其归纳为以下 5 个特点。

1. 能够通过唱的方式来表达

这些广告语绝大多数是通过唱的方式来进行表达的，而不是通过说的方式。比如脑白金的广告，就是通过唱的方式来表达的。人对韵律极为敏感，并且还会有一定的肌肉记忆。

绝大多数广告已经开始使用这种方式，编一段曲子，再加上文案，在广告中唱唱跳跳，以加深用户印象。

2. 押韵

押韵是非常关键的一个因素。如果文案能够做到押韵，那么读起来会十分顺口，并且还很有感觉。中国的诗歌最大的特点就是押韵，在韵律方面有极为严格的要求。你只需要花点儿时间就能够把古诗背下来，如果换成白话文，你可能需要多花费一倍以上的时间来背。比如下面这几句广告语。

- 天才第一步，雀氏纸尿布。
- 要想皮肤好，早晚用大宝。
- 钻石恒久远，一颗永流传。

3. 描述一个现象

现象能够对很多事情进行解释，这也是它最大的特点。换句话说，广告语能够用在大量的场景中。比如你的食品是纯天然的，如果有人提出质疑，那么你就可以用"我们只是大自然的搬运工"来回答，这句广告语就替你回答了别人的质疑。

可能你在洗澡的时候，不经意间就会说出一句"洗洗更健康"。或者当你的朋友遇到了困难，犹豫不决的时候，你就可以说"你的能量超乎你想象"去鼓励他。

这些广告语之所以具有魔性，是因为它们能够在大量的场景中被运用。当某个场景触发了你的记忆，你就会不自觉地说出这些广告语。

4. 文字重复

当某一句话中出现了很多相同的文字，就能够更进一步地加深你的印象。如果广告中有大量的重复词，就相当于一直在你的脑海里不断地重复，比如"我就是我"，这句话是不是让你记忆十分深刻，一直在脑海中萦绕？或者这两句：今年过节不收礼，收礼就收脑白金；比牛皮还牛的皮带。

苹果公司中文的广告文案就非常经典："比更大还更大""唯一的不同，是处处都不同""让妈妈开心的礼物,开了又开"。

但在这里必须强调一个问题,这其中是利用了一定的文字游戏的。例如顶真的手法,上一句的末尾部分是下一句的开始部分:"真的笑,笑出声""今年过节不收礼,收礼只收脑白金"。

5. 情绪化

如果广告语能够拥有一定的情绪化,那么当你听到广告语的时候,就好像有一个人出现在你眼前,然后和你说了一句话,让你一直记在心里。在适合的时候,你就可以通过这句话来对其他人产生影响。比如,Nike的广告语"JUST DO IT",当你的朋友面临困难、犹豫不决的时候,你就可以告诉他"JUST DO IT"。以下广告语都是很好的例子。

- 巴黎欧莱雅,你值得拥有。
- 不走寻常路。

>> 3.3 品牌占领独特门类的实用方法 <<

大众品类赛道已经充满了各种各样的品牌,所以不妨另辟蹊径,尝试挖掘独特门类的商机,或许能创出另一番天地。

3.3.1 品牌占领独特门类4部曲

如果一个品牌想要成功地占领某个独特的门类,就必须深入研究这一独特门类的用户心理特点,并且让这一独特门类的消费者能够认识到你的产品。品牌占领独特门类有4个步骤,如图3-13所示。

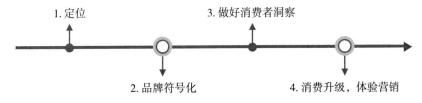

图3-13 品牌占领独特门类4部曲

1. 定位

定位是指树立品牌的形象，让品牌有一个精准的标签，让品牌能够在消费者心里占有一席之地。现在这个时代，商品同质化越来越严重，品牌要想取得成功，就必须有明确的定位，并且能够在消费者的心里占据一定的地位。

以白酒市场为例，在白酒市场中，江小白这一品牌的定位就是"80后"以及"90后"的都市白领。"80后"以及"90后"这两个用户群体常常用文艺青年等词汇来描述自己。江小白通过各种各样的推广以及营销，将品牌的形象打造成了一个"有梦想的文艺青年"，一下子就拉近了与目标受众群体的距离。江小白通过各种各样的"自嘲式"文案，引起了目标受众群体的感情共鸣。江小白的这一定位在白酒市场中是前所未有的，所以它在消费者的心里占据了一定的位置，这就是它取得成功的原因。

每一个品牌在进行营销的时候，都将重点放在消费者的心智上。然而在消费者心里，一个品牌往往只能占据一个定位，品牌想要在消费者的心里占据两个或两个以上的定位基本上是无法实现的，这种做法也并不是最好的。品牌应该将重心放在差异化上面，打造与众不同的产品，从而在消费者的心里牢牢地占据一定的位置。

2. 品牌符号化

对于品牌来说，品牌符号化具有很多好处，比如让用户更好地认识到你的品牌，降低营销成本等。但是，想要真正地实现品牌符号化并不是一件简单的事情，仅仅是用一个词或是一句广告语根本不足以实现品牌符号化。真正意义上的品牌符号化，是通过某个特定的符号，让品牌的产品拥有生命，能够与消费者进行"交流"，使消费者喜欢上产品，最终实现盈利。比如，活力就是可口可乐的符号、西部牛仔自由的精神就是万宝路的符号、麦当劳的"M"这一符号像两扇拱门，代表的是美味与欢乐。

品牌需要想方设法地增加与目标受众之间的触点，让目标受众能够深刻地记住品牌，并通过各种各样的方式强化目标受众的记忆，最终树立统一的品牌形象，占领某个独特的门类。

3. 做好消费者洞察

品牌所进行的一系列营销活动，都是为了塑造品牌形象。然而，如果品牌不去关注消费者的需求，无法使消费者的需求得到满足，消费者根本就不会买你的账。在这种情况下,品牌应该尽可能地去了解消费者的内心诉求是什么,换句话说,就是品牌要知道消费者对于品牌持有什么样的看法。消费者在进行购物的时候,不仅仅是想要在物质方面得到满足,更重要的是能够在精神方面得到满足。

比如星巴克,星巴克在中国十分火热,为什么呢?主要原因在于星巴克充分了解中国消费者的需求,充分了解中国的咖啡市场。大多数中国人喝咖啡,不单单是为了放松,为了享受生活,更多的是为了追求时尚。星巴克在消费者洞察方面就做得非常不错,它充分掌握了中国消费者的心理特点,通过一系列营销方式,营造了一种喝星巴克就是潮流的氛围,让消费者的精神得到满足。然而星巴克在意大利却无法取得成功,毕竟意大利是星巴克的灵感起源地啊!星巴克之所以在意大利受阻,主要的原因在于意大利人和中国人是不一样的,意大利人十分看重咖啡文化,而且意大利基本上没有大型连锁式的咖啡馆,绝大多数是小型咖啡馆,当地人称之为"bar"。在意大利消费者眼中,在咖啡馆里喝咖啡是生活中必不可少的一个环节,如果是在家喝咖啡,就少了一种独特的"感觉"。

所以,品牌需要了解消费者心里想的究竟是什么,要深入分析是什么因素驱动了消费者的消费行为,要想方设法满足消费者的需求。

4. 消费升级,体验营销

在互联网经济时代,要想取得成功,就必须充分了解消费者的心理特点,知道消费者心里究竟在想什么。但这并不是一件简单的事情,消费者的心理是多元化的,并且有一些潜在的需求是消费者自己也没有意识到的。因此,品牌应该对目标群体进行细分,收集消费者的消费行为,深入了解究竟是什么地方打动了消费者,让消费者购买产品,从而对产品和服务进行不断的优化。品牌应该珍惜与消费者进行的每一次交流,尽可能打造出一套线上以及线下完善的体验系统,让消费者能够在体验过程中加深对品牌的印象。除此之外,品牌还应该增加产品与消费者之间的触点,缩短产品与消费者之间的距离。

亚马逊是最早开办的几个网上书店之一,它的网上书店之所以取得巨大的成功,线下体验营销功不可没。用户在观看电子书的时候,如果认为电子书不够真实,没有翻看纸质版图书的感觉,那么用户就可以进入线下实体店进行体验,并且购买图书也十分方便。在进入实体店的时候,门口就有一台设备能够扫描用户的手机,当用户挑选好了图书之后,在手机上付款即可,无须排队,从而节省了大量的时间。除此之外,亚马逊还能够收集到大量的用户消费数据,凭借大数据系统对用户的消费行为进行分析,最终实现精准营销。

3.3.2 【案例】江小白、小郎酒如何占领年轻白酒消费群体

在小酒领域中,有两个明星品牌——江小白和小郎酒。为什么在小酒领域只有这两个品牌呢?为什么其他品牌没有进入我们的视野中呢?主要原因在于其他的品牌虽然看到了市场的机会,但是没有很好地抓住这些机会。虽然眼见为实,但是能够让你看到的市场机会有时并不是"真正的机会",真正的机会藏了起来,需要更进一步去发掘。在这里对江小白、小郎酒这两款现象级的产品进行分析,如图3-14所示,供大家参考。

图3-14　江小白、小郎酒如何占领年轻白酒消费群体策略分析

1. 小酒市场的细分程度还不够,再深入细分才是它真正的机会

江小白将目标受众群体瞄准在白酒圈边缘人群上,然后去对小酒市场进行更进一步的细分,从而使消费者不再那么关注小酒的价格,让消费者能够接受创新的口感。

绝大多数中年人会被白酒的主流意见领袖所左右,想要从这个群体中获利,打开这个群体的市场几乎不可能,所以只能将目光锁定在年轻人身上,只有他们才会购买新款产品;对于这些边缘人群来说,没有任何一个品牌愿意将他们作为主要的目标群体。原因在于,如果在一个区域内为这些边缘人群提供产品,走量实在是太小了,而如果专门针对这些边缘人群来设计产品,又会吃力不讨好,赚的利润太少。在这时候,江小白就瞄准了这个群体,这是它成功的基础。

而小郎酒的目标用户群体,是白酒圈核心消费群中对品质有极高要求的人。这些人相对来说比较有钱,他们很少喝小牌以及杂牌酒,而且这部分人有一个共同的特点——不贪杯。传统的二锅头以及小劲酒无法满足这部分人对于品牌的认同感,而江小白在他们的眼中是"不入流的"。于是小郎酒就对高端小酒的市场进行了更进一步的细分,最大化地利用了郎酒大品牌的资源,同时也为后来的大规模市场投放打下了基础。

2. 锁定目标消费群

很多人在北上广深等大城市打拼,他们坚信现在的努力都是值得的,他们对美好的未来生活十分向往。江小白之所以如此火爆,获得众多好评,主要原因在于它引起了消费者情感上的共鸣。对于白酒圈的边缘群体来说,他们在购买白酒的时候根本就不会去考虑酒的品质如何,他们购买白酒主要是为了"玩",而不是为了喝,江小白就很好地满足了他们的需求。

我们再来看小郎酒,它的目标群体是白酒圈的核心消费群体。之所以消费者会认为小郎酒是一款好酒,是因为小郎酒有郎酒大品牌的背书、主流媒体平台的信任背书和市场的引导。要想让目标用户群体认识到这款酒,并喜欢这款酒,就需要通过一定的营销方式来进行。产品究竟是好还是坏并不完全是由消费者决定的,有人认为你的酒好,就一定会有人认为你的酒差,市场越成熟,竞争就越激烈,那么在这时候,必须通过多维度的方式,让消费者认为这就是一款好酒。

3. 打造一款爆款需要一定的灵感,而树立品牌形象需要长时间的投入

当发现了市场机会,就会通过各种各样的方式去抓住这些机会,竭尽全力去打造一款爆款产品来引爆市场,但有一个爆款产品还不够,品牌不可能单凭一款产品打天下,所以要坚持树立品牌形象,打造更多好的产品。

江小白打开年轻边缘人群的市场,就是依靠瓶子外包装上的感人娱乐,"同城约酒"中就能看到年轻人的身影。在这之后,江小白又陆陆续续与很多音乐人建立了合作,带动了江小白的名气,然后江小白还通过影视植入的方式来进行推广,让年轻人认识到这个品牌,除此之外,还有线下小酒馆等。所有能够与年轻人建立起连接的触点都是江小白着重宣传的地方,通过一个又一个触点树立起自己品牌的形象。然后通过长时间的投入,形成了核心竞争力——与年轻人一起燃。

而小郎酒的发展并没有那么顺利,它的发展过程相对来说较为坎坷,从最开始的小贵宾郎酒,到后来的歪嘴郎,然后到目前的小郎酒。在小郎酒刚刚进入小酒市场的前5年里,小酒市场可谓是群雄割据,连年征战,其中既有创新口味的,也有大品牌背书的,但为什么这些产品没有存活下来呢?其实主要的原因在于这些品牌没有看清小酒市场,就算看懂了也不敢将资金投进去,就算敢投资金,也不敢投太多。五粮液就推出过一款歪嘴酒,和小郎酒属于同一个定位的产品,五粮液虽然发现了高端小酒市场存在很大的发展空间,但五粮液却没有过多的投资,随着小郎酒的不断发展,五粮液和小郎酒之间已经有了很大的差距。

当你发现了市场的机会之后,不要认为随随便便打造一个爆款产品就能够在残酷的竞争中活下来,如果你的投入不足,那么想要获取丰厚的回报是不可能的。在所有的竞争中,耐力一直都是一个十分重要的东西。

每个人在机会面前都是平等的,但为什么品牌与品牌之间会存在如此大的差距呢?其实这并不是市场机会导致的,关键在于洞察力,别人只看到了机会的表面,而你能够看到机会的内在,那么你就能够抢在他人前面发掘出突破点,然后勇敢地去下注,从而获得成功。

3.4 品牌为消费者创造安全感与顺从消费者实战方法

消费者的安全感不是凭空出现的,是需要品牌去创造以及经营的。与此同时,品牌还需要考量如何在获得消费者认可的基础上作出创新。

3.4.1 品牌强调正宗、销量第一背后的安全感考量

作为一个品牌,为何一定要获得消费者的信任呢?是因为每一位消费者都欠缺某种东西,那就是安全感。消费者在购买东西的时候会考虑到品牌很多方面的因素,会将不同品牌的东西互相比较,直到他觉得这个品牌值得买、合他心意,他才会买下来。如果用了一段时间之后发现质量不好,去找售后又解决不了,就会影响品牌在消费者心中的形象,所以品牌的质量正宗、销量第一很重要。

对于安全感的定义,通过下面的描述希望可以和大家达成共识:安全感是某种心理、感觉,是源于一方的表现而给予他方的感觉,要是一方的表现好的话,那么另一方就会感觉到可靠、放心、舒心,这就是一方的举止行为、说话方式等方面表现所带给另一方的安全感。

这一说法是关于人和人之间的情感传达的表述。实际上,品牌向消费者传达的情感也是同等的,也就是说,好的品牌营销可以向消费者传达放心、能够依靠、舒心、踏踏实实,还有值得相信的感觉。

7个心智规律包括:欠缺安全感、倚重反馈、分类存储、厌恶混乱、容量非

无限、关注差异、抗拒改变,由此可见,心智的安全感不足,是人的心智 7 个规律中最基本的一条。

2013 年,有研究机构通过研究心智缺乏安全感在商业购买中的表现发现,心智的安全感不足表现为担心 5 类风险(图 3-15),如果消费者察觉到风险存在,那么他们就很有可能不会购买产品。

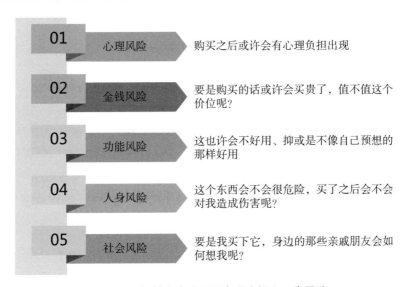

图 3-15 心智的安全感不足表现为担心 5 类风险

因此,品牌若要获取用户的信任,就必须消除这 5 类风险,给消费者的心智带来安全感。

那么,品牌要怎样做才可以从根本上获取消费者的信任呢?即使有的品牌价格昂贵,但是销售量依然很好,销售速度也很快,这其中主要原因是品牌在消费者心中树立了值得信任的形象。

有些品牌可以使得消费者轻而易举地接纳,尽管没有广告宣传,但是在很久之后,消费者要是有购买的欲望,便会马上想到这个品牌。比如,王老吉、可口可乐、老干妈等,在你有需求想要喝凉茶、喝可乐或者是想要吃辣椒酱时,有很大可能性就会马上想去购买这些品牌的产品,这其实便是因为品牌已经在消费者内心彻底地建立了信任感,并不担心会有购买风险。

正因为如此,大家才常常会见到品牌经由下面这些做法给消费者带去安全感,品牌通过强调正宗、销量第一的办法来赢得消费者信任,具体体现如下。

1. 品牌根据消费者的从众心理向消费者提供安全感

从众心理是人类心智求得安全，而且节省脑细胞的本能反应，根植于消费者内心。因此品牌从广告表述方面的宣传，常常会用像"更受欢迎，更多人用……"诸如此类的用语。比如，十个电影明星中，有九个在拿某品牌的香皂来保护自己的肌肤。这样的广告就是利用了消费者的从众心理，并且由于明星的代言，消费者会觉得既然明星都用过了，我还担心什么呢？

2. 依靠制造高销量、高热度向消费者展示自己的品牌所能够提供的安全感

利用消费者的从众心理再加上品牌所制造的稀缺感，会使消费者感到紧张，就很可能会这样想："质量不错的东西、合我心意的东西，他们都在抢，要是自己再不买的话就没了！"大家常常会看到各种的排队，买奶茶排队、吃饭排队等，即使买一部手机都要排队去抢购。

3. 根据市场的表现向消费者提供安全感

市场的表现分别有品牌的增长速度、品牌的诉求销量、品牌的销售额。比如，品牌阿芙在打广告的时候，就会加上这样凸显出其自身在市场上的地位的两句话："全网销量第一的精油品牌""全网卖出三瓶精油就有两瓶是阿芙"。再如，香飘飘这个品牌，也是用到了"杯子连起来能绕地球十圈"这样的广告语，以凸显它在市场上的地位和表现。

4. 经由消费者的数量来证明品牌安全的可靠度以建立安全感

要是品牌的用户数量非常多，品牌就可以直接拿数据说话，以此来打动消费者。比如，奥迪的"礼赞三百万车主"活动，又如贝贝网的"1000万妈妈的信赖首选"。

3.4.2　品牌在创新与顺从消费者间寻求取舍的方法

要想把品牌创作成一种艺术作品，就得有好的创意，以及独具一格的创作力，可以让消费群体感觉到赏心悦目，那种劣质的创意、没有新意的品牌，会被受众看作是无中生有、牵强附会、流氓逻辑，乃至是垃圾品牌等。决定品牌创意好与坏的最本质的原因，并非大家认为的狭义上的创意点子是不是新奇、是不是另类，相反却是对于自己所定位的消费群体的了解，是不是可以经由品牌的接触以满足消费者心里想要的、帮助消费者解决实际的现状和难题。接下来讲一讲品牌在顺从消费者和创新两者之间，探索如何做到取舍的办法。

1. 先提出问题

提出问题并不是说简简单单地提出一个问题而已，而是要提那种非常紧要且让消费者听了感觉非常真实的问题，还要给予可以使得消费者接纳我们的新主意的动机，经由消费者可以真实见到抑或是体验到的办法以展示难题所在，而并非单单凭消费者来想象、抑或是单单只懂得用嘴去说，却不真切地解决问题。要提供一个改变的动因给消费者，这是必需的，要跟消费者明确地说之前的问题要是不注意的话，那么带来后果会非常严重。

2. 将自己品牌的解决方案和实际难题"扯上"联系，构建某种关联

每一个品牌的出现都是为帮助消费者解决某种难题，任何一个品牌的产生都是为了解决上面提到的紧要问题。消费者认为眼睛见到的才是真实的，给顾客提供与展示事情是怎样变得越来越好的，可经由名人向消费者展示、给消费者体验的机会，还能够通过路演的方式使消费者真切地去感知，总体来说，不单单只是停滞在凭空想象的创意、概念上。

3. 品牌需要依顺消费者的喜好，而并非跟他们对着干

我们不要把顺从消费者和品牌创新两者之间看成是对立面，要以正确的态度去看待消费者的偏好。消费者过去是如何分享、了解、决策、消费的，这些内容是非常重要的，要多多洞悉、掌握消费者的习惯，用正确可行的方法让消费者信赖我们这样做的原因，找到了这些渠道，接着就需要去想一想怎样去改变消费者。

4. 要关注消费者的实际问题，从解决消费者的问题入手

消费者买下某个东西就是想要去解决问题。因此，要想使消费者更容易接受我们的品牌，就得关注消费者的实际问题，从解决消费者的问题入手。给他们开拓一个新的消费习惯，使得企业的品牌成为他们生活中不可或缺的某种常态、习惯。

5. 应该明确告知消费者购买了我们的产品可以获取什么

保证你目前可以向消费者提供的情感需求，所提供的需求要大大超过消费者目前可以得到的，要使得消费者明确认识到他们做出的选择是对的、是正确。当然，消费者可以得到的功能性利益点肯定不能没有，是一定要有的。

6. 创造能够容易向他人传播的话题

人们大多是愿意加入创意的扩散、传播行列的，人们乐于随着意见领导人来了解、探讨那些让他们感兴趣的事情。因此，如果你想要一个创意可以在人与人之间互相传播，那么便需要以你的特点为中心来创造话题，使这个特点具备交际性，变成大家乐于、愿意和他人交流的谈资。

7. 寻求身为创意者的我们和创意接纳者的消费者间的共同点

志同道合的人相聚成群，反之就不适合聚在一起，没有共同点会容易分开，人们比较想要在他们喜欢的、认同的人那里来接纳某些新的创意，尝试着去创造一些共同点，共同点分别在思维方式、行为、意识等方面，这有利于销量的巨大增长。

8. 可以试着让消费者加入我们的创意中来

当代的消费者不单单是信息的接收者，还是互动者，更是品牌的创造者。比如雕爷牛腩、小米，在消费者变为创意的一员的时候（参与者、发起者），自然而然就变成了新创意的拥护者。

第 4 章

"老"品牌进行营销创新再度翻红实战指南

不同的人个性不同、生活方式也不同,每一次时代的变迁都会导致生活习惯的改变,品牌想要做到"返老还童",变得年轻化,就一定要抛弃"经验主义"的想法,对新的时代特色、新的市场特点进行分析,并根据时代特色以及消费群体的消费需求来设计产品或是服务。但品牌的年轻化其实并没有那么简单,仅仅外在形象年轻化是远远不够的。

4.1 "老"品牌营销创新"三板斧"

科技发展的速度十分迅猛,每天都会诞生各种各样的新花样。在各种因素的冲击之下,市场进行了一次又一次的升级,倒逼大量的品牌跟随潮流,进行改变。在现在这个市场中,年轻人可谓是主力军。绝大多数品牌都信奉一个观点:"谁能够抓住年轻人的心,谁就抓住了市场。"

4.1.1 产品创新:品质 + 年轻化元素

上一个时代的消费主力军在岁月无情的流逝中步入中年,随之而来的是年轻一代顶替了他们的位置,成为新生代消费者,在这时候,品牌如果想要继续发展下去,就必须年轻化。品牌其实和人一样,都在不断地成长,"返老还童"能够帮助企业更好地抓住年轻人的心理,进而占领市场。

绝大多数品牌在年轻化过程中之所以没有取得成功,主要原因是他们对年轻化错误的认知,他们所认为的"年轻化"仅仅是表面上的。绝大多数品牌进行的年轻化,仅仅将外包装设计得更加个性、品牌的 Logo 设计得更加潮流,或是通过一些流行文化,如黑科技、二次元、段子、社交等来作为自己的营销噱头,但这些并不是真正意义上的年轻化。

绝大多数品牌并没有认识到年青一代的消费群体真正的需求,甚至还对年轻人形成了刻板印象,在这种情况下,品牌为了能够更好地获取市场,盲目地迎合年轻人的需求,从而导致品牌原有的特色一去不复返。比如,一位七十多岁的老爷爷都穿着华丽的潮牌,然后在大街上跳起当下最流行的舞蹈,这样的做法肯定会吸引到大量的路人。虽然此举能够在一时间引发轰动,但消费者根本就无法理解这种做法的意义是什么。如果品牌为了迎合年轻消费者的口味,为了使销量得到提升,而盲目地"献媚",就会导致年轻群体觉得尴尬,甚至还会导致原来的老客户失望。在这方面,肯德基就是个案例。2019 年,肯德基发布"年轻版上校",由原来和蔼可亲的老爷爷变成了有腹肌和文身的"大叔"(图 4-1),但是却引来众多消费者的不满。

图 4-1 肯德基用电脑合成的"年轻版上校"

表面上的"年轻化"并不能为品牌带来什么,盲目地迎合年轻人的口味,没有关注到年青一代消费群体真正的需求,就无法做到真正意义上的"年轻化"。

这一代年轻消费群体的需求到底是什么?对于这个问题,我们可以对年轻人日常生活中一些较为典型的言行举止进行分析,从而观察到年轻人的部分需求,进而了解产品如何在保证品质的前提下实现年轻化。

1. 追求个性、品质以及新鲜感

现在这个时代,消费变得越来越同质化、物质水平也在不断提高。与老一辈不同，现在的年轻人不愁吃、不愁穿，随着生活水平的提高，年轻人开始追求更高品质的生活，他们开始追求个性、追求新鲜感、追求品质。因此，这一代的年轻群体为了展现出自己的与众不同，为了获取新鲜感，他们开始使用一些新奇的、小众的产品，如果我们仅仅是通过更改外包装的形式来满足年轻人的追求，那么根本就无法得到年轻人的青睐。比如，女生都爱美，她们为了展现自己的与众不同，在购买美妆产品的时候会选择一些小众品牌，甚至还会购买一些国外的产品；而部分喜欢使用网易云音乐的用户，他们并不仅仅是因为网易云音乐中有评论这一功能而使用，最主要的原因是其中有许多小众原创音乐。这一代年轻人勇于进行探索、勇于进行尝试，同时这也是消费发展的趋势。

除此之外，现在的年轻人根本就不在乎品牌的影响力，也几乎对广告免疫。他们在购买产品的时候很少会去考虑，这是××品牌的产品，我在××广告中看见过这个，他们看中的是产品的效果和品质，为了追求新鲜感，他们会去选择一些小众品牌，以凸显自己的个性。

2. 既时尚又独立，并且多元

这一代年轻人文化水平普遍提升，在流行文化方面，年轻群体能够更加包容，并且他们的兴趣越来越多元化，除此之外，现在的年轻人勇于追求时尚。比如一个在日常生活中的文艺青年，平时也就读读书，但在网络中，他可能摇身一变成为"鬼畜"爱好者；一个程序员，在白天不停地敲着代码，一言不发，但到了晚上，他可能摇身一变成为某个乐队的主唱。现在的网络以及社会变得越来越包容，在这种情况下，年轻人变得更加独立，同时他们也能够对自己的行为负责，并且他们的想法变得越来越"新奇"，创新能力也很强。

哔哩哔哩是当下一个十分流行的视频网站，在年轻群体中非常受欢迎。在最开始的时候，哔哩哔哩只是一个二次元小站而已，但现在已经是一个日活过亿的"泛二次元"网站。之所以取得如此巨大的成功，是因为它所提供的内容足够个性化与多元化，绝大多数年轻人都被其所吸引，除此之外，年青一代的消费群体具有十分强大的创造力，大部分流行文化都是由他们创造出来的。所以说，不同的年轻人的爱好是不一样的，他们具有一定的独特性。想要了解他们的需求并不是一件简单的事。

通过分析，我们可以了解到，品牌创新首先要做到品质有保证，否则再花哨的包装也无法长期获得消费者的青睐。在保证品质的前提下，再来做到"年轻化"，吸引年青一代消费者的注意力。

4.1.2 宣传创新：跨界 + 时尚娱乐元素

麦当劳在 2019 年发布了一款令人感到新奇的产品——"堡包"，这个堡包并不是我们想的那种汉堡包，而是麦当劳与 Alexander Wang 共同发布的一款联名产品。其中有全球限量的黑金篮子，也有十分潮流有趣的黑金 M 手包。

麦当劳是一个著名的餐饮品牌，但这一次它却进行了跨界联名，开始将生意拓展到包包上，这一举动令很多人感到惊讶。但实际上，麦当劳并不是第一个跨界联名或是跨界营销的，在此之前，还有大量的知名品牌都做过类似的举动。虽然这种方式会颠覆人们对于品牌形象的认知，但确实能够推动品牌的发展。

在一段时间内，身为"国民奶糖"的大白兔，开始做起了奶茶生意，并且还推出了一款大白兔冰激凌，吸引了无数人的目光。

像大白兔这样的国货老字号，为了在新时代谋求发展，为了更好地满足年轻消费群体的需求，进行了各种各样的尝试。除了大白兔之外，百雀羚也开始拥抱年轻群体，它所推出的《一九三一》式的平面创意同样赚足了人们的眼球。为什么如此之多的国货老字号开始改变？是风口引爆了创意，还是创意点燃了风口？我们无法解释清楚，但在这里，我们总结了许多国产老品牌的营销案例，供大家参考。

1. 已经 60 岁的大白兔"返老还童"，变得年轻起来

有相关数据显示，大白兔的年销售额达到了 146 亿元的水平。

"大白兔"这一品牌创建于 1959 年，2019 年刚好是它 60 岁生日。虽然大白兔已经到了"花甲之年"，但它的创新能力仍然和年轻一辈的品牌不相上下。

2016 年 6 月，全国首家大白兔奶茶店正式营业。从营业的那一刻开始，大白兔奶茶店的生意就十分火爆，在短短几天内，大白兔奶茶的"实际交易"价格就达到"天价"，一杯奶茶 480 元！单日销量突破了 2000 杯，并且这一数据仍然在不断增加，如图 4-2 所示。

在大白兔奶茶店正式营业的前 3 个月，美国出现了一款名为大白兔奶糖冰激凌的产品，这款产品吸引了大量网友的关注，在网络中迅速蹿红，但冠生园在这时候却发布了一则声明，表示这款产品并不是自己推出的，是"假冒产品"。

虽然这款产品并不是大白兔推出的，但因为这款冰激凌的热度实在太高了，

图 4-2 大白兔奶茶

很多人都喜欢这款冰激凌，于是大白兔顺势而为，推出了一款正版的大白兔冰激凌，大白兔冰激凌奶茶的单价为 25 元，大白兔冰激凌球的单价为 6 元一个，而大白兔奶糖在大多数人眼中是平价产品，这样的价格是否能让消费者接受呢？事实告诉我们，可以！

除此之外，还有一件非常让"兔粉"感到激动的事情，大白兔开始进入美妆界，开始了跨界营销。"大白兔"与"气味图书馆"建立了合作关系，共同推出了大白兔奶糖味沐浴露、护手霜以及香水等产品，这些产品一经推出，就引起了巨大的关注，购买这些产品的人数不胜数，为大白兔带来了巨大的收益。

大白兔官方旗舰店中的数据显示，无论是大白兔沐浴露，还是大白兔香水，销量都达到了"2W+"的水平，这些商品的评论区也十分有趣，并且这些商品还迅速地将大白兔推上了微博热搜。有网友开玩笑地说："用了这些产品，我是不是就变成了一只小奶狗了？"

事实上，早在 2018 年，大白兔就已经进行了一次跨界联名，与美加净一起共同发布了一款大白兔奶糖味的唇膏。当产品预售开始之后，920 套预售产品瞬间就被消费者买空。在 9 月 21 日，大白兔又追加了 2 万套产品进行预售，在短短的三分钟里产品就被抢光，如图 4-3 所示。

很多想买却买不到的网友开玩笑地说："我买个唇膏的难度居然和我买春运火车票的难度差不多。"相关数据显示，在预售期间，产品的曝光量就已经突破 2.5 亿，传播溢出效应更是远超我们的想象。

图 4-3 美加净联名大白兔唇膏

从相关材料中可以看到，在巅峰时期，"大白兔"在国内市场的销售额就达到 146 亿元的水平，除了中国，还有其他 50 多个国家和地区都能看到大白兔的足迹，海外市场的销售额达到 1.6 亿美元的水平。但在现在这个时代，为了谋求发展，大白兔"被迫"选择跨界合作，积极地进行改变，拥抱年轻消费群体，可谓是正确的选择。

2. "国民香水"六神

根据相关数据显示，六神的年销售额达到 17 亿元的水平。

大多数人都使用过六神这款"香水"，但你知道它的味道是什么样的吗？你是否想过尝试花露水的味道呢？2018 年 6 月，在酒品行业中出现了一个"异类"——"六神口味 RIO 鸡尾酒"，如图 4-4 所示。

这款产品异军突起，一经推出就十分火爆。17 秒就卖出了 17000 瓶，有 4 万多名没有抢到的用户开始围观这款产品，购买的人群中，有 85% 的人是新客户，在产品正式上线的当天，销售额同比增长了 5 倍之多!

图 4-4　六神口味 RIO 鸡尾酒

六神是国货老字号，而 RIO 是年轻群体十分喜爱的一个鸡尾酒品牌。两者之间跨界合作推出的 RIO 六神鸡尾酒为什么如此火爆呢？其实进行跨界合作，不单单为了使双方的产品起到"化学反应"，在营销方面的"叠加反应"也是特别重要的。

六神在与 RIO 进行合作之前，就对彼此的用户群体进行了深入分析，观察"六神用户群体"与"RIO 鸡尾酒用户群体"的特点，然后通过各种各样的方式去触达这两个用户群体。

RIO 六神鸡尾酒刚刚上线 24 小时，将该产品添加到购物车的人数就达到 1 万人。在经过了第一次的产品投放之后，RIO 与六神共同对相关数据进行分析，对消费者的行为进行更进一步的细化，然后对用户进行二次触达。

从最开始的"被种草"，到后来的"拔草"，再到"拔草"用户在各个媒体中的传播，激发了用户一次又一次的传播，成功地借助各种媒体平台进行了产品的宣传。最终，相关数据显示，购买 RIO 六神花露水味鸡尾酒的用户中，有 92% 的人是新客户。

这一波联名，不仅让两者赚足了关注度以及销售额，还让两者成功地积累了许多消费者资产，在未来的消费者管理以及运营过程中能够更好地利用这些资产。

3. "辣条界老大"卫龙

卫龙销售的辣条单价仅为 0.5 元，但就是这 0.5 元，却让卫龙的年营收达到

20亿元的水平！

在辣条行业中，卫龙可谓是一个"不安分子"，它时时刻刻都在想着"搞事情"。

在苹果公司举办iPhone7发布会的时候，大多数企业都想抓住这次机会，利用苹果公司的热度来营销自己的产品，卫龙就是其中之一，于是它开始"抄袭"苹果公司的创意。

卫龙以苹果的风格为依据，对产品包装、文字文案、颜色风格以及网站页面的介绍图进行了调整。

在大多数人眼中，iPhone代表的是高端，具有强烈的设计感。而卫龙的举动，让众人眼中十分廉价的辣条一下子就具有了品质感！说得通俗一点，就是给自己脸上贴金，让用户感觉到辣条十分高端、大气、上档次，如图4-5所示。

图4-5 卫龙辣条

在产品方面，卫龙一直都在改进，新口味一直不间断地推出。同时，这是一个看"颜值"的时代，为了更好地适应这个时代的要求，卫龙也在不断地对外包装进行调整。因此，卫龙还曾与暴走漫画进行了一次跨界合作。通过个性化的包装、有趣的营销方式，更符合年轻消费者的心理特点，为产品营造出了一种年轻化的形象，通过互联网与用户进行了各种各样的互动，从而使品牌知名度得到了大幅度的提升。

在经营方面，卫龙一直都是辣条行业的领导者，2014年，大多数辣条品牌仍然在线下进行销售，而卫龙就已经开始踏入电商领域，与京东、天猫以及1号店等电商平台之间建立了合作关系。

相关数据显示，卫龙一年销售的辣条数量突破100亿包，年营收达到20亿元的水平,拥有 500 亿元的市值。

卫龙不仅在中国市场十分火爆,在国外市场也十分火热。国内一包辣条的售价仅为 0.5 元,而在国外却卖到了 1.2 美元,换算成人民币就是 7 元,有网友开玩笑地说:"去国外卖辣条发家致富吧!"

4. 从差点销声匿迹逆袭成为国货美妆第一的百雀羚

百雀羚曾一度濒临破产,但在最近几年,它成功逆袭了!一跃成为排名靠前的美妆品牌。百雀羚之所以能够成功逆袭,它那些十分经典的营销案例有很大的功劳。

像《一九三一》这样的与清明上河图类似的长图文,像《四美不开心》这样的搞笑创意,还有像《百雀羚——东方簪》这样的以故宫为开头的,大气恢宏的广告故事。百雀羚进行的任何一次广告营销都存在着一个核心,同时也正是这个核心吸引了消费者,使消费者在情感上对故事的内容产生了共鸣。

在 2017 年母亲节,百雀羚发布了一条长图文广告,广告的主题是民国怀旧,但在最后却来了一个反转,感兴趣的朋友可以搜索这条广告看一看。百雀羚发布的这条广告迅速在朋友圈刷屏,阅读量瞬间就突破了 3000 万,如图 4-6 所示。

百雀羚的广告一经推出,就迅速刷屏朋友圈,并赚足人们的眼球。究其原因,百雀羚的广告具有故事内容,能够引起消费者的情感共鸣。

图 4-6 百雀羚广告部分画面

除此之外,百雀羚还玩起了限量的套路。在 2018 年"双十一",百雀羚就选择了钟华作为合作伙伴,共同发布了一款名为"燕来百宝奁(lián)"的限量礼盒。有相关数据显示,这款产品上线仅35秒,就被消费者抢购一空。

百雀羚为了消除用户眼中的"品牌老化"的印象,使用了各种各样的手段。也正是这些手段,让它从差点销声匿迹逆袭成为国货美妆第一品牌,在2016年单品销售额达到138亿元的水平。

在2017年"双十一",百雀羚的销售总额在24小时内就接近3亿元,无论是国内的其他美妆品牌还是海外的美妆品牌,在百雀羚面前都黯然失色。

在2018年"双十一",百雀羚进行了十周年庆典活动,在短短的2分22秒的时间里就销售了10万件小确幸面膜,百雀羚宫廷甄选方胜盒在90分钟的时间里就卖了3万多件,成为第一批进入亿元俱乐部的品牌。

4.1.3 渠道创新:宣传+产品售卖渠道创新化

在网络还不发达的时代,品牌所运用的产品传播渠道大多是以旧的方式传播,不仅单一,还古板、老套、没有新意。而在现代网络发达的互联网时代,有许许多多的传播产品的途径能够直接和间接地接触消费者,同时传播的方式也是多种多样的,传统的传播渠道,往往是由上到下、单一的,而现在的传播渠道是多样化的、由下到上的,如图4-7所示。

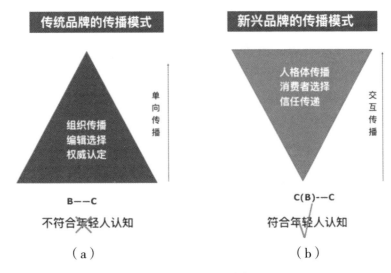

图4-7 传播模式的变化

由图4-7（a）所显示的内容可以看出，如此由上到下、单一的传播方式与现代年轻人的认知相违背、不相适应，不适合他们的认知特点，更不要说影响年轻人了，还想让他们来购买你的产品，那是很困难的。由图4-7（b）所显示的内容可知，这种交互式的、由下到上的传播方式，较容易使年轻人接纳，更符合他们的认知模式，甚至可以在年轻人流动圈中变成某种信任的传递。

所以，洞察和熟悉年轻人的行为与心理，抓住他们的心和"胃"，产品传播的模式也要符合年轻人的认知。那么什么样的传播方式让他们能够接受，并符合他们的需求和认知呢？首先就是要精抓途径，其次就是要用对的沟通方式和年轻人沟通。

在此，用惠普推广畅游人笔记本举例。惠普筛选那些在陌陌软件上的网红来拍广告，同时在陌陌投放传播，最关键的是陌陌畅游人系列笔记本的消费目标是年轻人，并且惠普定位的人群是十八岁到二十八岁的刚刚步入职场的年轻使用者，这和陌陌平台的使用者高度相符——十九岁到三十三岁使用陌陌软件的年轻人所占的比例高至77%。那么选择红人拍视频这一手段，其实就是由于年轻人比较容易接受短视频这种交互模式。

在传播手段上同样很懂年轻人的品牌，就是网易云音乐。网易云音乐经由乐评，更好地激活了旧的传播模式，比如网易云音乐将乐评搬到了地铁、飞机、动车，乃至农夫山泉的瓶子上。如此别具特色的模式，与现代年轻人所喜好的"玩"的态度正好相符，所以就很容易影响他们的认知、观念。

现在的商业模式早就不是"人寻货"，而是"货寻人"了，小茗同学在这一点上，可以说是先占领了机遇：小茗同学将"90后""95后"的年轻人作为消费群体，同时对于年轻消费者由线上线下多个符合他们认知的途径一起发力。依靠小茗同学系列的多元化的营销模式，于2017年在全国畅销，成功将营业额达到200亿元以上，与上一年相比提升了1.5%；净利润8.8亿元，与上一年相比提升了44.6%。

与传统传播渠道相比，新的传播渠道具有以下创新。

1. 宣传途径年轻化

现代网综、抖音、微博等诸多线上途径，都是年轻用户群体汇集的地方。小茗同学冠名《我去上学啦》，这一综艺节目的定位是校园、青春，从情感上而言，缩短了年轻消费群体和品牌之间的距离。在这个综艺里学生和明星之间的互动，使大家重新认知了与平常不同的小茗同学，还使得小茗同学和我们一起见证了"95后"大不相同的"青春"。在这个过程中，小茗同学渐渐变成了"95后"

自我认知的一个载体，最后品牌形象实现了圈住年轻消费群体的心的小目标。经由和节目更进一步植入的创新模式，小茗同学的销售力、品牌力，都得了高度增长。播出前年轻消费者对于品牌的认知度和播出后年轻消费群体的回想度相比，飙升到 364.3%，年轻消费群体对于品牌好感度、购买倾向指数都超过预测值的 1/2 以上，同时带领小茗同学销售额突破 8 亿元。

2. 销售途径年轻化

除了在线上关注年轻消费群体外，小茗同学也拓展了线下的途径，为消费者开拓了越来越多的消费场景。针对校园场景，小茗同学使用了多元化的途径实施精准投入：小茗同学于 2017 年在多种社交网站上开展了一场叫作"不要面子"的话题活动，带领全民"放下脸面"，然后猛跟热潮；在 2018 年，小茗同学又融合进我国中学生足球训练文化，把自身滑稽的品牌基因投放到足球运动里，在我国 1400 多所学校中又涌起了趣味浓厚的足球比赛狂潮。另外，小茗同学还常常资助校园的创意活动，小茗同学成功打造了为年轻人、年轻的消费群体而"生"的形象，只要是年轻人所在的场所，都可以见到小茗同学的身影。经由布局线下的方式，品牌曝光度不断提升，也获得了越来越多的流量。

伴着"90 后"到"95 后"渐渐地开始变为当代消费的主力军，许许多多的老品牌开始一一进行"年轻化"改革，改变以往的传统传播模式。故宫也紧随时代的发展和社会的不断变化，开始了年轻化玩法，从而变革出新的优质产品，使得年轻消费者能够比较直观地接触故宫老品牌的文化。江小白经由走心的文案营销帮消费者发声，扭转了老品牌所要面对的年轻消费人群流失的局面。而小茗同学是把注意力关注到年轻消费群体身上，线上线下渠道一起发力，迅速在"95 后"消费市场中占得一席之地，变成最受年轻消费群体欢迎的饮料之一。伴随移动互联网更深入扩大的网络文化，品牌应该进行"年轻化"革新，匹配新的消费者的习惯，攻占更多的年轻消费者的心，方可以获得越来越多的品牌影响力、销售力以及价值。

4.2 "老"品牌营销创新再度翻红实战案例分析

每一个时代都有每一个时代的玩法，互联网时代也不例外，也有它自身的玩法，传统品牌要想在新的时代"抓""套"年轻消费群体的心，更需要遵循年轻消费群体不同的玩法、规则。在此，我们可以通过故宫与海尔两个案例来了解一下。

4.2.1 【案例】故宫通过营销革新打造网红品牌案例分析

故宫文化创意馆在2018年12月9日发布了一款极具创意的"故宫口红"，这是故宫第一次发布的彩妆产品。"故宫口红"共有6种颜色，这些颜色的创意都是从故宫国宝色提取出来的。口红外观的灵感都是来自后妃的服饰以及绣品，以"宫廷蓝"作为底色，结合了黑、白、青、赤、黄五种颜色，加上蝴蝶、仙鹤、蜜蜂、瑞鹿这四种图案以及水仙团寿纹、绣球花、菊花、地景百花纹、四季花篮等代表吉祥如意的图案，可谓创意感十足，如图4-8所示。

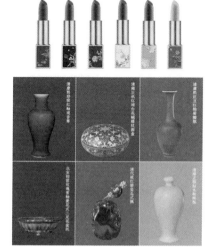

图4-8 故宫口红

故宫这次推出的六种颜色的口红还利用了3D打印这一科技，更好地凸显了刺绣的凹凸感以及织物的肌理。总而言之，故宫推出的这套口红极具东方韵味，非常适合中国女性使用。"故宫口红"上线后短短两天里，所有的口红就被抢购一空，将故宫的带货能力凸显得淋漓尽致，如图4-9所示。

北京故宫于1420年基本竣工，到2020年已经有600年的历史了。从营销的角度来看，故宫这一品牌具有十分雄厚的历史底蕴。在最近几年，各个品牌都在朝着年轻化的方向发展，故宫也不例外，通过各种各样的尝试，将故宫的品牌形象打造成一个既有丰富的历史底蕴，又积极入世，具有强大反差的"潮流品牌"。

故宫在2013年举办了首届"把故宫文化带回家"文创设计大赛，向社会大众征集相关的产品创意，很多人都积极参与了这场比赛，贡献出自己独特的创意。也正是从这个时候开始，故宫开始了品牌年轻化的步伐。故宫的营销案例可谓相当经典，大家可以从它身上学到了不少东西，还可以更进一步地理解老品牌

图 4-9 故宫口红售罄示意图

图 4-10 雍正卖萌

应该通过怎样的方式来变得"年轻化"。

老品牌想要变得年轻化,仅仅通过盲目地满足年轻人的"口味"就可以了吗?并不是!故宫在年轻化的道路上之所以取得巨大的成功,关键在于以下 5 点。

1. 内容方面

(1)内容逐渐社会化:具有一定的娱乐精神,但又不会显得"低级"。

故宫在微博平台有一个十分强大的 IP——"故宫淘宝"。"故宫淘宝"发布的每一条内容都让人感觉到现代与历史之间产生的化学反应,有一种"反差萌"的感觉。

无论是雍正卖萌(图 4-10),还是鳌拜比心,或者是宫女摆剪刀手等图片都是极具娱乐性的内容。在大多数人眼中,历史是相当严肃的,但故宫通过各种极具娱乐精神的方式,向人们展现了不一样的历史,"故宫淘宝"发布的微博内容十分符合当下年轻人的喜好。

(2)发掘品牌历史,传递历史。

"故宫淘宝"在微博发布的内容,十分娱乐化,将故宫有趣的地方展现了出来,但故宫并不仅仅是有趣,它还有雄厚的历史底蕴和文化底蕴。为了让人们更好地认识到故宫的历史文化,在 2014 年,故宫官方发布了三款 App:紫禁城祥瑞、皇帝的一天、胤禛美人图。

这三款 App 各有特色,但有一个地方是相同的——十分有趣,很多用户都被其中诙谐的内容所吸引。比如,历史老师在向你讲授枯燥的历史内容时,你根本提不起兴趣去听,但如果老师把这些历史内容变成了一个个有趣的故事,并用现代化的语言来讲授,你马上就会打起精神来听。故宫正是抓住了这一点，通过有趣的方式来传承历史文化故事。后来故宫又发布了多款 App，如故宫展览、每日故宫、韩熙载夜宴图、清代皇帝服饰等，在这些 App 中，我们能够看到故宫的文物展览，能够近距离观察到文物的造型以及历史背景，能够看到十分优质的故宫日历。通过这些传播途径，故宫文化变得越来越"年轻"，以年轻人更喜欢的方式来进行传承，如图 4-11 所示。

图 4-11　故宫 App 示意图

（3）保持匠心。

故宫丰富的、极具内涵的文化都是通过文物作为载体来展现的。有一档纪录片名为《我在故宫修文物》，纪录片讲述了现存文物的保护工作，让观众了解到相关人员是如何对文物进行保护和修葺的。最让观众感到敬佩的地方，是负责保护与修葺文物的人员的坚持以及"匠心"，让观众发自内心地感受到在漫长的历史长河中，故宫文物的保护与传承是多么不容易。大多数年轻人并不喜欢看纪录片，但《我在故宫修文物》却赢得了大量年轻人的喜爱以及好评。

对于老品牌，特别是故宫这种极具历史特色的品牌来说，在年轻化的过程中，可以恰当地赋予一定的娱乐精神，内容也可以逐渐变得社会化，但一定不能舍本逐末，要将品牌的"根"保存下来，在传承历史的同时，一定不要忘了初心。

2. 推广方面

在故宫年轻化的过程中，推广起到了巨大的作用。故宫在年轻化的道路上，投入了大量的精力到品牌传播中。在线下，有费尽心血打造场景到广告植入，在线上，有微信、微博、H5 等平台中的社会化内容。故宫曾与北京国贸地铁站达成合作意向,在地铁站的通道中展示了一幅"故宫雪景长卷图",这幅海报的长度达到135米,几乎贯穿了整条通道。如果仅仅是一幅海报的话,还不足以令人惊奇,让人惊讶的是,在这长长的135米的海报中添加了互动装置,这个装置以静态的画面作为背景,通过滑轨的方式将故宫的雪景展现出来,并加入今日头条的相关动态内容,如图4-12所示。

图4-12　故宫雪景长卷图

在这幅画面中,有一些老法师正在忙着参加摄影大赛,有一群后宫嫔妃正在网购,有一群宫门侍卫正在故宫门口等待"安检",并且这个"安检"还是通过人脸识别方式来进行的,除此之外,更有令人感到惊奇的科技展、车站……走在地铁通道里,看着这一幅幅画面,仿佛自己穿越了一样,如图4-13所示。

图4-13　地铁里的故宫雪景长卷图

单霁翔是故宫博物院的前任院长,故宫之所以在年轻化的道路上取得了如此巨大的成功,成为一个"网红",最主要原因还是单霁翔主持的公关营销。故宫这一600年的老品牌,能够重新焕发生机,成功地进行改革,在年轻群体中能够看到故宫文化的身影,单霁翔院长可谓功不可没。

我们从营销的角度来看故宫推广:在所有与故宫有关的新闻报道中,单院长的形象被塑造成了一个有趣的段子手、一个在保护文物方面具有突出贡献的"工匠"、一个"网红"。单院长在正式入职之后,马不停蹄地走进故宫一个又一个房间,5个月的时间,单院长在故宫9000多间房中留下了身影,除此之外,单院长还是《上新了,故宫》的出品人之一……单院长每一次发言,都具有独特的话题性,他是一个具有强大正能量的KOL,并且单院长的每一次发言都与故宫有关,可以说是故宫的"代言人",在故宫年轻化的过程中,单院长发挥出了巨大的作用。

3. 产品方面

故宫一直致力于创作出既让人们觉得有趣,又十分走心的文创周边。故宫早早就进入电商领域,在淘宝正式创建店铺的时间是在2008年。从那时候开始,故宫就在网上销售周边产品了,但并没有取得什么反响,销量也一直都上不去。

这种情况一直持续到2013年,在这时台北故宫发布了一款极具特色的产品——"朕知道了"纸胶带,这款产品一上线就非常火爆,深得年轻人的喜爱。也就是从这时开始,北京故宫意识到:文创产品创新具有非常不错的前景。于是故宫陆陆续续推出了各种各样的产品,并且产品十分有趣,从而拉近了与人民群众的距离。在产品设计方面,既有趣又走心,比如,御猫摆件、缠口红胶带、真丝团扇、"冷宫"冰箱贴、行李牌……故宫将人们日常生活中经常会用到的物品与自身丰富的历史底蕴进行了融合,通过社会化的方式推出了一款又一款有趣的产品,如图4-14所示。故宫每发布一款产品,人们就"叫苦不迭",开玩笑道:"故宫又开始把手伸进我们的钱包了!"

图 4-14　故宫周边

在《上新了，故宫》这个节目中，故宫推出了大量的文创产品，极具故宫特色和文化魅力，这些产品以众筹的方式在淘宝平台进行销售。在第一期节目中，故宫与百雀羚进行了合作，共同推出了一款名为"美什件"的联名款产品。当节目正式上线后，短短一个小时，5000件产品就被抢光了，并且每套的平均售价达到2000元！后来，故宫又推出了"畅心睡眠系列"产品，这款睡衣同样很有韵味，就算是睡衣，也要做得"美美的"，如图4-15所示。这个系列的产品都是通过众筹的方式来进行销售的，在淘宝上线一个月，就有15731位认筹人，筹款金额突破878万元。

图4-15　故宫"畅心睡眠系列"产品

故宫一次又一次的带货都取得了巨大的成功，让老品牌变得年轻化，同时向我们证明了：充分掌握社会化的玩法，根据消费者的需求，推出既有趣又走心的高品质产品，才可以消除消费者与品牌之间的距离感。此外，不断地向社会输出优质的内容，营造良好的消费氛围，也是故宫的文创产品一上线就被抢空的主要原因之一。并且故宫推出的文创产品品质足够高，消费者在购买了产品之后，能够通过自己手上的产品，近距离、直观地感受到故宫的文化底蕴，最终使得产品与内容之间建立起相辅相成的关系。

4. 销售方面

在销售方面，故宫所选择的销售渠道主要是线上电商，并且经常使用众筹的方式来进行销售，这种做法能够避免生产的产品过多而卖不出去、积压库存的情况出现。

无论是淘宝平台的"故宫淘宝"，还是"故宫博物院文创旗舰店"，或者是微信小程序"故宫博物院文化创意馆"，都表明故宫在销售时主要还是将精力放在了线上。《上新了,故宫》这档节目中,故宫推出了大量的文创产品,并且这些产品在销售方面都是采用"众筹"的模式。所谓"众筹"其实就是指消费者确定要购买这款产品,付款之后,厂家再开始制作产品,并且在约定的日期之前将产品送到消费者手上。站在文创产品的角度来看这一模式,众筹能够很好地帮助文创产品进行销售,根据订单数量来进行生产,能够有效地避免生产产品太多而又卖不出去的情况。

5. 跨界营销

老品牌通过与年轻品牌进行跨界营销的方式进行营销,能够产生化学反应,达到"1+1＞2"的效果。

对于故宫来说,跨界营销并不是什么新鲜的事,在这方面故宫具有丰富的经验。故宫在2019年8月,正式宣布与农夫山泉建立合作关系,共同推出了一款联名矿泉水——"农夫山泉故宫瓶",并且还是限量款!在外包装设计方面,故宫仍然选择了年轻化的方式,并且文案的内容也相当走心,以矿泉水的瓶子作为载体,展现了故宫的文化。当消费者看到外包装上的画面以及文字时,仿佛穿越回了古代,进入瓶身所描绘的世界中,引发情感共鸣,如图4-16所示。

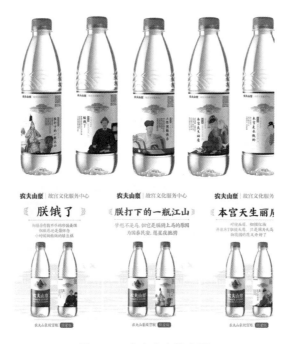

图4-16 农夫山泉故宫瓶

除此之外，故宫在2017年还与Kindle建立了合作关系，共同发布了Kindle Paperwhite X故宫文化联名礼盒及定制保护套。这款产品主题是"阅"动紫禁，极具东方韵味，在包装方面，将中国古代的祥瑞之物以及故宫元色、故宫色调融合起来，单单看这个包装，就能够感受到一股浓浓的东方气息，如图4-17所示。故宫丰富的文化底蕴与Kindle这种年轻化的阅读方式之间深入地结合起来，这次营销相当成功！

图4-17　Kindle Paperwhite X　故宫文化联名礼盒及定制保护套

不同的品牌拥有不同的受众群体，老品牌想要吸引新一代的年轻消费者，可以借助年轻品牌的力量来进行，通过老品牌与年轻品牌的跨界营销，让人感受到一种反差。年轻品牌与老品牌可以发挥出各自的优势，共同设计出优质的跨界产品，能够在很大程度上吸引年轻群体，两者都能够与年轻消费者建立链接，并且两者的品牌印象都能够得到全新的升级，在合作过程中，双方都能够获得利益，这也是越来越多的品牌开始进行跨界联名的原因之一。

总而言之，故宫在年轻化的过程中取得了巨大的成功，成功地让一个600岁的"老品牌"返老还童。让十分庄严的历史遗迹文化在社会化、娱乐化的过程中得到传播，让年轻人开始喜欢上历史，使中华文化得到了更好的传承。随着我国国力的不断增强，中国人的民族自信心也在不断地提高，越来越多的年轻人开始关注我国的传统文化，并喜欢上了我国的传统文化。

在这里对上述内容进行总结，老品牌在年轻化的道路上，必须注意以下几点。

（1）具有一定的娱乐精神，但千万不要过度娱乐化，丢失了历史严肃的气氛。

（2）一定要保持"匠心"，要打造高品质的产品，让消费者对产品保持尊重。

（3）更进一步地对产品、内容、推广等方面进行创新，多方面进行尝试，不要只用一种方式，年轻化的道路十分漫长，并不是一天就能够完成的。

（4）现在这个时代，跨界营销是一个非常不错的营销方式，老品牌应努力尝试与年轻品牌建立合作关系。

（5）现在消费主力军渐渐地变成了"90后"以及"95后"。如何抓住这批消费者的心，如何满足他们的需求，才是需要重点思考的问题。像百雀羚以及故宫等老品牌之所以能够取得成功，是因为他们在年轻化的道路上不断进行探索，不断进行突围，最后成功使品牌年轻化。

4.2.2 【案例】海尔基于移动互联网的品牌营销变革之路

近几年来，无论是内需还是外需，都十分不景气。在这样的形势下，海尔不退反进，逆流而上。比如，在2016年，海尔上半年的业绩相较于其他企业来说还是很不错的，在经济不景气的情况下，海尔就是一个"异类"，其他企业都在倒退，而它在不断攀升。其主要原因在于张瑞敏（海尔集团首席执行官）的管理思路"企业无边界、管理无领导、供应链无尺度"得到了落实。

有相关的财务报表显示，在2016年上半年，国内大环境趋势向下，但青岛海尔却能够逆流而上。从单季度的数据来看，公司第二季度仍然延续了第一季度向上的趋势，收入同比增长15%，净利润同比增长14.4%。

这些年来，国内的家电市场已经逐渐饱和，发展的势头逐渐慢了下来，并且同行业之间的竞争变得越来越激烈，在产品都差不多的情况下，只能通过价格战的方式来一决胜负。但是，青岛海尔认为打价格战并不是唯一的方式，应该朝着移动互联网的方向进行转型升级，制定全球化战略，让自己的产品与竞争对手的产品实现差异化也是很好的营销方式。

1. 海尔集团如何从最开始的迷茫发展到现在的规模

海尔集团是世界知名的家电品牌，有7万多名员工，全球年销售额达到2000亿元。同时，海尔的企业体系又相当复杂，并且十分庞大，在海尔集团内部，IT系统的数量突破了400个！想要成功地打通海尔集团内部，并且朝着移动化的方向升级转型并不是一件简单的事情，需要投入大量的精力和时间。但就算困难重重，海尔依然决定要进行转型，无论是管理层面还是业务产品层面，都充分地展示出要改革的决心。海尔此次转型的目的，是由从前的流程驱动升级为现在的信息驱动，然后借助移动端的力量分发到每一位员工手上，最后让信息驱动员工进行工作。就现在的情况来看，海尔集团的这个思想非常先进，大多数企业仍然在朝着流程化的方向发展，但海尔不仅完成了流程化，还正在朝着信息化的方向发展，并且还是在海尔集团这种超大规模的企业中进行，可以说是一个相当宏伟的目标。

海尔集团在刚刚进行升级的时候，也十分迷茫。主要原因是没有任何成功的案例可以借鉴，所有人都不知道究竟如何进行升级，达到什么样的程度才算是升级完成。经过了一次又一次的尝试之后，海尔在2013年将金蝶云之家引进到公司，用它作为连接器，将PC端一些简单的审批、业务、微博以及企业微信等转移到手机端，当转移完成之后，再开始慢慢地改造流程，改进一些相对来说较为复杂的工作。最后，成功地打造出智能教室以及移动签到等应用。当员工逐渐习惯了这种工作方式，系统也已经发展到了一定的程度之后，再去不断完善这个系统就会很轻松了，大多数员工能够适应这样的工作方式，海尔集团也成功地进行了转型。

2. 系统升级完成之后，业务也随之得到升级

当海尔集团的移动系统取得成功之后，为海尔集团带来了巨大的突破。比如，在办公效率方面，通过移动办公的方式，大幅度提高了办公效率；在移动系统的帮助下，办公协同化水平也得到了大幅度提高，整个企业紧紧地联系在一起。最重要也是最关键的一点是，海尔集团每一位员工的大脑中都被灌输了通过移动化来进行办公的理念，从某种程度上来讲，还将每一位员工的移动互联网思维激发了出来，并且慢慢地在业务升级转型过程中利用了这种思维，从而完成了业务的升级。不仅如此，在转型升级的过程中，还成功地打造出了大量的新兴业务，如大量的互联网硬件品牌等。

除此之外，移动系统还能够让公司的每一位员工都获取到公司的信息，外部用户在京东、天猫、微信等平台关注了海尔之后，系统就会自动地将信息传输到云之家后台，然后通过移动系统将这些信息传输到每一位相关的员工手上。使用户端到产品端之间所需要的时间大幅度减少，产品经理能够在第一时间知道用户对自己的产品有怎样的评价、用户反馈如何，优化环境所需要的时间也大大减少。

3. 云平台将是万物互联的基础

张瑞敏早在十几年前就说过这样一句话："不触网就死亡，一定要把企业运用到互联网里面去。"在2016年的时候，张瑞敏在天津达沃斯"创新的生态系统"分论坛中表示：海尔集团目前所进行的一系列行为，就是在告诉大家，在教大家传统大企业是通过什么样的方式在企业内部打造出一个创业平台的。在从前，一家企业只有两条路可以走，一是打造出自己的品牌；二是为其他的品牌服务。而在现在这个时代，一家企业同样只有两条路可以走，但路却不一样了，一是打造出自己的平台；二是依附于他人的平台。对于云之家，海尔给它的定位有4个，如图4-18所示。

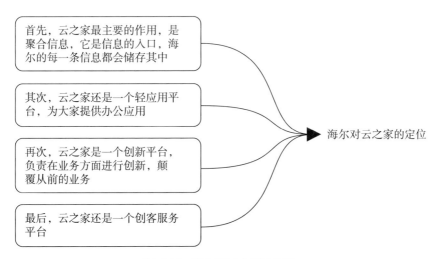

图4-18 海尔对云之家的定位

其中，万物互联的潜力是最大的，同时也是未来的发展趋势。所有人都认为，随着科技的不断发展，万物互联绝对会成为现实，并且是下一个风口，大量的科技互联网公司前赴后继地想要去实现万物互联，在这个过程中，他们却忽视了一个问题，他们只能够做到"互联"，而并没有"万物"。海尔集团与他们最大的区别在于，海尔集团是真正地掌握了"万物"，每一年海尔都要生产各种各样的硬件以及电器，所以海尔集团如果想要实现万物互联，其实是一件很简单的事情，所有的产品都是自己家生产的，那么只需要通过相关技术将自家的所有产品链接起来就好了。而这个技术，必须以云平台作为基础。

青岛海尔在 2016 年上半年，不断地对互联工厂体系、"U+"以及众创汇定制平台进行优化、改进，不断发掘更好地使用"网器 + 社群"的运营模式，通过什么样的方式才能够成功地打造出未来产业生态的基础。2016 年 3 月，海尔集团正式推出了"U+ 智慧生活"2.0 战略，是全世界第一家发布智能家电人工智能解决方案的公司，是智能家电行业的领导者，引领整个行业朝着"软件 + 硬件 + 服务"的模式发展。随着科技的发展，家电行业未来的发展趋势，应该是企业能够在自己的云平台对产品进行实时监控，并收集用户反馈，等到了那个时候，海尔集团的产品云生态就能够完成，所有的环节改进的效率以及反馈的效率将会得到大幅度提高，慢慢地朝着工业 4.0 的方向发展。

海尔集团这种规模超大的公司，都能够凭借自己的不断努力成功地转型为移动互联网的营销模式，别的企业还有什么理由不重视呢？如果无法跟紧时代的步伐，那么不仅会在渠道以及规模方面落后于其他企业，在技术方面以及管理方面也会慢慢地被竞争对手甩开一大截，最终被时代所抛弃。可以预见的是，移动工作平台仍然有很大的发展前景。像海尔集团这样在移动互联网取得成功的公司将会越来越多，一个更明确的移动未来也会慢慢地呈现在我们眼前。

第 5 章

具体制定品牌营销推广方案

在现实生活中,不管是大品牌还是小品牌,都想有非常优秀的推广方案来帮助自己取得巨大的发展。好像只要方案足够好,就能够获取大量的利益。然而事实并非如此,不管使用什么样的方案,都必须结合市场的实际情况,一定要具有可操作性。

>> 5.1 品牌如何高效进行市场调研 <<

俗话说,"商场如战场",虽然商场中的竞争并没有战场那么残酷,它并不会威胁到生命,但如果失败了,很可能就会导致公司倒闭。俗话说"不打无准备的仗",所以在竞争开始前,我们必须进行深入的市场调研,它能够帮助我们摸清现实状况,既不过于乐观,也不过于悲观。

5.1.1 品牌低成本又有效进行市场调研的 7 种方法

中小企业的可用资金不多,在此介绍一些比较适合中小品牌使用的低成本的调研方法。下面,就让我们围绕着黄金圈法则来向大家介绍市场调研,如图 5-1 所示。

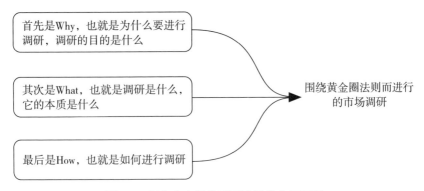

图 5-1　围绕黄金圈法则而进行的市场调研

1. Why

之所以要进行调研,是为了能够更好地摸清现实状况,从而避免风险的产生,最终使得产品能够取得更好的销量。

《孙子兵法》就是孙武所著的兵书,这本兵书的第一篇就着重强调了在开战前必须摸清楚对方的实力,并与我方的实力进行对比,然后再制定战争策略。

从本质上来讲,战争也属于一种竞争方式,但这种竞争方式极其残酷,胜者生败者死,一场战争的结果,决定了生死存亡,所以在进行战争的时候必须严肃对待。从战争中,我们学会了在开战前一定要尽可能地掌握敌方信息,并分析敌我双方的实力如何以及充分考虑会对战争起到关键性影响的因素等。

可能有人会觉得其实市场调研根本就没有必要,做不做市场调研其实都一个样。这部分人就会说:苹果公司以及福特公司不也没有进行市场调研吗?它们还不是照样打造出了在市场上取得巨大成功的产品?无论是 iPod、iPhone、iPad,都可以说是划时代的产品,福特在做 T 型车的时候,也没有进行任何的市场调研。

对于这部分人,笔者会向他们提几个问题:你是福特或乔布斯吗?你拥有福特或乔布斯的能力吗?他们对消费趋势以及人性有着远超常人的洞察力,你有吗?你有胆子将自己的所有财产赌在自己的特立独行上吗?如果都没有,那么还是继续做普通人该做的事情,踏踏实实地进行市场调研。

2. What

所谓调研,其实就是通过"调查"以及"研究",收集相关的信息数据,并对这些信息数据进行分析,进而得出有效的结论或依据,从而提高胜算的一系列过程。

"调查"其实就是为了实现某些特定的目的,收集相关信息资料的过程。

"研究"其实就是对收集到的相关信息资料根据某些特定的方法进行研究分析,最终得出有效判断依据的过程。

3. How

调研方法有很多,不同的情况、不同的人使用的方法都是不同的,在这里,我们就选择其中成本最低的、实用性最高的、最简单的 7 种方法来谈一谈。选择成本低的调研方式最主要的原因在于中小品牌的资源不足,无法进行大规模调研。

1)深入观察法

通常情况下,小企业在进行调研的时候基本上不会使用一些过于复杂的模型以及工具。对于小企业来说,调研并没有想象中那么困难,只需要项目的负责人或是企业的老板亲自进入一线市场,进行深入观察,了解消费者对产品的看法,了解经销商对产品的看法,甚至是进入竞争对手的店铺去了解情况,就是这么简单地深入观察一番,就可以获取大量的有效信息。

比如,在国外有一个十分有趣的调查,是关于通过什么方式才能够让女性戒烟的。相关人士在做这个调查的时候,使用的就是深入调查法。他们来到市中心的一家饮料店找了个位置坐下来,"偷偷"听女性之间的交流,在经过了一天的调查后,相关人士发现女性之间的交流,都是以外貌为主,她们最在乎的东西就是外貌。

在调查得出了结论后,相关人士就开始收集真实的、已有的与抽烟损害容貌相关的资料,经过分析整理之后,得出了这样一个"洞见"。

抽烟会让一个人的外貌受到极大的伤害——除了会导致女性口臭、牙齿发黄外,还会导致女性眼角以及嘴角起皱纹,甚至还会导致皮肤失去光泽。女性听了这些消息,知道抽烟会导致自身的外貌发生如此之大的变化后,就会下定决心戒烟了,如果你仅仅是告诫她们吸烟会导致寿命减少,她们根本就不会听。

仅仅是通过一次十分容易的调研,就可以获取到有用的信息,现在你明白调研的重要性了吧?

2)用户反馈法

用户反馈法可以说是所有的调研方式里成本最低的一种了。简单来说,就是根据用户提交上来的反馈信息,做出有针对性的改进,从而使产品更加完善,使产品升级迭代的速度大幅度提升。因为用户在使用了产品之后给出的反馈信息,往往最真实。

对于互联网公司来说，这种方法超级好用，大部分互联网公司在对产品进行改进的时候，都是使用这种方式，如图5-2所示。

图5-2　大部分互联网公司使用的用户反馈法

"10/100/1000法则"是用户反馈法中最出名的一个法则，这一法则是由腾讯公司提出的。简单来说，就是在一个月的时间内，产品经理一定要做到调查用户的数量达到10个，关注的用户博客数量达到100个，收集到用户提交的反馈1000个。

除此之外，还有"三三原则"，这是小米公司使用的一个原则。简单来说，就是在设计产品、生产产品以及销售产品等一系列过程中，让用户参与进来，进而能够以最快的速度收集到用户提交的反馈信息，并用最快的速度根据反馈来对产品进行改进。

这样的思维十分适合中小企业，各个企业可以根据自己的实际情况，来制定不同的"法则"，只要能够做到在用户接触产品的每一个触点都做好反馈系统，就能够用最低的成本来进行调研，并且还能够获取到最有效的信息。

3）"心智扫描法"

所谓的定位调研，其实就是将早就已经存在于消费者心里的"心智快照"发掘出来，不需要进行太多的思考，第一时间回答。我们要发掘出来的东西，是消费者对于某个品类的认知情况，是脱口而出的那种最真实的信息。在这里，我们以"心智扫描法"为例，这是定位调研时经常使用的一种方法，就是看看品牌在消费者的心目中的定位是怎样的。简单来说，就是发掘出在消费者的心目中，对自己的认知是怎样的，对竞争对手的认知是怎样的。

比如，当提到鲁花，你就会想到花生油；当提到金龙鱼，你就会想到调和油；当提到西王，你就会想到玉米油；当提到多力，你就会想到葵花籽油……

当我们知道了在消费者的心目中对竞争对手的认知是怎样的之后，我们就可以作出有针对性的决策，寻找出消费者心智中还没有被占据的地方，然后抓住机会尽快占据它。

如果提到某个品牌的时候，大多数人能够回答出该品牌做的是什么品类的产品，并且答案一致，那么就说明这个品类已经被这个品牌占据了；反之，就说明这个品牌的定位根本不统一。

当我们提到某个品类的时候，大多数人能够联想到某一个品牌，那么就说明这个品类已经被某个品牌占据了；如果一个品类中，不同的人回答的是不同的品牌，那么就说明这个品类还没有被任何一个品牌占据，这个品类中仍然有机会；如果提到一个品类的时候，没有人能够回答上来这个品类有什么品牌，那么就表示这个品类基本上没有人去关注，属于小众品类。

4)"语义分化法"

定位调研除了"心智扫描法"之外，还有一种叫作"语义分化法"的调查方式。简单来说，就是分析某个品牌占据的特性是什么。

"语义分化法"深受杰克·特劳特（Jack Trout，定位理论创始人）的喜爱，使用这种调查方法的具体操作流程如下。

把自己的某一款产品所属品类的所有的基本特性或是属性列成一个表格，并在每一项的后面加上一个打分栏，然后将这个表格发放给用户，让用户对自己以及竞争对手的产品进行打分（1～10分）。使用这种方式来进行调查，是为了知道用户对自己产品的意见及看法。并从用户给竞争对手的打分中找出对手的薄弱之处，以及自己的优秀之处，知道自己的服务或是产品的什么属性较为突出，能够领先竞争对手。

5）在线问卷调研法

对于中小企业来说，使用传统的问卷调研法是行不通的，这是因为传统的问卷调研法需要派出大量的调研人员，并且还要找到准确的访谈目标，这样才能够收集到想要的数据，但这需要花费大量的时间和资金，并且对调研人员的要求也较高，中小企业根本就没有资本去做这些。

既然传统的问卷调研法行不通，那么我们可以使用线上调查法来进行调研，这种调查法所需要的成本并不高，甚至很低，并且还能够在短时间内获取到许多有效信息。我们可以借助一些在线调研工具如问卷星、数据说等，来做简洁的调查问卷，并把链接发送到各个平台（最好是目标用户集中的地方），并附上一些小奖励，用户就会积极地参与我们的问卷调查。

6）大数据调研法

现在的大数据技术已经发展得相当成熟了，大多数调研都能够利用大数据分析来进行。使用这种方法，首先就需要找到一个适合自己的大数据分析工具，然后通过一定的学习来掌握这款工具。在这里，为大家介绍几款工具。

（1）百度指数。

利用这个工具，只需要在搜索栏中输入想要查看的关键词，就能够准确地了解到该关键词有多少关注量、在一定时间内，该关键词的关注量变化、关注这个关键词的都是什么类型的用户、用户的关注点在什么地方等。通过这些信息，能够了解到某个特定的行业在某个时间段的大趋势。

比如，假设你想要知道龙井的信息，那么你在这个平台上输入"龙井"后，就能够看到它在最近一段时间的关注点、关注度以及关注人群的情况。

（2）百度关键词规划师。

这个工具能够显示通过百度搜索引擎来进行搜索的"指定关键词"和"相关搜索词"的指导价、搜索量以及竞争程度等信息。相对来说，这个工具显示出来的信息较为细致，能够将每日每个搜索需求都显示出来，我们可以通过这些信息来分析用户的关注点在什么地方。在这里，我们以"酸碱平衡"这一"指定关键词"为例。

在搜索了"酸碱平衡"后，该工具就会显示出用户的关注点在什么地方，以及关注量如何，如表5-1所示。

表5-1　百度关键词规划师关于"酸碱平衡"关键词的数据显示表

关键词	整体日均搜索量	移动日均搜索量
酸碱平衡养生馆	30	20
酸碱平衡治疗仪	70	70
酸碱平衡理疗养生馆	20	20
酸碱平衡理疗仪	1	1
酸碱不平衡怎么办	20	20
调节酸碱平衡	1	1
怎样酸碱平衡	0	0
酸碱平衡粉	1	1
调节人体酸碱平衡	10	4

续表

关键词	整体日均搜索量	移动日均搜索量
酸碱平衡素	1	0
酸碱平衡特效食谱	20	20
酸碱平衡的调节	2	0
酸碱平衡疗法	1	0
调节酸碱平衡的食物	1	0
灵露酸碱平衡仪	1	1
人体酸碱平衡手册	20	10
酸碱平衡仪	40	50

除此之外，该工具还能够对关键词进行分类，表5-2是分类后所展示出来的信息。

表5-2　百度关键词规划师关于"酸碱平衡"关键词的分类信息表

关键词	日均搜索量	均价	占比（%）
了解酸碱平衡	452	2.14	43.50
解决方案	450	2.14	43.40
品牌产品	6	0.65	0.01
非相关概念	130	2.36	12.50

我们在对这些信息进行了分析过后，能够得出如下信息。

（1）日均搜索量在1000上下，从搜索量来看，关注身体酸碱平衡的人群是相对的小众人群，属于细分市场；
（2）目前调节身体酸碱平衡的解决方案以"养生馆、治疗仪、理疗仪、平衡仪、食疗、压片糖果（苜宿）"为主；
（3）目前该细分市场国产品牌除"华林苜宿压片糖果、灵磊酸碱平衡仪"有一定知名度外，尚缺乏有竞争力的品牌；
（4）以"小苏打"来实现酸碱平衡的方式，×××是首创，进行恰当的市场推广，有成为行业领导者的可能。

（3）淘宝生意参谋。

这个工具可以使我们清楚地了解到"指定关键词""相关关键词""相关品牌"的搜索人数、搜索量以及在线商品数等。通过这些信息，我们能够在一定程度上了解整个行业的情况。

在这里，我们依然以"酸碱平衡"这一"指定关键词"为例。

在搜索框输入"酸碱平衡"后，能够得到表 5-3 所示信息。

表 5-3 淘宝生意参谋关于"酸碱平衡"的数据信息表

类目名称	点击人气	点击人数占比（%）	点击热度	点击次数占比（%）	点击率（%）
其他膳食营养补充剂	333	47.56	680	54.66	13.71
其他植物提取物	250	33.33	402	31.65	8.38
复合维生素/矿物质	155	22.73	181	13.85	3.75
其他膳食营养补充剂	100	22.50	147	21.88	4.64
螺旋藻/藻类提取物	23	28.57	35	17.65	6.87
其他植物提取物	10	14.29	10	7.14	2.94

当我们获取到这些信息后，就可以对信息进行分析，从而得到我们想要的情报。

7）二手资料分析法

所谓二手资料分析法，其实就是利用调研报告网站、行业网站、书籍以及一些报纸杂志等发布的信息来进行调研。

但是使用这种方式有一个缺点，就是二手资料的数量实在是太多了，并且其中鱼龙混杂，既有很好的二手资料，也有差的资料，甚至还有虚假的资料。因此在收集二手资料之前，必须先搞清楚需要收集什么类型的资料，收集这些资料来干什么。在弄清楚了这些之后再去收集资料，才能够找到我们想要的资料，收集来的资料才有较高的价值。

通常情况下，可以从以下几个渠道收集二手资料。

知乎：在搜索框输入我们想要了解的关键词后，就能够看到人们对于这类话题的真实看法。

百度搜索：在百度搜索中输入我们想要了解的关键词后，就能够在百度新闻、百度网页以及百度贴吧等产品上收集到大量的信息。

行业报告类平台主要有艾瑞研究报告（http://www.iresearch.com.cn/report/reportlist.aspx）、易观网（http://www.analysys.cn/college/）、企鹅智库（http://re.qq.com/）等。

还有某些特定行业的网站，某些特定的行业协会发布的报告，行业图书杂志，行业新闻报刊，政府相关部门发布的报告，如中国互联网信息中心等。

5.1.2 导致企业问卷调研沦为无用功的6个常见原因

大多数人无论在线上还是线下都曾经做过别人发过来的问卷调研，部分用户在接受问卷调研的时候，会十分认真地回答问卷上面的问题；而部分用户根本就不用心，看一眼就直接随便写下；更有甚者连看都不看，直接就乱写。是什么原因导致这样的情况呢？一份问卷调研的失败，究竟是什么地方出了问题？

一些对问卷调研不了解的人可能会持有这样的看法：问卷调研不是很简单的一件事情吗？随随便便选几个问题，列一个表格就发给人填，谁都会呀！

事实上，很多人在做与问卷调研相关的工作之前，和上述这类人持有同样的观点，都认为调研是一件十分简单的事情，甚至在大街上随便拉几个人就能够做出来一份问卷，做这样的调研根本没有任何意义。但事实上，问卷调研并没有想象中那么简单。想要做好一份问卷，随随便便选几个题目是不行的，在选题的时候必须十分认真、细致，并且在选出了题目之后，还应该对这些题目进行持续修改完善，在经过了如此复杂的工作之后得出的问卷，还不能够称得上是"完美"，只能算是"合格"。

如果能够将用户调研做好，那么它所产生的价值是不可估量的。我们通过问卷，可以清楚地知道用户内心的真实想法，就能够收集到一些质量很高的用户反馈，甚至还能够凭借问卷，对业务以及产品进行改进。

那么，究竟用什么样的方式，才可以得到一份"优秀"的问卷呢？在一次又一次的修改问卷过程中，我们总结了一些经验：在做一份问卷的时候，首先要做到"不求有功但求无过"。要先做出一份"合格"的问卷，之后才能够对其进行修改，不断地完善。

大部分人在做问卷的时候，会受到先入为主思想的影响（做一份问卷＝随随便便选几个题目），根本就不用心，在做问卷的时候出现大量的错误，就连一份"合格"的问卷都做不出来，更别说"优秀"了。笔者在多次的失败中，总结归纳了部分错误，供大家参考。

问卷调研6宗罪如下。

第一罪：题目出现过多的专业术语以及专业名词。

比如：

"您在使用我们的 Tab 时，大约多久使用一次呢？"

"我们产品的××浮层是否能够让您感到满意呢？"

"您认可我们产品的 ICON 设计吗？"

"《×××》这篇文章是否符合您的预期呢？"

当笔者看到这些问题之后，简直无话可说，甚至有想直接撕掉的冲动。这种感觉就像你在问小学生"你认为笛卡儿函数在数学体系中的贡献如何？"小学生能回答上来吗？他甚至连笛卡儿是谁都不知道，怎么回答你？用户就和这里的"小学生"差不多，他都不知道你问的是什么，怎么回答你呢？

用户看到这样的问卷后，他可能会反过来问你："Tab、浮层、ICON 设计是什么东西？"

想要做出一份好的问卷，在制定问题的时候就必须有"同理心"，简单来说就是从他人（用户）的角度来思考问题。就比如上面提到的"Tab、浮层、ICON 设计"，这种类型的专业名词或是术语，只能在与同事的交流中使用，在问卷中设计这样的问题，并把它拿去给用户填，只会适得其反。

用户在填写调查问卷的时候，难道还会去百度一下这些专业术语是什么意思，然后去回答你的问题吗？用户根本就没有那么多精力和耐心，大多数用户看到这种问题的时候，干脆就是直接乱写。既然用户都是乱写的，调研这个问题的意义还存在吗？

总而言之，在设计问题的时候，除非必要，否则不要轻易地用专业术语或名词来表示，应尽可能地做到通俗易懂。

第二罪：只要求数量，而不看重质量。

"做好问卷之后，先印个 400 份。"

"尽可能地多印一些问卷吧，我觉得至少要 300 份才够。"

当笔者听到这些话的时候，可能就会直接翻白眼了。我们在设计一份问卷的时候，首先需要弄清楚客户的要求是什么，然后弄清楚客户要求的目标用户群体是什么，最后进行问卷的设计，并确定最后的数量。但大多数情况下，谈及问卷数量的时候，客户往往会提出要大量的问卷。

在客户的脑海里，他们仿佛陷入了这样的误区：他们认为只要问卷的数量足够多，就能够收集到最全面的用户反馈，最终得出相当可靠的结论。

在这里,必须说一句,这种想法是错误的,一份问卷调查最重要的是"质量"而不是"数量"。

所以,必须从多方面来考虑,比如投放用户、问卷设计等。填写问卷的用户是否是精准的目标用户呢?

假设你是某个项目的经理,你的下属进行了两次问卷调研,然后把两次的结论都递交到你手上。其中一份是"每天都会使用产品的用户"给出的回答,问卷的数量是100;另外一份是"每个月才会使用一次产品的用户"给出的回答,问卷的数量是1000。你认为这两份问卷的结论哪个更有说服力、更具有价值呢?

从某种程度上来讲,只有将问卷精准地投放到目标用户手中,才可能获取有价值的用户反馈。

第三罪:题目不够具体,太过于抽象。

抽象是什么意思?什么样的题目才能够称得上是具体?在这里,我们以网易云音乐为例,来回答这两个问题。

假设我们要设计一份调研问卷,内容是网易云音乐 App 的满意度。这份问卷的第 1 题,如图 5-3 所示。

图 5-3　网易云音乐 App 的满意度问卷调查

这个题目就十分模糊,这里的满意度指的究竟是什么方面?是使用这个 App 的整体满意度,还是其他功能的满意度?

这样的题目不够具体,用户也看不明白,得到的用户反馈也基本上没什么作用,然后我们对题目进行了修改,如图 5-4 所示。

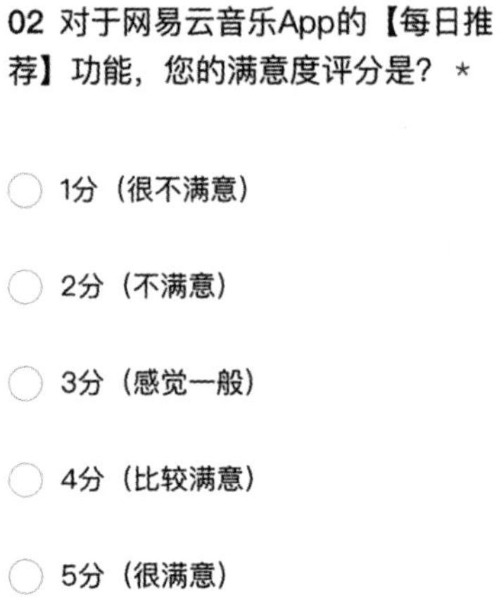

02 对于网易云音乐App的【每日推荐】功能，您的满意度评分是？ *

○ 1分（很不满意）

○ 2分（不满意）

○ 3分（感觉一般）

○ 4分（比较满意）

○ 5分（很满意）

图 5-4　网易云音乐 App 的满意度修改后的问卷调查

经过修改后，看上去好像比较具体了，用户能够知道问题中问的是哪个方面的满意度了。但这时候，又出现了一个新问题：用户如何进行评分？什么情况下才能够给 5 分，什么情况下只能给 1 分？显而易见，这份问卷没有一个评价的标准，用户无从下手，于是我们再次进行了修改，如图 5-5 所示。

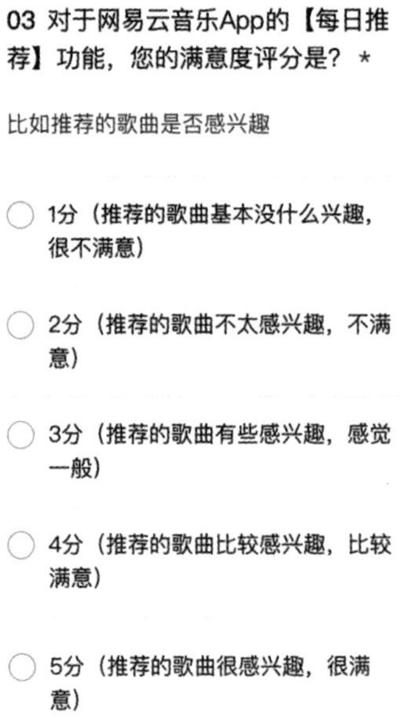

03 对于网易云音乐App的【每日推荐】功能，您的满意度评分是？ *

比如推荐的歌曲是否感兴趣

○ 1分（推荐的歌曲基本没什么兴趣，很不满意）

○ 2分（推荐的歌曲不太感兴趣，不满意）

○ 3分（推荐的歌曲有些感兴趣，感觉一般）

○ 4分（推荐的歌曲比较感兴趣，比较满意）

○ 5分（推荐的歌曲很感兴趣，很满意）

图 5-5　网易云音乐 App 的满意度再次修改后的问卷调查

相较于前面的题目，这个题目就显得非常具体，能够清楚地了解到用户对于

"每日推荐"这一功能的满意度如何,并且还有了评价的标准:用户对"每日推荐"中的歌曲是否满意。

在最后的题目中,我们在每一个分数的后面加上了"备注",让用户清楚地知道评分的标准是什么,从而让题目变得更加具体,让用户知道我们在问什么,并给出相应的回答。在设计题目的过程中,尽可能让用户知道我们在问什么,以免用户无从作答。

第四罪:题目过于敏感。

所谓题目过于敏感,是指题目涉及用户的隐私,用户出于道德、自尊方面的考虑,给出的答案没有参考价值。

比如,某个调研项目想要通过问卷调研的形式了解用户对于视频质量的喜好度。在这份问卷中,有这样一个题目,内容是:你对"低俗视频"的看法如何?为了让用户清晰地知道低俗的标准是什么,题目下方还附上了"男女床上相拥"的图片。该题目的选型是:A."十分厌恶这种视频,不会点开这种类型的视频";B."并不喜欢这种视频,但可能会点开这种类型的视频";C."十分热爱这种视频,会主动点开这种类型的视频"。

如果你是用户,当你看到这样的问题,你会怎么填呢?绝大多数用户肯定会选A。但实际上,因为这样的题目过于敏感,用户出于自尊方面的考虑,在作答时都会"违心"地填写,就算现实中喜欢看这种类型的视频,但作答时也会选择A,基本上不会有人会去选择B和C,那么这种类型的题目得到的反馈又有什么价值呢?

第五罪:题目的数量过多。

大多数刚刚开始做用户调研的人会犯这种类型的错误:"既然我这么久才做一次问卷调研,那我干脆设置大量的题目,一次性将产品的全部缺陷都找出来。"

之前,笔者就收到过这样一份问卷,这份问卷有30道题目!第一次看见这么长的问卷,问卷中的内容除了基础的产品体验外,还包括产品的质量如何、交互设计如何等方面的问题,刚答没几题,笔者就想把这份问卷扔掉。

设计的题目数量过多,就会导致两种情况的发生:其中一种是这份问卷的重点不够突出,想要了解的问题太多,结果导致"竹篮打水一场空";另一种是填写问卷需要花费的时间太长,大量的用户根本就没有耐心,干脆乱写一通甚至是直接丢掉。

笔者在长时间的观察分析后发现，导致这种情况出现的原因，无非是问卷的设计者不知道自己调研是为了什么，不知道要收集哪些方面的信息。

第六罪：没有准确的调研目的。

与众多品牌合作，经历过大量的问卷调研后，笔者发现，对于问卷调研，其中很多人最害怕出现的情况就是：没有准确的调研目的。不知道调研的目的是什么，不知道如何设计问卷。

在这里，我们同样以网易云音乐为例。"用户对于网易云音乐的满意程度如何"和"用户对于网易云音乐中的'每日推荐'这一功能的满意度如何"，两者同样是调研目的，但后者就更准确一些。

总而言之，在制定调研目的时，必须做到准确、具体，并且知道后续应该做什么样的工作。

如果调研的目的十分模糊，那么最终得到的结论基本上也是模糊的，没有价值。

做用户调研是为了什么？

在这里，笔者再为大家介绍进行用户调研究竟是为了什么，以及进行用户调研能够为我们带来什么样的价值。

就笔者个人而言，之所以要进行用户调研，其实只有3个原因。

（1）发掘用户的需求。

发掘用户的需求，可以通过以下3个步骤来进行，如图5-6所示。

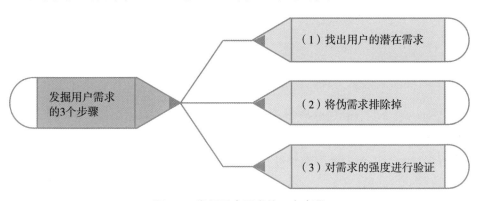

图5-6　发掘用户需求的3个步骤

不同的用户所具有的需求是不一样的，他们对于产品的要求也是不一样的。我们在做一款产品的时候，因为技术资源和开发方面的限制，往往无法满足所有用户的需求，此时应该怎么办呢？进行用户调研，了解到什么样的需求是占比最高的，优先做用户最渴望拥有的功能。

（2）进行用户洞察。

调研不仅仅是为了了解用户对于产品的满意度如何，用户的喜好是什么，最主要的是我们能够通过调研了解用户内心的真实想法，然后进行洞察。

比如，用户说自己想要一辆更快的车，但其实重点不在于"车"，而是"交通工具"，得到一辆更快的交通工具才是用户内心的真实想法。

（3）收集用户的反馈。

调研可以使我们收集到用户对于产品的反馈和建议，然后我们就可以根据用户的反馈以及建议对产品进行改进，使产品越来越完美。

笔者曾经做过有关于社区运营的工作，在工作过程中，遇到了这样一件事。

有一位用户对我们的产品只给了1分，在理由处写上了这款产品的评论区没有很好的交流氛围，然后笔者就联系到了这位用户，进行一对一访谈。

在访谈过程中，用户表示"评论区交流的氛围实在是太差了，充斥着各种各样的辱骂评论"，建议我们能够"通过一些惩罚措施，来限制辱骂他人的用户评论，例如封号之类的"。在经过了更进一步的交流之后，我们才知道，用户内心的真实想法是：社区评论的氛围能够非常和谐，产品功能方面，用户希望能够加上"评论举报功能"以及"评论举报反馈系统"。

总而言之，为了让各位读者在设计问卷的过程中尽可能不出错误，最终做出一份优秀的问卷，我们在这里总结了7点建议。

① 题目尽量用通俗的语言来描绘，不要使用专业术语。如果一定要使用专业术语，那么最好是通过添加图片或是文字解释的方式让用户了解术语。

② 问卷的关键是"质量"，而不是"数量"。问卷的数量要合适，最好能够精准投放到目标用户手上。

③ 尽量不要出现敏感的题目。这种类型的题目无法得到有效的结论，用户不会回答真实的情况。

④ 题目的数量要合适，不宜过多。通常情况下，题目在10个以内是最合适的。

⑤ 遣词造句一定要严谨。设计好问题之后，最好自己先读几遍，查看是否通顺。

⑥ 题目内容一定要具体。如果题目过于模糊，那么得到回答也是模糊的。

⑦ 在发放问卷之前，先找小部分用户进行测试。这样做是为了找出问卷中的不足之处，进行查漏补缺。

>> 5.2 调研结果分析实战方法 <<

5.2.1 宏观分析：PEST 分析模型 +SWOT 分析法

通常情况下，宏观环境主要是指以下 4 种因素：政治（political）、经济（economic）、社会文化（social）、技术（technological），将其简称为 PEST，如表 5-4 所示。除此之外，品牌宏观环境还包括自然环境，也就是企业所处地区的气候、地理环境、生态环境以及资源分布等因素。因为自然环境在很短的时间是不可能发生剧烈变化的，即使发生变化也很容易去应对，所以在这里我们就不对自然环境进行重点讨论了。

表 5-4 典型的 PEST 分析表

政治（包括法律）	经济	社会文化	技术
环境制度	经济增长	收入分布	政府研究开支
税收政策	利率与货币政策	人口统计、人口增长率与年龄分布	产业技术关注
国际贸易章程与限制	政府开支	劳动力与社会流动性	新型发明与技术发展
合格执行法 消费者保护法	失业政策	生活方式变革	技术转让率
雇用法律	征税	职业与休闲态度 企业家精神	技术更新速度与生命周期
政府组织/态度	汇率	教育	能源利用与成本
竞争规则	通货膨胀率	潮流与风尚	信息技术变革
政治稳定性	商业周期的所处阶段	健康意识、社会福利与安全感	互联网的变革
安全规定	消费者信心	生活条件	移动技术变革

1. 政治环境

所谓政治环境，是指会对品牌造成影响的政治因素以及会对品牌进行制约的法律系统,还有其运行的状态。具体来说,主要包括以下几种因素:国家政治制度、执法体系、方针政策、政治军事形态以及法律法令法规等。如果品牌处在一个政治环境相对稳定的地区,那么品牌是可以使用正规手段来保护其正当权益的,有些国家有反不正当竞争法,品牌之间的竞争也会受到法律的约束。在这样的法律保护下,各个品牌之间可以进行公平竞争。品牌在进行生产经营活动时,会受到国家政策法规较大的制约,并且国家的政策法规还具有调节、控制作用。如果品牌类型不同,那么他们受到同一个政策法规的影响也是不同的,有些品牌可能因此获得巨大的机会,而有些品牌可能因此受到制约。

2. 经济环境

所谓经济环境,是指国家的经济政策以及社会经济状况,这两个因素会对品牌的生存以及发展产生较大的影响。具体来说,主要包括以下几种因素:国家的经济发展水平、宏观的经济政策、社会经济结构、经济制度、未来的经济走势等。其中,行业经济环境、宏观经济形势、市场的竞争情况等内容是需要进行重点分析的。一个国家的经济环境如何,主要可以通过以下几种指标进行判断:国民收入、国民生产总值、物价水平、就业水平、国际收支情况、消费支出分配情况,还有一些国际财政货币政策,如通货供应量、利率、汇率、政府支出等。

3. 社会文化环境

所谓社会文化环境,是指品牌所处的地区具有怎样的风俗习惯、社会结果如何、价值观念如何、宗教信仰是什么、文化水平如何、生活方式如何、人口规模以及地理分布状况等因素。对于品牌来说,品牌的生产经营活动并不会受到社会文化环境较大的影响,社会文化环境所带来的影响大多数是悄无声息、缓慢的。比如,如果某品牌想要举办某些活动,必须考虑到当地的宗教信仰以及风俗习惯,否则可能受到当地人的强烈抵制;当地人的需求层次可能受到文化水平的影响;产品的消费以及社会需求可能会受到人口规模以及地理分布情况的影响等。

4. 技术环境

所谓技术环境,是指什么样的科学技术是与品牌相关的,这些相关的科学技术现有水平如何、发展速度如何、发展趋势如何等,除此之外,还包括国家的科技政策、科技体制等。比如取得的科技成果的门类分布、主要是对哪些领域进行科技研究、科学技术研究与开发的能力如何以及先进程度等。现代科技发展相当快速,并且知识经济也在逐渐崛起,在这种情况下,品牌受到技术环境所带来的影响或许是创造性的，也有可能是破坏性的。因此，品牌一定要去预测新技术会对品牌产生什么样的影响，并且制定一系列措施去应对这些有可能会发生的影响。

《左传》中有一句话："居安思危，思则有备，有备无患。"品牌无论在何时都不能对看似平稳的经营状况放松警惕，只有具备足够的风险防范意识才有利于品牌生命周期保持在发展、成长阶段，而这一切的前提是经营者要对品牌现状有足够精准的掌控。那么，品牌需要采取什么措施才能有效了解当前所处的经营形势呢？

SWOT 分析法就是专门为分析品牌营销现状而存在的工具。SWOT 即优势、劣势、机会与威胁，这四个要素经过全面、专业的分析能够为品牌筑起一道隐性的墙，将许多风险挡在墙外面，使品牌处于相对安全的环境中，并为其提供有利的市场机会。下面，我们就来研究 SWOT 的分析模型及其具体的涵盖要素。

1）品牌优势

品牌优势是品牌竞争力的来源，优势越强、特点越鲜明，其市场地位就越稳固。品牌需要维护、发展自身的优势条件。在思考品牌优势时，可以先问自己几个问题：我们能够为用户提供的服务是什么？用户为什么会选择我们？哪些功能、技术是我们拥有而竞争对手没有的？品牌性质与战略不同，思考的角度也不同，但涵盖的要素框架却是相似的，主要包括品牌财力情况、人才资源、技术水平和创新程度等，如图 5-7 所示。

图 5-7　品牌优势常见要素

（1）财力情况。

品牌无论是开展业务活动还是投资相关项目都需要资金，俗话说"有钱能使鬼推磨"，这也验证了资金对于品牌的重要性。资金充足的品牌占据绝对优势，受制约程度很低。

（2）人才资源。

品牌拥有的人才资源越多，其能够为品牌创造的经济效益就越高。人才自身无论是知识还是能力都远超普通员工，岗位职责难度较强，但同时所完成的事项价值也会随之提升。

（3）技术水平。

品牌的技术水平一方面体现在员工身上，另一方面体现在品牌内部的智能化设备上。技术较强的品牌可以利用较高级的信息系统来提高各职能部门的工作效率。

（4）创新程度。

当前，创新已经成为影响品牌竞争的主要因素。品牌创新能力较强，意味着其能够在多个方面占据优势，如战略调整、产品研发等，创新能够推动品牌的发展速度，使其迅速提高自身的竞争能力。

2）品牌劣势

劣势与优势要相对来看，品牌劣势会对品牌发展造成阻碍，如果无法对致使自身陷入困境的原因进行清晰梳理，那么品牌面临的风险系数会越来越高。分析劣势时的态度一定要客观，不能"当局者迷"，看不到内部存在的缺陷。造成品牌劣势比较常见的原因包括资金短缺、成本过高、管理制度不健全、品牌口碑差等。

（1）资金短缺。

我们在品牌优势中说过，资金对于品牌来说就是生命源泉。如果资金周转率低或是负债率较高，品牌在行动上会处处受限，在融资时也会由于偿债能力差而遇到困难，同时也会影响品牌的信誉等级。

（2）成本过高。

有些时候，即使在财务统计的数据中显示某产品销售量较高，也不意味着品牌一定是盈利的。利润与成本是对应关系，任意一方的变动都会影响最终的营销效果，有些品牌被市场淘汰的原因就是在产品开发过程中投入的成本过高，即便用户购买率较高也无法使其从中获取符合预期标准的利润。因此，无法合理控制成本往往会为品牌造成严重的经济损失。

（3）管理制度不健全。

品牌劣势不单体现在财政方面，危机同样潜伏在人力资源中。有些品牌管理层疏于对员工的管理，或是自身不发挥表率作用，带头破坏规定，这样就很容易导致内部员工秩序混乱。管理制度不健全意味着品牌会面临员工工作效率低下、泄露商业机密等风险，这对品牌来说非常不利。

（4）品牌口碑差。

品牌口碑度的好坏决定了用户对其的印象，如果该品牌出现过产品质量有问题、内部贪污现象被曝光、领导者自身作风不正等不良情况，品牌口碑度就会急速下滑。

3）品牌机会

SWOT 分析法需要品牌面向外部环境与宏观环境，如果分析得当，品牌就能及时抓住机会促进发展。在分析机会要素时，品牌需要在掌握相关信息、数据的基础上对其进行合理预测，具体要素包括消费者需求变化、新材料出现、竞争对手失误等，如图 5-8 所示。

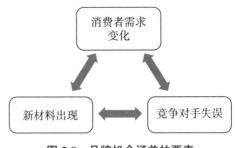

图 5-8 品牌机会涵盖的要素

（1）消费者需求变化。

消费者需求会随着时代步调或整体经济情况等因素而发生变化，比如当前信息化时代是一个主流趋势，消费者对相关智能产品的需求就非常大，这就是品牌的机会。当消费者需求与品牌提供的服务相契合时，或是品牌的经营战略能够满足消费者的新需求时，就是机会到来的标志。

（2）新材料出现。

品牌在进行产品研发或推进某个项目工程时往往需要用到各种原材料，如果在某一阶段出现了一种品牌能够用到的新材料，这也是一个机会。无论该原材料能够为品牌提供的帮助是降低研发成本还是提高产品创新程度，品牌都有了更大的选择空间。

（3）竞争对手失误。

在市场中，敌退我进、敌进我退是非常正常的现象。当竞争对手产生问题时，品牌就该抓住机会乘势而上，不要留给竞争对手养精蓄锐的时间，否则机会就会再一次变成风险。

4）品牌威胁

品牌威胁与品牌机会也是相对的，在进行整体分析时要将二者结合来看。品牌需要格外注意威胁要素，因为其很有可能对品牌造成重大打击，要通过分析来进行合理防范，常见威胁要素包括政策调整、经济危机、替代品增加等。

（1）政策调整。

政策对品牌来说是不可控程度最强的因素，且风险系数相对来说也比较高，政策调整很容易使品牌陷入各种困境中。

（2）经济危机。

当社会经济衰退时，市场也会陷入萎靡状态，用户由于个人可支配资金缩减会降低自己的消费频率。在这种情况下，无论品牌的产品或品牌知名度有多高都会受到一定的冲击。

（3）替代品增加。

替代品增加一般意味着市场中出现了新的竞争对手，无论其产品竞争力如何，都会或多或少影响品牌正常的经营情况。

在使用SWOT分析法时，要从多个角度来收集情报，用系统化的思维构造矩阵模型。另外，不要将其复杂化，要尽可能简洁地呈现出每个要素的重点内容。

5.2.2 用户分析：定性研究与定量研究

在进行市场研究以及用户研究的时候，经常会使用到定性研究与定量研究这两种方式。两者之间在某些方面存在一定的差异，比如研究设计、理论基础、分析、测量等，如表5-5所示。

表5-5 定性研究与定量研究的区别

	定性研究	定量研究
对决策的支持	支持重大决策的能力弱	支持重大决策的能力强
理论基础	扎根理论，自下而上	实证主义，自上而下
研究设计	● 只需要建立框架性的假设 ● 结构化程度较低	● 需要建立一套细致的假设 ● 结构程度较高
测量	● 标准化程度较低 ● 灵活性高 ● 信度较低，可重复性低 ● 常用测量工具：投射技术等	● 高度标准化 ● 灵活性低 ● 信度较高，可重复性高 ● 常用测量工具：量表等
分析	● 对种类或质的差异的分析 ● 研究人员凭借对信息的理解和洞察，推断事物之间的关系	● 对差异程度的分析 ● 运用数字或数据或实证模型解释事物之间的关系

进行定性研究，通常是为了解决两个问题："为什么"以及"是什么"。简单来说就是对某个种类进行定性，分析种类的差异。除此之外，还要对其背后的原因进行研究。通常是研究人员充分地了解产品、行业或者用户之后，整理出相关信息并进行分析，最终得出事物间关系的结论。定量研究与定性研究的区别在于，定量研究除了上述两个问题之外，还能够回答我们"是多少"的问题。通常情况下，是通过实证模型或数字来表示的，比如我们知道两个物质之间有差异，但不知道差异程度如何，就需要进行定量研究，得出一个能够量化的结论。

从某种程度上来讲，因为两者所具备的特点是不一样的，所以两者能够发挥的作用也是不一样的。定量研究在支持重大决策方面，重要性比定性研究突出一点。从原则上来讲，如果为了解决某个特定问题，同时使用定性研究以及定量研究两种方式，并且面对的调研人群也是相同的，那么在这种情况下，如果定量研究的样本数量达到一定程度，那么在做出最终结论的时候，会以定量研究的结果为主。

虽然两者发挥的作用是不一样的，在支持重大决策方面的重要性也是不一样的，但是定性研究与定量研究的地位却是相等的，在进行研究时经常会同时使用，相互之间进行配合，最终使得研究效果达到最大化。两者之间的相互配合，主要有3个阶段。

第一个阶段：研究设计

在这一阶段，主要有以下3种设计方式。

（1）先定量研究后定性研究。

通常情况下，如果选择使用这种方式，就要满足一个前提条件——研究者较为熟悉产品情况或市场情况。只有这样，制定出来的问卷才合理、与实际情况相符、结构完善，先进行定量研究，是因为它能够发掘出一些情况以及规律；再进行定性研究，是为了能够更进一步地发掘，根据定量研究发现的情况以及规律进行有针对性的座谈会或是深入访谈。

比如，我们在研究用户喜爱的娱乐类App时，在进行了问卷调研之后，获取到了以下信息：用户使用某个App是因为部分功能十分符合他们的口味，如界面风格、内容、更新速度、阅读体验等；在这时候，我们还可以更进一步地对产品进行分析，A产品在"界面风格"以及"内容"方面具有很大的优势，这就是用户喜欢使用这款产品的原因，在这之后我们就可以通过定性研究的方式来进行深入发掘：如果在"界面风格"方面具有优势，那么优势具体体现在什么地方？用户从这个界面感受到了什么？不同类型的用户对于同一个界面持相同看法吗？如果在"内容"方面具有优势，那么具体是什么类型的内容？什么样的内容能够吸引到用户？不同类型的用户喜欢的内容是否存在差异？

（2）先定性研究后定量研究。

通常情况下，如果研究人员不是很清楚某个行业或者市场的情况，那么笔者建议使用先定性后定量的研究方式。进行定性研究，是为了进行摸索，在摸索中获取行业或者市场的基本情况，然后根据获取到的信息有针对性地制定问卷。

比如，我们打算做一款车载产品，但是对于汽车领域毫不知情，对于车主的需求也不清楚。那么在这时候，就可以先进行定性研究，了解不同的车主日常生活中使用频率最高的硬件功能是什么，还有哪些需求是没有得到满足的，并对市场中已经存在的相关产品进行分析评价；在收集到相关信息后，我们再设计一份问卷，通过定量研究把硬件功能以及车主尚未被满足的需求进行分级，并通过量化的方式表达出来。最后，我们再去对相关的数据、功能替代产品、车主的需求、现有的汽车配置等信息进行整理分析，最终发掘出市场存在的机会以及这款产品在市场中能够取得什么样的结果，最终得出结论。

（3）定量研究与定性研究同时进行。

两者相互之间进行配合，不分先后；通过定量研究的方式得到全面、系统的量化信息；通过定性研究的方式进行更进一步的发掘或是寻找定量研究找不到的信息。

第二个阶段：测量阶段

（1）定量研究为主，定性研究为辅。

在定量研究过程中，添加部分定性研究所使用的方法。这种方式使用的次数较多，简单来说就是在定量研究所采用的问卷中，通过开放性的方式去收集部分重点内容或题目的答案，从而得到大量的信息。

（2）定性研究为主，定量研究为辅。

在定性研究过程中，添加部分定量研究所使用的方法。这种方式通常出现在进行多组座谈会的情况中。在进行座谈会之前，先让用户回答问卷中的问题，从而获取部分重要问题的答案，通过这样的方式能够更好地掌控定性结论的方向。

第三个阶段：分析阶段

（1）对思维的转化进行分析。

通过定性研究的方式对定量研究所获取到的数据进行分析。通过定量研究，能够获取到某些具体的排名以及数值，除了这些排名和数值本身，还能够从中得到更深入的信息。同样，也可以用定量研究的方式对定性研究所获取到的数据进行分析，最终让我们的报告在层次、内容以及侧重点等方面变得更明确。

（2）结果互相补充。

当我们得出了最终的研究结论，在撰写报告的时候，对于相同的问题，我们可以同时使用定性研究的结论以及定量研究的结论来进行解释，通过这样的方式来丰富报告的内涵，最终让我们的研究报告具有非常完整的内容。

5.3 依据调研结果制定品牌营销推广策略4步走

我们要观察、熟悉消费者的心智，这是品牌营销的重大突破口，怎样才可以使得广告精确并找准消费者想要的是什么、有什么样的购买行为，从而占据受众的心智？这就需要企业进行调研，了解作用于消费者的购买行为，并且根据结果制定品牌营销推广策略。

5.3.1 品牌营销推广渠道选择原则和参考标准

1. 选择原则

所谓品牌营销渠道，就是指企业将自身的实际情况以及品牌的战略目标作为基础依据，找出与企业的目标以及需求相符的渠道模式。我们在选择品牌营销渠道的时候，一定要遵守以下3个原则，如图5-9所示。

1）目标差异化原则

生产商与中间商在销售产品的时候，往往会出现目标不相同的情况。比如，生产商制定了品牌的整体营销战略，但这一战略与中间商的利益不符，甚至损害了中间商的利益，最终导致中间商不配合实施。在这种情况下，生产商一定要深入分析产生差异的原因，并且判断出该差异是否会导致企业的长远利益受到一定程度的影响。假设中间商能够配合企业实施战略，但在这个过程中要确保自身利益达到最大化，对于这种情况，我们仍然能够接受。但假设中间商的目标与生产商之间存在较大的差异，甚至两者之间存在冲突，那么我们就应该以最快的速度进行调整，否则就会损害到企业的利益。

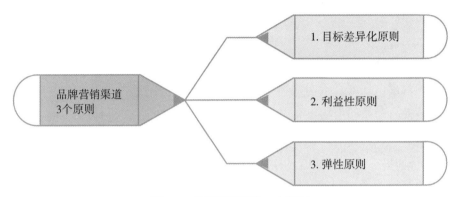

图 5-9　品牌营销渠道 3 个原则

2）利益性原则

所谓利益性原则，指的是从整体的角度来评价各个分销渠道，主要是从收益与成本的角度进行展开。在这时候，我们需要收集相关数据，计算出使用某个营销渠道耗费的成本。比如，我们在销售产品的时候，应该选择通过代理商的方式来进行销售，还是让公司的销售部门来进行销售？对于这个问题，有两种情况：假如代理商的销售额能够达到一定的程度，那么在这时候就应该选择通过代理商进行销售，主要原因在于代理商既然能够获取到一定程度的销售额，就表示其销售网络已经足够完善，代理商接触客户十分方便，可以用较低的成本获取较大的收益；而假如代理商的销售额过低，没有完成企业制定的目标，那么在这时候就应该选择建立一个属于公司的销售部门。

3）弹性原则

在选择营销渠道的时候，一定要留有余地，这就是所谓的具有弹性。如果企业与营销渠道之间签订了相关协议，那么无论是企业还是销售渠道，在某种程度上都会受到限制。如果在这时候，企业遇到某些突发事件，需要对营销渠道策略进行相应的调整，往往会遇到一定的限制，从而对企业产生负面影响。所以企业在选择营销渠道的时候，必须具有弹性，否则在遇到突发状况的时候，会遭受很大的损失。

2. 参考标准

除了上述 3 个原则外,在选择营销渠道的时候,还可以参考以下几个标准。

1)要结合自身情况来选择渠道

企业首先要深入分析自身的实际情况,找出自身存在的优势,然后根据这些优势来选择合适的营销渠道。让企业的价格策略、产品策略以及促销策略与营销渠道相互结合,从而在市场中占据优势。

在选择渠道的时候,如果一味地要求费用降低、速度加快,那么往往无法取得良好的效果。还必须充分思考渠道的配送能力,是否能够快速地将产品卖掉,是否能够提高产品的市场占有率,并覆盖目标市场等。这些问题不考虑清楚,只看重费用够不够低,就会影响到销售量以及市场覆盖率。

2)逆向思考渠道设计的可行性

企业与消费者之间的"桥梁"就是渠道,没有"桥梁",消费者与企业之间就无法建立连接。所以在设计渠道的时候,还必须充分考虑渠道的可行性。

营销渠道好不好,主要就是看产品能否用最快的速度进入消费者能够买到的地方,并且价格还要尽可能低。如果一个营销渠道能够做到高效、畅通无阻,除了可以让消费者轻易地、方便地、用最低的价格购买到喜欢的产品外,还可以使产品销售的效率得到提高,使分销费用减少,用最少的成本获取最大的利益,在价格方面占据优势地位,在时间方面领先竞争对手。因此,如果能够以消费者的眼光进行逆向思考,那么渠道的可行性就能够得到大幅度的提高,最终使产品在市场中迅速地流通,使企业能够最大化地获取利润。

3)选择渠道的时候一定要谨慎,不能"纸上谈兵"

如果选择好了营销渠道,并确定使用该渠道后,就应该立即建立渠道以及巩固渠道了。但这个过程往往需要投入众多的资源,并且需要耗费大量的时间。所以企业在对营销渠道进行选择的时候,必须长远考虑,深入、谨慎地思考。如果是"纸上谈兵",那往往就会失败。

4)注重渠道的可控制性

会对营销渠道产生影响的因素五花八门,并且这些因素时时刻刻都在发生变化的。可能先前十分优秀的营销渠道,某一天突然就变得不靠谱了,甚至会对企业产生负面影响。因此,必须对渠道进行控制,除此之外,还应该掌握渠道调整的能力。市场的变化是无法预测的,当市场发生变化时,应该对渠道进行相应的调整，但必须做到调整后的渠道各方面之间仍然能够相互配合。

企业在对营销渠道进行管理的时候，千万不要只重视自身的利益，对渠道的利益视而不见，要制定好恰当的利益分配方式。身为渠道的领导者，企业必须具有控制渠道的能力以及方式，当各个渠道相互之间发生了冲突、竞争的时候，必须及时地进行调节，对各个渠道进行协调、统一，确保相互之间能够达成良好的合作。避免各个渠道之间产生冲突，对有益的竞争进行奖励，最终使企业的总体目标能够实现。

5.3.2 SEO/SEM：品牌如何做好竞价推广

1. 用免费方式吸引流量

所谓 SEO，是指对搜索引擎进行优化。通俗来说，就是充分掌握好搜索引擎的算法规则，然后利用好这个规则，使用户在利用搜索引擎进行搜索时，自己的网站能够在靠前的位置。如果说某款产品引起了你的注意，你想要更进一步地去搜寻这个产品的相关信息，你会使用什么方式呢？对于大多数人来说，通常会选择以下两种，如图 5-10 所示。

通过搜索引擎来查找产品的相关信息 搜寻产品信息的途径 询问自己的朋友是否了解该品牌，并询问相关信息

图 5-10　搜寻产品信息的途径

第二种方式，我们没有什么有效的方式去进行改变。而第一种方式，我们可以通过 SEO 的方式让用户搜索，让我们的产品信息可以展示在搜索结果靠前的位置，让用户能够直接看到我们的网站，从而提高曝光率。

应该通过什么方式才能够更好地通过 SEO 技术用较低的成本，获取较多的流量？又如何通过 SEO 技术将流量引到别的平台上呢？

1）找出精准关键词

（1）关键词应和公司的业务高度契合。

先对公司所处的行业进行深入分析研究，然后从公司的销售部、市场部以及相关领导那里了解公司的具体业务究竟是什么。以公司的业务作为基本依据，加上行业实际情况、产品专用词汇以及目标用户的分布情况，还有公司对客户信息

的掌握程度等来确定最终的关键词。

（2）关键词应与用户的真实搜索情况相符。

每一个不同的词汇所具备的词性也是不一样的，可以通过用户在搜索时所使用的词汇看出用户的意向程度，如图 5-11 所示。除了通过用户调研的方式来获取用户搜索喜好的相关信息外，还可以利用百度指数等数据来获取。

用户的真实搜索情况	如果用户在某个媒体上认识了你的产品，对你的产品感兴趣，然后想要更深入地了解相关信息时，那么他通常会在搜索引擎上输入公司名以及品牌词等
	如果用户仅仅是因为自身的某个需求，想要购买相关产品，那么用户一般会在搜索引擎中输入行业通用词、产品名称等
	如果用户根本就不知道你的产品，也根本没兴趣进行更进一步的了解，他仅仅是在某个平台上浏览相关行业的信息或是在搜索引擎中查找相关行业资料的时候看到的，那么他可能会使用人群词或是行业通用词来进行查找，在这时用户也有概率在不经意间看到你的产品，从而了解你的公司，并对你产生兴趣

图 5-11　用户的真实搜索情况

（3）关键词应该比竞争对手更好。

在这里，可以先通过某些方式了解竞争对手的实力如何、他所使用的关键词是什么、他的关键词百度指数如何等信息，进而使我们能够成功地对关键词进行优化。按照公司的实际情况、实际能力以及所拥有的资源来选择最合适的关键词，这样才能在搜索结果中排行靠前。

比如，"篮球""篮球培训""上海篮球培训""上海篮球初学者培训机构"，这些词的搜索量是不一样的，对这些词汇进行优化的难度也是不一样的，除此之外，不同词汇的竞争程度也是不一样的。

只有找出符合公司具体业务的，与用户的真实搜索情况相符的，搜索量达到了一定程度的关键词，并且能够通过公司自身的能力以及拥有的资源进行优化，比竞争对手做得更好，才能够吸引到有效的、精准的流量。如果仅仅是通过主观臆断，而不考虑客观情况所选择出来的关键词，根本就起不到什么作用。

站在 SEO 的角度来看，通过一定的方式，可以将关键词划分为两种，一种是核心关键词，如产品词、品牌词等；另一种是长尾关键词，如包含了关键词的一些其他词汇。一般情况下，我们会在网站主页最显眼的位置加上核心关键词，同时这也是需要重点进行优化的词汇。长尾关键词的竞争程度并没有那么激烈，它的搜索量也并没有那么高，但长尾关键词往往比较精准，所以在进行 SEO 的时候，一定要重视它。

2）网站有效地进行引流

（1）对关键词进行优化，从而使网站能够在搜索结果中排名靠前，最终得到流量。

站点的展现量 × 页面的点击率就是我们所说的 SEO 流量。通常情况下，网站经过一系列的考量，所确定的核心关键词会占据绝大多数搜索量。不过使用同一个核心关键词的，还有我们的竞争对手，而我们不可能对所有的核心关键词进行优化，也不可能让我们所选择的所有核心关键词在搜索结果中排名靠前，因此如果仅仅通过核心关键词来吸引流量，根本就无法做到最大化，所以需要借助长尾关键词的力量。比如，一个核心关键词在搜索结果中排名第一位，和十个长尾关键词在搜索结果中排名前五位，哪个取得的效果更好？从某种程度上来讲，一些特定的长尾关键词往往能够比核心关键词发挥出更大的作用。

举个例子，某用户搜索的关键词是"跑步鞋"，另一个用户搜索的关键词是"阿迪达斯 2019 年新款女士跑步鞋"，这两个人所展现出来的购买意向，哪个更强烈一些呢？

我们可以借助某些方式来不断地对网站的内容页或是专题页进行优化，把文章内容关键词以及标题关键词优化到最好的程度，并努力做好权重的传递，努力对网站的内外链进行优化。不要将所有的精力都放在核心关键词上，应该尽量将精力放在长尾关键词上，使更多的长尾关键词能够位于前列，最终获取到更多的点击机会以及展现的机会。

在进行 SEO 的时候，一定不要盲目地为了提升关键词的排名而去进行优化。

很多人在进行 SEO 的时候都是通过一些方式，利用搜索引擎的算法规则提升自己在搜索结果页面的排名，只要排名靠前，其他什么都不管，这是绝对不行的，内容运营以及网站运营也是非常重要的一部分。

在现在这个时代，用户体验变得愈发重要，能够让用户获得很好的体验，才能获得成功。在进行 SEO 的时候也需要对用户的搜索需求进行分析，了解用户搜索这个关键词的原因，然后去满足用户的需求。我们可以按照用户的搜索需求来为产品设置一个良好的着陆页内容，让用户进入我们的网站之后能够被内容吸引，否则就算我们的网站在搜索结果的排名靠前，但用户在进入我们的网站之后，发现根本不符合他的需求，然后就关掉了网站，那么进行SEO还有什么用呢？

所以我们必须把内容做好，这样才可以充分地吸引用户，并让用户对我们的产品感兴趣。如果我们能够制作优质的内容，就能取得很好的转化效果。提高关键词的排名，让用户能够看到我们的网站，并进入我们的网站只是第一步，如何留住用户并让用户购买我们的产品，才是关键的一步。

（2）利用其他平台来吸引流量。

如果有刷知乎的习惯，那么当你阅读别人的回答时，你就会发现大多数人会在答案中或个人签名上写上自己的公众号或是自己的产品名称以及品牌等。部分人还会在自己的回答中加上一些链接，如果用户点击这个链接就会跳转到别的平台，这就是外链。如果用户点击这个链接仍然留在知乎这个平台中，这就是内链。所以可以在别的平台中插入外链来链接到我们的平台上，这也是一种很不错的引流手段。

能够借助一些和我们的网站相关或是我们自己的关键词的标题，找出与我们的目标用户群体特性相符的平台或是与行业相关的平台，并在这些平台中添加锚文本外链，通过这种手段将其他平台的流量引到我们的平台上。不过在使用这种方式的时候，一定要遵守平台的规则，每个平台的规则都是不一样的，部分平台规定在内容中不能添加链接，那么在这时可以巧妙地利用其他方式来进行引流，比如软文或在内容中添加关键词。

除此之外，还可以利用一些其他的第三方平台，如论坛、自媒体、新闻源、门户等，找出一些具有我们网站关键词的文章来发布相关内容，这种做法主要有两个方面的好处，一方面能够通过这些平台具有的流量来进行引流；另一方面在这些平台中发布的内容也有机会收录到搜索引擎中并能得到一个很不错的排名；一些平台所使用的是算法分发机制，比如大鱼号、今日头条以及企业号等，会根据不同的用户特点来为用户推荐适合的内容。在这些平台上，如果想要提高我们的曝光率，就一定要遵守平台规则，并利用好这些规则，并且还需要根据用户的特点来发布内容。

可以凭借着数量众多的关键词、长尾词以及内容，在多个平台上打造我们的矩阵。如果有足够多的时间来布局，我们甚至还能够做到全网覆盖的程度。进而使我们得到更多的曝光量，在搜索结果页面的排名也可以更加靠前，为我们的网站获取到大量的精准流量。

如果我们的竞争对手对互联网宣传视而不见，或者不重视互联网宣传，仍然将大量的精力放在线下宣传上，那么我们的关键词就不会遇到太大的竞争，一定要抓住这个机会，迅速抢占排名。如果能够做好这一点，就能够实现用户在搜索关键词的时候，搜索结果页面一半以上的内容都是我们的网站，从中获取到的自然流量是无法估量的。

当我们的网站已经有了固定流量之后，就应该对用户的浏览行为路径、流量来源、转化以及停留时间等因素进行更进一步的分析，并根据分析的结果来筛选渠道，对网站的内容进行优化。

2. 用付费方式吸引流量

上述内容就是如何通过免费的方式来吸引到流量，接下来介绍如何通过付费的方式来吸引流量。

大多数人仍然搞不明白什么是自然排名，什么是区分竞价。站在用户的角度，你在搜索结果页面的排名如何其实并不重要，重要的是用户能不能在搜索结果中看到他想要的东西。接下来，我们了解一下SEM广告与自然排名的区别。

1）购买有效用户才是购买流量的本质

SEM和SEO的区别在于，前者在页面内容创作以及创意展现方面受到的限制没有那么多，SEM的排名是高是低，主要取决于出的价格以及关键词的设置，与搜索引擎规则无关。

如果想要更好地利用付费的方式来吸引流量，那么除了要掌握一定的推广技巧之外，还需要深入了解我们的产品所具有的优势、竞争对手的产品所具有的特点以及深入分析目标受众群体的心理。通过付费购买的方式能够获取到多少流量，有多个方面的影响，比如，搭建的竞价账户、发掘的关键词、关键词的出价方式、投放的时间段、投放的地区、设计的创意文案、着陆页的内容、用户与客服之间的交流等。这一过程呈现出来的是一个漏斗的形态。

在谈及SEO的相关内容时就已经说过，用户想要更进一步地了解我们的信息，往往不会只搜索一次，他们会搜索多次我们的相关信息，所使用的关键词也是不一样的。不同的关键词拥有不同的词性，我们也能够从不同的关键词中看出用户的购买意向如何。大多数用户在搜索我们的产品信息时，通常都会搜索很多次去与其他的产品进行比较，然后去购买我们的产品或是进行更深入的了解。总而言之，用户搜索的目的主要可以分为以下 3 个阶段，如图 5-12 所示。

用户搜索目的的 3 个阶段	第一阶段：在某个平台中了解到了我们的产品，对其产生了兴趣，想要更进一步地了解我们的产品，搜索相关的信息。这一阶段的搜索量极高，但转化率却很低
	第二阶段：通过搜索的方式来对各个不同的产品进行比较，并根据用户自身的实际情况来确定产品的优势是否符合自身的需求，不同的产品的价格如何等。这一阶段的搜索量以及转化率都处于中等的水平
	第三阶段：确定了自己的需求，开始选择不同的品牌。这一阶段的搜索量极低，但转化率却非常高

图 5-12　用户搜索目的的 3 个阶段

站在 SEM 的角度来看待这一问题，我们应该通过什么样的方式才能够更好地掌握用户在各个环节中的心理才是最重要的。因为 SEM 是需要付费的，所以应该着重考虑转化效果。通过什么样的方式才能够花更少的钱，去得到更多的流量，使各个环节中的用户流失率降低，使各个环节中的用户转化率提高，最终获取更多的有效订单，这才是我们应该思考的问题。

2）最少的成本获取到最大的流量

进行 SEM 的时候，应该通过什么样的方式才能够用最少的成本获取到最大的流量？

（1）优化账户的时候一定要做到开源节流。

在进行 SEM 的时候，我们的出价以及选择的关键词会在很大程度上影响到广告的精准程度以及展现的范围。所以在优化账户的时候，一定要做到开源节流。所谓开源，就是指打开流量，所谓节流，就是指减少无效流量。如何进行开源？可以通过减少关键词出价、拓展匹配模式、提高预算等方式来进行。如何节流？可以通过缩小匹配模式等方式来进行。

在选择关键词的时候，一定要做好两点：一是要能够精准地找出我们的目标用户群体，并锁定他们。二是要尽可能地将潜在用户群体圈定在我们的广告范围内。

（2）搭建账户时更加精细化。

在刚刚开始搭建账户的时候，就要做到足够的精细化，分类好账户的结构类型。比如划分出核心关键词以及长尾关键词,可以以相同的维度作为依据,这样做能够使得管理的时候更加高效。除此之外,还可以将用户的消费能力、消费者的心理特点作为依据来划分关键词,将目标受众群体的特征作为参照物。

(3)为各种各样的关键词创造各种不同的创意。

用户在进行搜索的时候输入的关键词就表明了他的需求,不同的用户拥有不同的需求,搜索所使用的关键词也是不一样的。所以我们应该将各种不同的关键词及其所针对的用户群体作为基础依据,来创造各种不同的创意。在这里,推荐大家在创造创意时,最好通过短句的形式来呈现,句子太长会分散用户的注意力,也无法让用户更深刻地记住,所以只需要通过短短的一句话就将产品的特点展示出来,并且能够吸引到目标用户群体就足够了。

以奶茶加盟为例。部分用户因为没有过投资经营的经验,同时自己手上的资金也比较短缺,所以他们在搜索的时候,会将注意力放在加盟是否会得到帮助指导、所使用的资金是否较少,针对这种情况,创意中就应该强调"全程提供培训指导,无须押金,无须加盟费"。部分用户拥有一定的投资经验,手里的资金也较为宽裕,那么投资回报率才是他们最重视的,针对部分用户,创意中就应该强调"年收入×××"。

(4)根据创意的特点来针对性地设计着陆页。

最好就是通过一定的方式,对不同的关键词以及不同的创意进行分类。将目标用户群体的特征、创意的内容作为参考,有针对性地设计着陆页的内容。

产品是否能够成功地销售出去或者我们吸引来的流量是否能够成功地转化为我们的客户,关键取决于着陆页的内容,因此在进行推广的时候,一定要重视着陆页的设计,它能够在转化环节中发挥十分强大的作用。

想要设计出优秀的着陆页,就必须深入地了解行业的特点,对此可以通过调研或者访谈的方式来进行。设身处地地为用户着想,用用户的眼光来考虑问题,找出用户的痛点,发掘出用户在使用过程中不满意的地方,并帮助用户解决。

比如,我们在以产品词作为依据来设计着陆页的时候,通常会选择"用户痛点+品牌实力+产品对比+解决方案+咨询优惠+用户信任感"的方式来进行;而我们在以品牌词作为依据来设计着陆页的时候,通常会选择"产品特色+品牌实力+咨询优化+用户信任感"的方式来进行。

通过这样的方式,能够使转化效果大幅度提高,同时还能收集到相关数据来对页面进行不断的调整，从而使咨询量得到提升。

除此之外，还需要积累账户数据、对数据进行观察对比、对各个数据进行分析、发掘出数据之间的差异、找出问题的来源、解决问题。将数据信息作为基础来对账户进行优化。

我们可以利用一些用户常常会使用到的渠道，并铺设这些渠道，从而将流量入口牢牢地掌握在自己手中；然后利用品牌传播的方式，来占据用户的认知。

5.3.3 品牌营销投放前小范围效果测试实战攻略

每一个人都想要出人头地，想要取得成功，创造一番事业。但最终取得成功、名垂青史的人却寥寥无几。其实是否能取得成功，最重要的原因在于是否经历过一次又一次的尝试。成功与失败之间只隔了一道墙，每一次尝试，都会让这道墙多一个缺口。

天下没有免费的午餐，要想取得回报，就必须付出，就算是一次又一次的失败，也不要放弃。爱迪生在发明电灯泡之前，经历过上千次失败，但他没有气馁，仍然坚持下去，所以他才取得了"发明大王"的称号。每次失败都能够为我们带来经验，经验就像一块又一块的砖头，能够砌好通往"成功"的阶梯。在不断的尝试中，我们能够获取大量的反馈，从这些反馈中能够了解到消费者对于产品的看法，以及我们的产品是否符合市场需求。

所有的成功都是早有准备的，而不是赌博。在做出最后的决定之前，一定要在小范围内进行测试，在测试中不断地发掘问题，然后不断地去解决问题。很多企业的成功经历都告诉我们一个道理：测试非常重要，是必不可少的一个环节。

红星美凯龙是非常有名的家居卖场，其曾经想尝试进军电商领域，推出了一款名为"红美商城"的项目。该项目在短短半年的时间，广告费就花去 2 亿元！但取得的成果实在是惨不忍睹，只有 4 万元的销售额。红星美凯龙只好停掉了这个项目。那么红星美凯龙这么有钱，广告费出了那么多，为什么在短短半年里就失败了呢？红星美凯龙失败的原因主要有两点：一是产品没有精准、明确的定位；二是没有进行测试，根本就没有意识到测试的重要性。

消费者是否喜欢产品的类型、款式？日客流量达到了什么水平？所有的广告渠道中，哪个能够发挥出最好的效果？精准客户都是从什么平台过来的？客户在网站中停留了多长时间？广告点击转化比的水平如何？客户在浏览了 A 产品之后，是否又去浏览了 B 产品？想要了解上述问题，就必须进行测试，只有测试才能够得到相关数据，才能够更好地进行改进，当优化到了一定程度，投入产出比能够达到要求时，再去放大前端广告投放才是最好的方式。在最开始的时候，什么都没有测试，就一味地去砸钱打广告，结果就可想而知了。

很多人都知道脑白金这一品牌。它取得成功的原因是什么？大多数人认为是它的广告打得好。虽然脑白金的成功离不开广告宣传，但其实更重要的一点在于脑白金在投放前进行了测试，并且精准地定位了自己的产品。

在营销过程中，测试发挥出了相当重要的作用，之所以要进行测试，是为了在将收益最大化的同时，做到成本最小化。就算是世界一流的营销大师，也绝对不敢说：我设计的营销流程、营销策略一定会取得巨大的成功。因此，不管是吸引客户点击广告，通过打折促销、赠送礼品等方式让客户主动找上门来购买，还是让客户介绍给其他的客户，想要使转化率得到提升，所制定的文案或者广告都一定要先进行小范围测试并不断地调整。

比如，可以设计出不同类型的产品投入市场中，观察消费者喜欢的究竟是什么类型的产品；可以设计出不同风格的标题来进行测试，观察点击率最高的标题是什么；可以在不同的"鱼塘"中投放不同的"鱼饵"，看看在这个"鱼塘"中什么"鱼饵"比较受欢迎，在那个"鱼塘"中什么"鱼饵"受欢迎。在一次又一次的测试中，我们能够获取到大量的信息，从而能够让我们收益最大化的同时做到成本最小化。

2017 年，网易推出了一个新品课程，该课程十分受欢迎，一上线就受到广大消费者的喜爱。但人们不知道的是，它之所以取得了如此巨大的成功，是因为在正式发布之前，他们设计了 4 份不同的海报，并将不同的海报投入各个不同的渠道进行测试，然后对海报进行不断的优化，最后进行大规模投放。

上述方式不仅适用于产品销售，在投放公众号文章的时候同样可以使用这种方式。我们可以先发到一些小的公众号中进行测试，也正是因为这个原因，出现了公众号矩阵，先通过小号进行一定的测试，然后根据测试结果对内容进行改进，最后通过大号大范围发送，大多数公众号使用的是这样的方式。某知名公众号在起文章标题的时候，会设计 100 个不同的标题，然后将这些标题发送到用户群体到进行投票，哪个标题投票最高，就使用哪个标题，有时候我们认为一些标题很普通，但这些标题却意外地获得了极高的票数，并且用户的点击率也非常高。

从中我们可以看出测试的重要性，有时你觉得这个东西很"垃圾"，但在用户眼中，这个东西却是"宝贝"。谁也不知道用户的喜好是什么，所以才需要进行测试。

在大规模推广之前先在小范围内进行测试并不需要耗费太多的精力，只有在测试中不断地进行改进，才能够取得成功，才能够用最少的成本发挥出最大的作用。

5.3.4 利用数据分析持续优化品牌营销策略实战要领

当今，建立在大数据发掘、解析的精准营销早就已经在发挥它自身的效应了，伴随着大数据技术在广告营销领域的进一步应用、发展，消费者与广告的关系将被重构，精准的广告不仅是被消费者所接纳，更会由于广告中的内容能够满足于消费者的需求使得其乐意传播。

本书依赖于逆向思维，针对网络推广中发生的实际情况，将通过3个方面构建系统数据优化策略，以求在根源上解决问题，提升网络推广的效果，以达到精准营销，如图5-13所示。

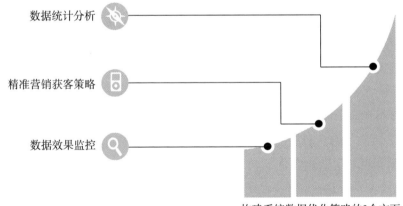

图 5-13　构建系统数据优化策略的 3 个方面

1. 数据统计分析

数据统计分析是指按照推广现状进行考量，查找和分析目前所具有的数据，分别有效果关键词数据、账户数据、线索沟通工具数据，包括以日、周、月这三种不一样的时段来加以分析，搜寻有效检索量，探索出能够改变分析的关键数据，重构账户结构，按照有效关键词加以深入创意的重新策划、组合。

运用百度统计数据、百度指数数据这两种数据分析工具进行辅助，分析和比较较近时段中行业地域、指数、人群的检索流量，按照所研究的目标人群的需求，制定与之相应的投放策略。分析和整理数据，依据数据说话，按照数据指标制定出适合消费者的精准销售策略。

2. 精准营销获客策略

由专业的数据分析，寻找有效线索，探寻出关键词、优质地域、时段，精准定位，重构账户，运用这三者组合去构建精准营销策略。基于有效创意、有效关键词构建核心竞价落地页，进一步便捷地做到内容精准发放，使得无论哪一类用户都能够看到自己想要的内容。

整合推广业务定位，按照目前的有效数据，在效果关键词数据、账户数据、线索沟通工具数据搜索栏中以"人群"这个词语进行搜索，设立独立计划、单元、关键词、创意，要保证所有的计划精准洞察顾客的消费需求，加以一对一的人群匹配，能够有效地提升意向咨询转化，确保广告推广的质量，以求达成精准吸引顾客、获得消费者流量效果。

3. 数据效果监控

数据效果监控建立在对数据的分析、优化策略调整基础上。应用网站的数据统计工具，经针对所有的转化时间、转化关键词、创意，以及着陆页的效果进行"捕、搜"，思考访客进到每一个网站的路径，察觉问题，同时按照实际情况和不同时段进行一定的干预和调整，先分析，再优化，后拓展。

按照出现的实际问题和不同时段进行数据跟踪，持续地分析和优化，然后对数据进行更深入的分析，探求出能够改变的有效数据，重组之后再进行拓展，从而新增比以往还要多的新创意，不断重复这样的"数据效果监控"手段。

5.3.5 【案例】一份可借鉴的品牌营销推广方案模板

营销策划案中涉及的要素有很多，但就目前的情况来看，因为各种各样的限制，我国大多数企业不重视营销策划。经过长时间的总结、积累，我们整理了一份模板，供大家参考。

1. 对营销计划进行深入分析

(1)对市场需求进行衡量以及对营销信息进行管理。

① 预测市场的需求,衡量市场的需求并进行概述。

② 通过调研的方式来获取营销情报。

(2)对营销环境进行评估。

① 对宏观环境进行分析,判断出发展趋势。

② 辨认好主要的宏观环境因素,并对这些因素做出反应(如经济环境、人文统计环境、技术环境、自然环境、社会问卷环境、政治法律环境)。

(3)对市场以及消费者的购买行为进行分析。

① 消费者的购买行为模式是什么。

② 什么因素会对消费者的购买行为产生影响(如社会因素、文化因素、心理因素、个人因素等)。

③ 消费者的购买过程。

(4)对团购市场进行分析,并调研相关的团购行为(如团购过程的机构,参与者,政府市场、消费市场与团购市场之间的对比等)。

(5)对行业、竞争对手进行分析。

① 找出竞争对手。

② 判断竞争对手使用的是什么样的战略。

③ 分析竞争对手的发展目标是什么。

④ 分析竞争对手的优势以及不足。

⑤ 对竞争对手的反应模式进行分析。

⑥ 为了更好地进行进攻与防守,应确定核心竞争对手。

⑦ 在竞争导向以及顾客导向之间取得平衡。

(6)对目标市场进行选择,对细分市场进行划分。

① 对消费者市场的基础进行细分,对业务市场的基础进行细分,确定细分市场的模式、层次以及程序。

② 确定目标市场,对目标市场进行分析。

2. 开发营销战略

(1)确定公司的定位、做好营销差异化。

① 制定定位战略——产品要在哪些方面具有差异、差异要达到什么程度。

② 营销差异化主要可以从这几个方面进行分析：服务差异化、产品差异化、形象差异化、渠道差异化。

③ 确定公司的定位并进行传播。

（2）开发新产品。

① 在开发新产品的过程中遇到的问题以及对外部环境（如威胁、机会等）进行分析。

② 合理设计架构、科学地安排组织生产。

③ 对新产品开发过程进行管理，包括商业分析、营销战略发展、商品化、市场测试等。

（3）对生命周期进行管理。

① 一个完整的生命周期主要分为三个阶段：需求阶段、产品生命周期、技术生命周期。

② 对产品的生命周期概念进行总结以及分析，制定好营销战略，确定在生命周期的各个阶段应该做什么。

（4）确定自身产品的定位。

① 如果自身的产品在市场中处于领先者的地位，那么应该制定保护市场份额、使自己在市场中的份额得到提升等策略。

② 如果自身的产品在市场中处于挑战者的地位，那么应该制定挑战战略，先确定自己的竞争对手是谁、如何进行挑战，然后去制定进攻的方式，并实施进攻。

③ 如果自身的产品在市场中处于补缺者或是追随者的地位，那么应该根据公司的实际情况来制定相应的战略。

（5）制定全球营销战略并进行相应的管理。

① 产品是否要朝着国际化的方向发展，进入国际市场中。

② 产品在国际市场应该选择哪种细分市场进行发力。

③ 通过什么样的方式进入目标市场中，包括间接出口、直接出口、合资企业直接投资、许可证贸易等。

④ 制定的营销方案是什么。

3. 营销方案

（1）对产品线、品牌以及包装等方面的管理。

① 通过什么样的方式来组合产品线。

② 与产品线相关的决策，如产品线长度、产品线分析、产品线特色化、产品线现代化、产品线的增加或者减少等。

③ 品牌通过什么样的方式进行发展。

④ 产品使用什么样的包装。

（2）制定定价的策略并设计出相应的解决方案。

① 制定价格需要经过一系列的流程，比如先对需求进行分析、对成本进行估算、对竞争对手的价格以及成本进行分析，最后确定产品价格。

② 制定地理定价、修订价格、促销定价、价格折扣、产品组合定价、差别定价。

（3）确定营销渠道并对其进行管理。

① 设计营销渠道的模式。

② 对营销渠道进行管理。

③ 关注营销渠道的动态。

④ 营销渠道之间的合作、竞争以及冲突关系。

（4）制定营销传播的方式并对其进行管理。

① 选择传播目标。

② 选择目标受众。

③ 选择传播渠道。

④ 制定传播战略。

⑤ 编制总促销预算。

⑥ 对营销传播渠道进行整合并进行协调与管理。

（5）对广告进行管理、促进销售、对公共关系进行管理。

① 制订广告计划。对广告计划进行管理，包括选择最终的广告目标、选择广告信息、确定预算、媒体决策、分析广告取得的效果并给出评价。

② 通过什么样的方式来促进销售。

③ 通过什么样的方式来对公共关系进行管理。

（6）对营销队伍进行管理。

① 设计一个营销队伍需要做好几个方面，比如，营销队伍使用的是什么样的战略、营销队伍最终的目标是什么、规模如何、结构如何、报酬如何等。

② 对销售队伍进行管理主要可以通过以下几种方式进行：选出最优秀的人员作为销售代表、对销售代表进行培训、通过销售代表来对其他人员进行监督、销售代表的评价等。

4. 管理营销

（1）确定好营销组织以及部门的结构、规模，通过什么样的方式来对营销部门进行组织，其他部门与营销部门之间具有什么样的关系。

（2）为了确保营销取得良好的效果，应对营销过程进行监控。

（3）对营销的年度计划、营销活动、营销效率、盈利能力进行控制。

（4）以营销部门提供的信息作为基础依据来制定营销战略并对营销战略进行控制。

第6章

撰写高质量营销文案实战方法

文案最初的概念原本趋近于公文这类正式感较强的文件,而随着社会的发展,文案的应用领域也在发生转移,目前已经受到商业领域越来越多的重视。优秀文案为企业带来的好处显而易见,然而撰写方案需要做的工作却一点都不少,无论对文案标题的创作,还是要利用文案赢得用户的信任,都需要撰写者掌握相应的技巧。另外,文案的类型多样化,要注意所应用的场合是否合适。

6.1 文案4要素的相应创作技巧

近年来,虽然企业对文案撰写者的需求量非常大,但真正符合标准、能够达成企业目标的人却并不多。因为文案看似只是一项比较单一化的工作,但其涵盖的要素却非常丰富,撰写者需要掌握的技巧也很多,如利用文案激发用户的购买欲望、引导用户下单等。如果想要创造出更多的 10W+ 热度文案,就必须不断提高自己的写作能力,而且要更熟练地应用相应的创作技巧。

6.1.1 吸睛标题:10W+ 文案标题均具有的特点

撰写产品文案在非行业内人员的眼中比较普通,有些人或许会被文案标题所吸引，但却不会过多地将注意力放在标题内容上。事实上，一篇文案的成功与否会受到许多因素的影响，比较常见的如宣传阵地、内容创意度等。然而，标题其实才是最先引导用户点击进入的关键点。

比如，你想购买一本小说，那么在走进小说类别的书架区域还没有明确选购意向的前提下，你会将什么当作首要参考呢？就大多数人的情况来看，封面是最明显也是第一时间就能看到的内容，在很大程度上会影响到选购者的决策方向。对文案撰写来说，标题的意义就如同小说封面一样，因此一定要对其予以足够的重视。

不过，对刚刚踏入这一行业、尚处于摸索阶段的文案撰写人员来说，如果公司给出的任务目标是达到10W+的阅读热度，那么该目标基本上不存在实现的可能性。能够取得这一成绩的文案，在标题上具有一些共通性较强的特点，初级人员需要慢慢学习、掌握，具体内容如图6-1所示。

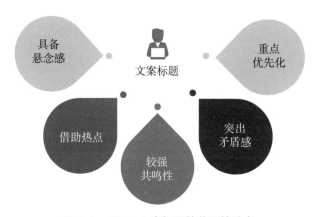

图6-1　10W+文案标题的共通性特点

1. 具备悬念感

设悬念可以说是10W+文案标题撰写者的常用"套路"，这就像为什么电视剧总能引发人们更大的讨论一样，因为每一集的结尾都会埋下一个新的悬念。比如，我们可以通过对比两个文案标题来深入了解设置悬念的意义：第一个标题"频繁食用甜食会损害牙齿"，第二个标题"你的牙齿屡受损害，罪魁祸首原来是它"！

试着对比一下这两类标题的内容特点，是不是后者会更容易使用户产生阅读的冲动呢？不过需要注意一点，设悬念不等同于没有依据地编造、夸大，要适度对标题进行调整。

2. 借助热点

热点事件或人物都能够成为文案撰写者的选取素材，但政治内容要谨慎对待，就目前的 10W+ 文案来看，更受欢迎的还是偏娱乐风格的标题，或者知识感较强的标题。像《延禧攻略》这档古装类电视剧成功爆红之后，就会看到不少以其内容为标题的案例，如"谈一谈《延禧攻略》中的传统文化"等。通过借助热点来进行标题撰写，相对来说难度并不高，关键在于热点的选择是否合适。

3. 较强共鸣性

为什么近年来与心理类有关的文章越来越多呢？正是因为大多数处在这一行业中的人都能看到情感共鸣的优势，所以他们试图通过从标题角度切入来迅速唤起浏览者的共鸣。

无论是探讨常规意义上的情感，如友情、亲情等，还是利用某些事件来进行共鸣感的渲染，一般情况下都能取得不错的效果。比较具有代表性的"每个成年人都有自己的不容易"，不仅能够调动人们的情感共鸣，使其能够迅速点进内容，而且可以勾起人们的诉说、交流欲望。

4. 突出矛盾感

有一类 10W+ 的文案，其标题的矛盾感会刻意被撰写者放大，但也会保持在适度范围内，比如，"比起××，我更喜欢××"这种格式的标题就比较常见，撰写难度也不是很大。该特点在本质上其实也是利用了人们的心理情绪，在某种程度上也会调动人们的共鸣心理。

初级阶段会以某些比较尖锐的关键词来体现文案矛盾感，而如果再向高级阶段攀升的话，则会以一种不易被人们察觉，但确实又能使两类群体产生意见分歧的形式出现，如将利益点作为驱动要素等。

5. 重点优先化

假设你在上一堂课的时候，前半部分的授课内容会使你感到十分乏味，那么你的状态就会受到影响，即便后半部分的课程趣味性有所提升，也很难再调动你的积极情绪。对文案标题来说，所要表达的就是要注意重点内容的次序性，那些 10W+ 的文案大多具备重点优先化这一特点。简单来说，要将你想表达的核心内容放在靠前位置，要让用户第一眼就能注意到，而不要本末倒置。

10W+ 文案是每个运营人员都想达成的目标，想要实现这一目标，就不能只是喊口号，而是要付诸实际行动去研究这些通用性特点，并通过练习与摸索慢慢学会应用。

6.1.2 受众信任：如何利用 AIDA 模型赢得用户信任

在撰写产品文案时，目的无非包括以下几个方面：使产品能够获得更多的用户关注度；提升产品的转化率；使产品或品牌得到更多曝光，以此来吸引新用户、黏住老用户。无论是基于哪种目的，运营人员都必须明确一点：用户信任才是目的得以实现的关键。

那么，如何获取用户的信任呢？除某些已经有了多年经营优势的老品牌外，在日益多样化的产品市场中，用户一方面会拥有更多的选购空间，另一方面也会产生更多的购买顾虑。在这种情况下，谁能够越快赢得用户的信任，谁就能在市场中占据更多的优势。所以，我们要学会合理利用 AIDA 模型，即用户的注意力、兴趣、购物欲望以及实际行动，具体如图 6-2 所示。

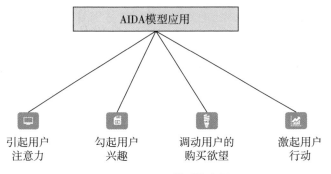

图 6-2　AIDA 模型的应用

1. 引起用户注意力

如果想要利用文案完成对产品的推广，那么第一步就是要先引起用户的注意力。如果用户连阅读文章内容的兴趣都没有，那么后续所有步骤都可以直接作废。在这里，运营人员可以借助标题与引言部分，来吸引用户的视线。

关于标题的应用，我们已经在上一节中有所阐述，在这里我们来探讨一下引言部分的撰写技巧。引言所起到的作用，即引领、指向，使用户能够在最短时间内对文案做出初步评判，如行文语言、排版效果等。要避免出现错字或语焉不详的情况，这很有可能造成用户流失，而无法过渡到下一阶段。

2. 勾起用户兴趣

可以将上一阶段与该阶段的工作做一个比喻,这就像我们在参加某个活动时,如果遇到某个平时接触较少的同事,首先要简单寒暄几句,在之后可以进行一些更具意义的话题讨论。在这个场景中,寒暄就相当于标题、前言,如果两人的初始印象都还好,就拥有了进一步沟通的条件,这里就要发挥文案正文的作用了。

有许多文案的失败也就在这一步,主要表现为用户的通篇阅读率不高,或是即便阅读了全文,对产品也没有任何兴趣等。有了较好铺垫的标题,正文的质量也一定要跟上,但一定要注意避免过于直接地切入产品推广的内容,这样很容易引起用户的反感。在正文部分,同样可以设置一些悬念,做到使文案不那么生硬、直白,语言也要在简洁易懂的基础上增加一些趣味色彩。

3. 调动用户的购买欲望

文案撰写人员需要注意,用户通过文案对产品产生兴趣,并不等同于用户会选择购买产品。而出现这种情况的原因,有很大一部分是用户的不信任心理在作祟。那么,如何才能利用文案的正文内容使用户能够对产品产生信任呢?

首先,文案中与产品功能特色或其他优势点有关的内容,都要注意对语言的运用。过于常规化的语言容易使推广文案变成使用说明书,过于夸张的语言会增强用户的不确定心理,为了真正调动起用户的购买欲望,文案可以多列举数据,比如加湿器这款产品,就可以用"持续加湿×小时""加湿量可达到每小时××毫升"等。

其次,文案撰写者可以列举一些比较权威的机构,如"已经通过了××机构的认可"等。简而言之,一定要给用户足够正当的购买理由,可以塑造一些适合的产品使用场景,引发用户共鸣,并使其产生购买该产品就可以解决某个问题或使某些情况变得更好的感觉。

4. 激起用户行动

当用户确实产生了购买欲望后,文案还需要再加一把火,以此来增强其购物冲动感,防止其在中途由于心理动摇而产生放弃的想法。因此,文案需要在结尾营造出紧张氛围,比较常见的方式是以限时优惠或限量销售的形式去激发用户的紧迫感,以此来促成其最终的购买行为。

AIDA模型原本就非常适用于产品的推广、营销领域,如果在采取了合理撰写方式的前提下与具有推动作用的文案相结合,就可以更稳定地获取用户的信任,产品的销售额、影响力等也自然会随之得到增长。

6.1.3 购买欲望:激发用户购买欲望的 7 个撰写技巧

有些优秀的产品推广文案,虽然从本质上看还是一种广告,却能让大多数用户以心甘情愿的态度去购买。利用文案去调动用户的购买欲望的关键并不在于自行创造,而是在于如何通过文字去靠近、引出埋藏在用户心中的潜在欲望。想要实现这一目的,可以在文案撰写过程中参考以下 7 个撰写技巧,如图 6-3 所示。

图 6-3 激发用户购买欲望的 7 个撰写技巧

1. 构建使用场景

当用户在浏览文案内容时,有很多人其实只是在流程化地阅读,头脑中无法浮现出具体的产品使用场景。这时,撰写者就必须做到使文案更加具体化,使用户能够边看边将自己代入对应的画面中,这就会为产品带来非常明显的优势。

比如,如果让你为一种食品做推广,那么你会从哪方面入手呢?对食品而言,塑造画面感的最直接方式就是触碰人们的感官,即味觉、嗅觉等。撰写者可以构造一个野营或在家里聚会的场景,将食品自然融入其中,并利用自己的文字撰写能力去尽可能使用户隔着屏幕也能感受到食品散发的香气、绝佳的口感,而不是单纯罗列一大堆与产品配料等方面有关的信息。

2. 放大产品优势

每个产品都有自己的核心卖点,而这也往往是最能吸引用户、最能激发其购买欲望的点。不过,放大产品优势并不等同于要将大部分篇幅内容都被其核心卖点占据,如果撰写者的文字功底尚未达到优秀等级,这种撰写方式反倒会成为扣分点。因此,如果想要合理放大产品优势,撰写者必须遵循以下注意事项。

第一,要把控好产品优势的放大力度,要与产品的其他功能特点良好结合,注意文章的整体布局结构;第二,文字一定要足够清晰、简明,要让用户第一时间了解到产品的突出优势是什么,不能出现十个人有十种不同答案的情况。

3. 利用恐惧心理

用户心理比较矛盾,有时非常坚固,有时又非常脆弱、极易被攻破。如果能够在用户心理防线出现缺口的时候抓住机会闯入,文案的推广效果自然也会随之提升,不过这就要求文案必须占据主动地位,即要通过文案使人产生恐惧心理。

比如,每个人都会害怕、焦虑自己会逐渐老去这一事实,特别是在中年人群体中尤为严重。许多护肤品、保健品就是利用了这一点,如"发现自己出现了皱纹?马上就用××产品进行改善"等。一定要先让用户感到恐惧,然后借助文案去修复用户的恐惧,这时用户的购物冲动就会大幅度增强。

4. 进行间接对比

在购物时,大多数人都习惯于货比三家,即便是常见的生活日用品也会在对比过后才下单。因此,文案撰写者也要在内容中间接显示出产品之间的对比感,以此来突出产品的优势,但一般情况下要注意不能直接带上竞品的名称。无论是哪种类型的产品,都可以构建一个基于现实的产品使用场景,先从普通产品的弊端切入,再自然衔接上推广产品的优势,就可以形成一种间接对比效果。

5. 注入情感要素

将情感要素与文案结合,从本质上看还是在利用用户的共情心理,撰写难度相对来说较高,但效果也要比常规方式更明显一些。如果选择了这种方式,从理论上来说撰写者的自由写作空间较大,既可以采取场景化的形式,也可以选择与某些热点事件相结合,只要能突出情感方向、唤起用户共鸣即可。另外,情感要素不仅限于爱情、亲情等,像怀念、补偿、勇敢等不同类型的心理情绪都可以适当应用到文案中。

6. 善用客观依据

该技巧的实质是要增加用户对产品的信任感,这也是用户产生购买欲望的前提,试问谁会在不信任的心态驱使下去购买某产品呢?一方面,撰写者要在文案中用部分篇幅介绍能够体现出产品质量的内容,比方原材料采集地的情况、生产的条件等;另一方面,撰写者也可以借助数字与既往消费者的评价来打消用户的疑虑,但要注意客观性原则,与产品有关的参数类信息必须真实,放上的买家评价也不能过分夸大。

7. 引导从众心理

我们每个人或多或少都会有一些从众心理,就像学生时代大家的集体意识都非常强烈一样,如果能够好好利用、引导该类型心理,产品的传播效果也会更好。常见的撰写手段如在文案中加上"××人都在使用""全球销量超过××万"等,营造出一种有许多人都在使用该产品的氛围,如果内容撰写得当就可以有效调动人们的购买欲望。

其实,大多数文案撰写技巧有一个通用性特征,即试探、"攻击"用户的内心,调动起用户的各种心理情绪。只有用户的心态发生改变,才能顺利跟上撰写者的节奏,达到相应的推广效果。

6.1.4 引导下单:高效卖货文案的 4 个引导下单技巧

在上一节中,我们对如何调动用户购买欲望进行了详细的阐述,而本节则要进一步加大文案对于用户的影响力度,即通过文案来为那些向终点靠近的用户添加一些助力。事实证明,从将产品加入购物车到真正下单这一过程中,仍然有较大比例的数据体现出用户的流失,为了使产品销量能够得到提升,撰写者还要学会利用文案来引导用户下单。

作为普通消费者,我们经常会被犹豫不决的情绪左右,虽然对产品感兴趣且或许其能够为自己带来一些帮助,却因为种种原因而选择了暂且搁置。对商家来说,做出了这种选择的用户有很大一部分基本等同于放弃了产品,这也是一笔不小的损失。所以,商家要做的就是利用文案尽可能消除用户的顾虑,起到隐形催促的作用,具体可以参考一些实用的引导下单技巧,如图 6-4 所示。

1. 优化价值评估

价值评估需要文案撰写者站在用户角度,以消费者的目光去审视这一概念,有许多用户在对产品的功能、特色有所了解后，通常会被产品价格绊住下单的脚步。但这并不意味着商家要为此而降低产品价格来满足用户的需求，因为某些竞品总会压到更低，要避免自身陷入无休止的恶劣价格战环境中。

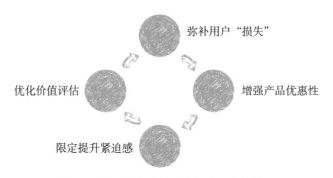

图 6-4　利用文案引导用户迅速下单的技巧

利用产品价格来做文章，这是很常见的文案技巧。但在引导用户下单这一环节，撰写者需要注意对方案进行适当调整，即重点不应再放到如何调节产品定价问题上，而是要让用户通过价值评估来感受产品价格的优势。比如，麦当劳经常会推出单品与套餐两个选项，消费者在衡量过后，往往会选择套餐的形式。

为什么会出现这种情况？这正是用户在进行了综合价值评估之后的结果。在产品详情页的文案中，撰写者主要可以采取两种手段：第一，与其他普通产品进行价格对比，注意要使自己保持在中间范围内，过低可能导致用户产生怀疑，而过高又明显不利于产品销售；第二，要增强产品的价值感，可以适当制造一些价值错觉，但对价格本身没有任何影响。

2. 弥补用户"损失"

用户在下单前会感到纠结、迟疑，正是因为被某些现实因素所阻碍，而文案所发挥的作用就是要将这些困难统统化解。换句话说，用户会犹豫是因为他们认为购买产品会对自己造成一定的损失，撰写者就要充分考虑到用户的顾虑，为这些"损失"找到弥补的借口。

比如，如果用户想要购买某英语学习课程，但考虑到该课程需要长期打卡，而自己的时间不一定那么充裕，个人毅力也不算良好，买回来可能是一种浪费金钱的行为，就会选择暂且搁置购买计划。

在课程条件允许的情况下，详情页中可以突出课程的灵活性，且要着重强调不会占用消费者过多的时间，还可以适度打击消费者痛点。

3. 增强产品优惠性

这里指的优惠性，比较适合在产品做活动期间进行文案产出。比如，现在有两个同类型产品，价格也相差不多，但 A 产品没有任何优惠选项，而 B 产品则会在购买时附赠一些小样，在这个场景中后者自然会有更高的销量。

除此之外，像某些视频网站的会员服务，会在文案中将打折后的价格均分为每一天的价格。有些换算后每天只需要支付的价格甚至不超过一元钱，这就会使用户产生买产品是赚到的想法，价格也会显得更实惠一些，自然会加速促成用户的交易行为。

4. 限定提升紧迫感

在实体店中，我们经常可以听到商家在醒目位置列出横幅或是用小喇叭循环播放"清仓销售、数量有限"或"仅限今天降价大甩卖"等带有诱惑力的语句。

事实证明，虽然大多数人知道这只是商家的一种套路，却依然无法抵挡，自身的紧迫感非常强烈，会直接导致冲动购物的情绪上涨。产品文案也可以采取这一十分常见却又有着极好效果的引导方式，主要包括对产品数量、优惠时间等进行限定。另外还要注意一点，如果想要确实起到心理上的催动作用，就一定要对活动时间进行良好规划。

6.2 多类型品牌营销文案相应撰写技巧

文案根据所应用场景、所发挥作用等方面的不同，被划分成了多个类型。虽然这些类型在某种程度上也有一定的撰写相似性，但却不能用统一的目光去看待，而是要找到其各自的特点。在本节，我们会分别对每种类型的文案进行简单介绍，并侧重于对其特定撰写技巧方面进行详细阐述，以此来帮助撰写者对各文案类型更加了解、更能精准选出所需的类型。

6.2.1 广告宣传文案：如何一句话击中用户内心

在过去的几年里，广告主要以硬广为主流，但随着社会需求与经济情况发生变化，软广的地位逐渐上升。软广的特点主要是灵活性较强，广告渗透感不会过于明显,对部分消费者来说比较容易接受。同时,这也说明人们对广告宣传文案的重视程度正在不断上升,对产品方来说是绝佳的机会。

提到广告宣传文案,益达算是比较有代表性的一个。其通过构建情景剧、自然讲故事的方式,将产品顺势融入其中,并且在两个主角的台词上也进行了精心设定,比如十分出名的"吃完喝完嚼益达""嘿,你的益达"等。

当某品牌的广告文案可以达到大多数人能够脱口而出的程度,该品牌产品的推广效果基本上就可以说是比较成功了。一般来说,广告的时间都不会太长,所以文案负责人就更要注重对所设计内容凝练感的控制,最好能做到一句话就可以戳中用户的内心。为了实现这一目标,撰写者可以参考以下几项原则,如图6-5所示。

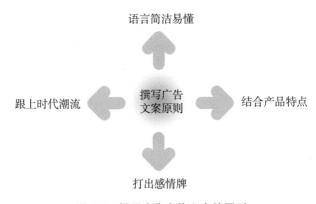

图 6-5 撰写广告宣传文案的原则

1. 语言简洁易懂

优秀的广告宣传文案基本上是非常独特、新颖的,但也有许多人会因此而走进误区:选用大量高级词汇、打造出"别具一格"的氛围。有这种不正确思想的撰写者,所打造出的广告成品会让人难以理解,用户在观看后只会觉得一头雾水,连广告想要表达什么都不知道。

因此,如果想要写出能够击中人心的广告文案,首要的一步就是要让用户看懂文案。语言的简洁易懂不等同于毫无质量、过分通俗,有时也可以巧妙运用一些修辞技巧,使文章变得更生动,不会使内容显得过于单薄。

2. 跟上时代潮流

广告常会与近期的热点相结合,但热点只是紧追时代潮流表现形式的一种。

一般来说，追赶时代潮流也要讲求力度，不宜过于超前，同时也要注意结合潮流关键词来对文案进行创新。互联网的发展对于广告文案类行业来说有利也有弊，优势自然在于撰写者可以通过互联网收集到更多有效信息，而弊端则在于信息的扩散会导致竞争愈发激烈。

当前，以故事形式为主的广告备受欢迎，被某些权限者跳过的概率也得到了缓解。比如热门网剧《太子妃升职记》就会在每集结合剧情插入广告，不仅没有使观众感到反感，还凭借其新颖性、自然度成为广告典范。从本质来看，时代潮流依然是人们心理需求变化的反映，要注意及时进行捕捉。

3. 结合产品特点

以麦当劳的某款新品汉堡为例，汉堡的特色主要体现在其外形上，一黑一白的搭配格外具有创新感。而该款产品的广告词则是"喜欢就表白，不爱就拉黑"，配合对应的产品宣传图，既能直观反映出汉堡的特点，也能加深人们的记忆点。当然，撰写者一定要选择对产品而言最具优势的宣传方向，而不能偏离重点。

在撰写时，最好以一两句话的形式将产品特点阐明，同时要避免过于直白，否则容易拉低广告的质量。如奥迪某款车型的宣传文案"等级划分一切，你划分等级"就充分显示出该品牌车辆的高级感。

4. 打出感情牌

在打感情牌这方面，江小白可以算是其中的佼佼者。其文案称不上有多么精美，却能够迅速打动用户，关键就在于江小白摸透了目标用户群体的痛点，并能够加大力度去进行打击，如"很多人走散就不会再见""肚子胖了，理想却瘦了"等。简简单单的一两句话，没有加入复杂的写作技巧，却能够迅速使有着相似经历的用户发生情绪变化，从而对产品投入更多的关注度。

总而言之，想要一句话就将广告文案变成经典，这其中虽然也有一些运气成分，但更重要的还是撰写者是否有在用心揣摩、探索。既然选择了广告宣传这一行业，就要做好长期学习的准备，要不断提升自己的各项能力，才能打造出能够吸引消费者的广告方案。

6.2.2 长文案：利用深入描述进行品牌公关

中小型企业一般会将产品的推广宣传放在第一位，目标是获得更多盈利、扩大用户规模。对于腾讯、网易这类已经足够成熟的企业，它们虽然同样会重视企业自身的利润情况，目光也会更加开阔，即会分出部分精力到品牌口碑的塑造工作中。在这里，长文案就要发挥相应的作用了。

1. 长文案的应用场景

文案的类型多样化，而不单单限于我们所熟知的广告营销类文案。这类适用于进行品牌公关的文案，一般多会以新闻形式呈现，而其特点也与常规的宣传文案有较大差异，不能简单用一句话带过。如果说偏娱乐风格的文案只会徘徊在山洞边缘，那么长文案就要求撰写者必须走进山洞，并要尽可能深入一些。品牌公关对企业的作用毋庸置疑，我们需要先了解其具体的文案种类，即其应用场景都有哪些，如图6-6所示。

图6-6 长文案的应用场景

1）企业动态宣传

我们在电视上经常会看到一些企业举办的媒体发布会，这就是企业进行动态宣传的一种形式。比如小米公司准备推出新品时，就会召开发布会，专门用来向媒体和观看人群介绍与新品有关的消息。长文案在这里需要发挥的作用就是记录发布会中的要点内容，如新品的创新之处有哪些、使用了哪些技术手段等，这样既能为产品造势，也能使品牌影响力得到大规模扩散。

2）指定专访

这种一对一式的采访，对于长文案撰写者的要求会更高一些，因为与动态宣传相比，指定专访的内容会更加丰富。在该场景中，长文案的作用就体现在能够使品牌用户对其了解更深刻、好感与信任感更强烈上，换句话说，指定专访是品牌塑造良好形象的有效渠道之一。

3）企业危机公关

规模越大的企业，发生了一些明显会影响到品牌口碑的事件后，受到的损害就会越大，而这时就要借助危机公关来尽可能挽回企业的声誉。长文案需要起到辅助作用，但一般大型企业会提前做好公关准备，即长文案的模板、架构等都无须从头开始筹备。长文案的质量越高，对企业的帮助就越大。

2. 撰写长文案时的注意事项

上述三种类型的场景在生活中比较常见，除此之外还要明确一些通用的注意事项，以此来避免使长文案发挥反向消极效果，如图 6-7 所示。

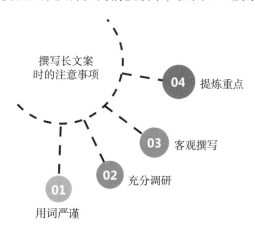

图 6-7 撰写长文案时的注意事项

1）用词严谨

用于企业公关的文案，通常在用词上会十分严谨，因为这已经涉及了相对正式的商业范畴。那些推广类文案无论是篇幅还是语言表述都比较自由，但承担着公关责任的长文案在撰写时必须认真揣摩好每一个词的应用是否恰当、每一句话的表达是否准确且不会产生歧义。

如果是某危机公关的场景，企业本就处于被动的不利形势中，如果因用词不严谨而导致文案内容再次遭到质疑，对企业来说无疑是雪上加霜。

2）充分调研

负责撰写长文案的人一般会参与到各种活动、会议中去，因为他们需要根据具体的讨论内容进行文案的编写，不过这也只是其中的一环而已。除此之外，撰写者在前期还需要自行收集大量的材料，比如写指定专访之前至少要对当事人及其企业有一定的了解，这样一来能够使文稿质量更高；二来能够提高自己的撰写效率。

3）客观撰写

品牌公关类文案，最应避免的就是个人情感偏向或自我判断能力过强，这对长文案所发挥的效果影响很强烈。就拿企业的新品来说,如果撰写者是从"粉丝视角"去进行文案撰写,会导致文案中与新品有关的内容有失公正,用户只能看到对新品的过度赞美之声,却不能看到客观的评判内容。总而言之,一切要以事实为依据,在代入个人看法时也要深思熟虑,这是撰写者应该具备的专业素养。

4)提炼重点

撰写者要明确,公关类文案虽然篇幅较长,但并不意味着其需要将每一个细节点都记录下来,这会使文案显得过于复杂,且不利于用户阅读。撰写者需要拥有较强的重点提炼能力,产品宣传时需要将重心放在核心卖点上一样,要自动过滤掉无意义的信息,给用户呈现出有逻辑、有价值的文案。

无论如何,品牌公关的内容都不能过于浅显,涉及的一些专业知识也无须回避,保持整体上的简明性即可。

6.2.3 电商文案:侧重卖点挖掘才能卖货

电商类文案的主要阵地就是各大网上商城中的详情页部分,当用户被产品封面图或其他要素吸引进来之后,详情页就要用最短的时间去抓住用户的心。该类型文案看起来似乎只需要将与产品有关的信息描述到位即可,但实际上却并没有那么简单。

1. 电商文案中的常规要素

将自己代入消费者的角度思考,具有哪些特征的详情页会使你丧失购物的欲望呢?比较常见的答案主要包括:内容描述逻辑不清晰,无法体现出信息主次感;产品介绍中规中矩,即使看到了其核心卖点,也无法被吸引;信息点过于冗杂,用户难以或没有耐心自行提炼重点内容等。

这类文案的形式一般是图文结合,留给文案撰写者的空间相对来说并不多,如何勾起用户的购买欲望?如何使文案具备足够的吸引力,以此来减少用户的流失、保证更多人可以从头到尾通读下来?首先,必须明确电商文案中主要包括哪些常规要素,如图6-8所示。

1)产品卖点

产品卖点也就是对用户最具吸引力的那个点,因此你在浏览各类产品的详情页时,会发现大多数商家都会将产品卖点放在详情页中较靠前的位置,目的是使用户在进入页面的第一时间就可以将目光锁定在产品优势的位置上。如果顶端位置先放上的是各种中规中矩的产品材质、尺寸等数据,那么你的兴趣度是不是也会降低呢？

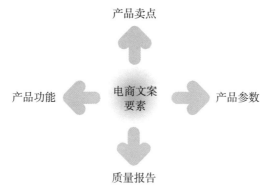

图 6-8　电商文案中的常规要素

2）产品功能

产品功能在一定程度上也可以被纳入产品卖点的范畴中，然而却不能完全与其画等号。如果在介绍产品卖点时可以更加灵活一些，那么梳理产品功能时就要更加严谨、全面一些，因为产品卖点需要核心提炼，而产品功能相对来说无须过于注重这一点。

3）产品参数

产品参数一般在服装领域的受重视程度比较强，不过其他类型的产品大多也要如实放上与产品有关的一系列数据，以供用户进行参考与选择。

4）质量报告

产品质量报告的主要作用包括两层：其一，质量报告可以增强用户对产品的信任感，有时能够促进其迅速下单；其二，质量报告是证明店铺正规性、合法性的重要因素，有利于用户对品牌产生信任，也有利于店铺内其他产品的连锁销售。

2. 撰写电商文案的注意事项

详情页至少需要涵盖上述四大要素才能称得上比较完整，店铺还可以再根据产品情况去添加其他内容，如优惠活动的提示、买家评价等。不过，只是单纯地将几个要素放上去就想达到高效卖货还是不够的，商家还需要注意以下几点，如图 6-9 所示。

1）篇幅短小

产品详情页中的文案，绝大部分会以图文形式出现，因此负责文案的成员不仅要注意文案内容，还要考虑到文字与图片搭配的美观度。如果文字过于冗长、繁多，会导致排版难度加大，且呈现给用户的视觉效果也不会很好，因此要注意保持语言的凝练性，尽可能控制无意义的内容出现在详情页中。

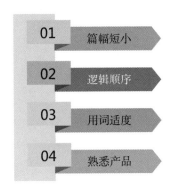

图6-9 撰写电商文案的注意事项

2）逻辑顺序

详情页中对于产品各要素的顺序安排非常注重逻辑性，因此撰写者在将成稿交给负责排版的成员之前，最好要先进行自我审理。文字的撰写顺序也能够从侧面反映撰写者的思维是否具备逻辑性，如果不具备这种能力的话，电商文案的最终效果就会显得过于碎片化。

3）用词适度

不同产品的文案撰写一般会有不同的风格，在用词上也要注意灵活一些，比如母婴类产品就需要使文案风格变得更有亲和力一些，用词要注意简洁易懂、通俗亲切；而对某些高端电子产品或奢侈品来说，文案也要适度提升自身的高级感，不仅在用词上要更严谨一些，还可以借助场景化技巧或罗列多项产品数据。但无论如何，都要注意不宜过度夸张。

4）熟悉产品

文案撰写者既然是以产品为核心来准备内容，就必然要提前熟悉产品、掌握与产品有关的大多数细节。就普通产品而言，这个问题比较容易解决，然而就某些科技类产品来说，在撰写过程中遇到的阻碍会更多一些。撰写者一方面要自行对产品进行探索，另一方面也要向负责产品研发的专业人员索要一些资料，并要与其频繁交流。

电商文案写得好，就意味着商家能够更加轻松地获利，因此一定不能忽视任何细节，同时要有所取舍，学会突出重点。

6.2.4　TVC文案：一定要洗脑的广告短片

TVC即广告影片，其特点是制作方式比较简便，设备成本方面一般不会消耗过多。近年来，流传度比较广的热门广告片大都是 TVC 模式，这类广告之所以能够挤进热门领域，原因是有一个共通点：具备极强的洗脑效应。而这也给予诸多品牌商一个启示：想要加深产品在人们脑海中的印象，就一定要在广告片上发力，努力去增强它的洗脑感。

在这里，我们必须提到一个非常经典、在产品广告界可以算得上是领军品牌，那就是脑白金。相信大多数人，无论是否购买过脑白金产品，都一定在电视上听过那句最具代表性的广告词："今年过节不收礼，收礼只收脑白金。"尽管该品牌的广告在之后也有过台词的更新，但这一版本始终是给人印象最为深刻的。

事实证明，脑白金在最为火爆的时期，销量可以说是保健品领域当之无愧的第一名。而后的很长一段时间里，尽管新的竞争者不断出现，脑白金的市场地位也受到一定影响，但还是有许多人会在逢年过节选购礼品时第一时间将脑白金加入购物清单中，而其品牌的忠实粉丝规模也不小。为什么脑白金会有这么大的影响力？这其中，尽管有产品自身的功能优势在加分，但更多的还是前期广告文案做得好的缘故。

每个企业都希望自己的产品能够被越来越多的人所熟知，然而却没有做好产品宣传方面的工作，只是喊着常规的口号进行大规模扩散，这样并不起作用。只有制作出具有洗脑效果的广告短片，才有可能实现病毒式传播的效果，而文案设计这一环节在过程中占据决定性的地位，可以参考以下几项撰写技巧来更快地实现目标，如图 6-10 所示。

图 6-10　使 TVC 文案更加洗脑的技巧

1. 简洁易传播

即便是高端产品，广告文案也要达到使用户便于理解的程度，这是因为如果想要使广告在人群中快速传播，首要任务就是让用户在短时间内记住广告的内容。

相比某些无须刻意背诵就能够记忆下来的顺口溜，晦涩难懂、缺乏节奏感的复杂句子，会成为广告洗脑之路上的巨大阻碍。所以，撰写者一定要保证 TVC 文案足够简明，像"美特斯邦威，不走寻常路"就足够朗朗上口，非常容易被理解、记忆。

2. 增强故事感

越来越多的广告短片，开始以讲故事的方式来为人们呈现自然而生动的产品使用场景。比如，目前许多地铁站内都配有各种规模的电子屏，而其中某戒毒类宣传片的存在感就非常强。

该宣传片不像传统形式那样上来就直接打出毒品的有害之处，而是通过自然推进的手段向浏览者讲述了接触毒品会使生活发生哪些变化、会对家人造成哪些伤害等。以故事形式来进行表达，不仅能使受众有更强的观看耐心，还会使其心理上受到的影响变得更加显著，这里就要求文案撰写者要注意内容的完整度和流畅度。

3. 针对性要强

在撰写 TVC 文案的过程中，撰写者还需保证文案的针对性一定要足够强烈。这里提到的针对对象主要包括两个方面。

第一是产品，即文案不能单纯只关注广告宣传语是否押韵、易记忆，还要体现出文案与产品功能特色之间的关联性，突出产品优势、打击用户痛点；第二是用户，撰写者要明确产品所针对的目标受众有哪些共同特征，再以此为依据进行文案的撰写。如果所针对的对象是低龄儿童，台词就要生动、幽默一些；如果是身份等级较高的专业人士，就要更庄重、高级一些，如奔驰汽车的广告语："领先，因为不断向前。"

4. 要有创意度

通常情况下，能够成功利用广告词给人洗脑的 TVC 文案，都对撰写者的创新能力有着较高的要求。创意性思维越是发散，广告的爆点就有可能越多、越高效,要知道,与时代潮流脱节的广告短片是很难得到人们关注的。文案越新颖,就越有可能成为某个时期行业内的领军者。

6.2.5 仪式型文案:品牌营销如何结合节日热点

随着国内电商行业的发展越来越好,有许多传统的线下品牌也纷纷向该领域进军。而每当各个节日临近时,商家就会愈发忙碌,因为节日往往意味着商家能够从中获取与常规时间段相比更大的流量,有流量也就使产品能够得到更多的曝光。不过,即使是同一块蛋糕,也总有人能够切走更大的一块,这是因为他们具有良好的商业意识,擅长利用文案与节日热点相结合。

根据每年的产品数据来看,"双十一""双十二"这类专门用于商业环境中的节日,是各大企业最为重视的,而国庆节、劳动节等国家法定节日也非常适合企业做活动,除了固定的宣传手段以外,商家还需要注意发挥文案的作用。

以苏宁易购为例,该品牌在"双十一"就准确抓住了用户希望产品能够更低价、更实惠的购物心理,在文案中直接指明"比价京东"来吸引用户视线,并打出了"贵就赔三百"的宣传口号。当然,我们都清楚该口号有一定的夸张成分在内,然而对用户来说却是极具诱惑力的。至少,在一定程度上会动摇用户的初始购物计划。

除了常规的节日热点外,还有一些企业专属的节日,比如周年庆或粉丝回馈节等,这种时候文案也要跟上节日热点的节奏,以此来更好地聚集、巩固热度。不过,这类仪式型文案想要达到合格标准,并不只是带一些节日关键词那么简单,还需要做好以下几项工作,如图6-11所示。

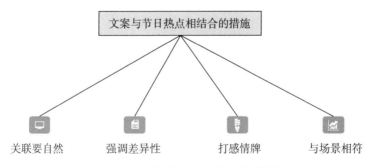

图6-11 文案与节日热点相结合的措施

1. 关联要自然

许多人都知道要借势于节日,但由于采取的手段过于生硬,导致产品只能被冠以一个节日标志,却无法与节日真正融入一起。出现这种情况主要原因是撰写者对产品不够上心,没有认真去挖掘节日的核心要点在哪里,所以导致最终的产品文案会产生一种与节日格格不入的感觉。

比如,在儿童节推广糖果的商家,可以先给出几个奖励孩子糖果的具体场景,再点明糖果在儿童节有哪些限定新包装,这样就能很自然地获取流量。如果只是直白切入儿童节就应该买糖果这一点,就很容易在与其他对手的竞争过程中败下阵来。另外,并不是每个节日都适合做产品营销,如果强行凑上去只会与节日更加不贴近,还会使产品定位变得模糊。

2. 强调差异性

之所以要强调文案的差异性,是因为每个节日的关键词就那么多,商家可以对其进行延展,却不能凭空创造。所以,文案撰写者要有敏锐的洞察力,即不与竞品进行正面冲突,而是在已有关键词的基础上去进行创新。

就拿母亲节来说,其常规方向就是歌颂、慰劳母亲,产品的文案重点可以是通过某产品来使母亲不再辛苦、帮助母亲护肤使其更加幸福等。从一个大的方向进行划分,要注意结合产品自身的特点,再放大产品优势,同时巧妙避开大众宣传点,体现出产品自身的差异性来吸引消费者。

3. 打感情牌

利用人们心中的感性部分来打感情牌,这一招可以说十分常见、老套,但又极具效果。当然,前提是文案不能过于通俗,否则感情牌的效果就会被削弱而变得十分贫乏。

站在传统节日的角度,中秋节强调的是阖家团圆的亲情感,撰写者可以从该方向入手进行情感渲染,也可以利用反向思维去触动那些远在他乡的用户。而站在企业专属节日的角度,像周年庆这种仪式感较强的日子,文案就要充分表达来自商家的诚意、经营历程的回顾、对消费者的感谢等。简而言之,打感情牌看似简单,但想要使其效果真正落到实处,其实还是有很多技巧的。

4. 与场景相符

应用于节日的文案,在不同的场景下也应该有不同的行文风格。比如,企业如果要举办颁奖仪式,文案就要对应场合变得严谨、庄重一些;而如果企业想要举办大型回馈活动，文案就要更感性一些，在宣传语的设定方面也可以不按照常规模板来走。什么样的文案才能称得上优秀、才能真正为企业提供帮助？答案是，那些与节日场景相符、能够起到相互推动作用的文案。

节日热点本身就自带流量，对中小型企业来说是一个绝佳的机会，因此必须珍惜每一个适合对产品进行营销的节日，不要轻易错失。

6.2.6 软文：创作优质品牌营销软文 6 步走

软文并非对每个企业来说都是必需品，但大多数企业为了赶追时代趋势、推动自身发展，都或多或少借助软文来进行产品或品牌营销。近些年来，软文在互联网中的出现频率在持续增长，然而数量多却并不代表质量高，目前软文的质量普遍呈现出参差不齐的景象。如何创作优质软文？该问题成为企业的主要关注点。

每一样新事物的诞生、兴起都有其理由，而软文能够如此火热，正是因为它对于消费者群体来说更容易被接受。打广告是产品推广的必经途径，但同时又要考虑到消费者对广告的抵触感，因此，一篇优秀的软文既不能完全脱离商业感，也要得到消费者的自然认可。为了达到这一效果，软文撰写者就要不间断地对自我能力进行培养，同时要将软文撰写的常规步骤当作参考，如图 6-12 所示。

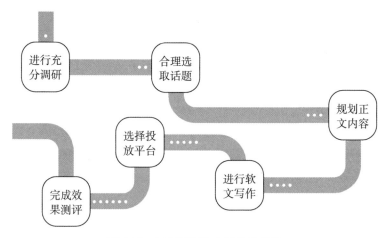

图 6-12　创作营销软文的常规步骤

1. 进行充分调研

软文写作就像产品研发一样，并不是一开始就能迅速投入正式的写作中，而是要预先做好筹备事项，构建一个合理的软文计划。因此，在初始阶段，软文撰写者或团队必须先进行充分的调研，以此来划分出一个大致的写作范围。

比如，如果商家想要写一篇与奶粉有关的软文，首先要收集与竞品有关的资料，以确保自己所选择的软文方向不会与竞品"撞车"；其次，要对市场及用户进行详细调查，如市场中对该品牌奶粉的需求度如何、用户更希望看到奶粉有哪些功效等。

2. 合理选取话题

这里指的话题主要包括两种含义：第一种即软文整体的方向性，我们仍旧以奶粉为例，是侧重于对奶粉的推广，还是侧重于对品牌形象的塑造等。第二种则是对软文来说十分关键的标题，一个新颖、易懂的标题足以为软文积攒更多热度。

3. 规划正文内容

当选择完毕话题后，撰写者还需要再去进行较详细、有依据的正文规划。该步骤的作用就像写故事之前先预设一个大纲、目录一样，具有较强的参考价值，能够使软文写作过程中的风险性降低，即使遇到某些棘手问题也不会过于慌乱。

4. 进行软文写作

进入正文写作环节后，如果时间允许的话，撰写者一定不要过于心急，而是要在资料、数据等准备齐全的基础上有条理、有针对性地进行软文写作。

在这里，撰写者一方面要考虑到正文的表述是否能够将产品的核心卖点凸显出来、用词是否恰当无歧义等；另一方面也要注意该篇软文的整体结构是否合理、内容推进是否自然等。如果说标题是一个引子，那么正文就是决定用户能否被留下的关键。所以，在规划正文内容时，撰写者要经常与其他成员进行讨论，并适时对内容进行调整。

5. 选择投放平台

许多自身质量十分优秀的软文，却没有达到相应的目标效果，主要问题就是出在选择投放平台这一步。首先，并不是所有流量大、热度高的平台都适合进行软文投放。是否与产品相适应是一方面，另一方面，许多平台对于软文的审核条件也不一样，盲目地大面积投放只会造成时间成本的浪费，还会暴露出企业的不专业性。

其次，对某些初成立的小企业来说，其资金本就处于紧张状态，与平台有偿合作的模式很显然不适用于大多数该类型的企业。因此，在发布软文前，一定要熟悉各个平台的特点,做到尽可能精准地投放。比如,如果是某城市的特产,就要寻找该城市的专属平台,这样一来软文的审核通过率不仅会提高,并且熟悉产品、接受产品的人也会更多。

6. 完成效果评测

软文发布到相关平台后,就像食材放到锅中炒制结束一样,不能光是将菜盛出来就算收工,还要尝一尝菜品的味道,否则做菜人将不能准确地给菜品一个评价。无论软文的投放平台有几个,都要一一进行数据"回收",比如点击率、评论数及内容等,综合热度较高才能显示出软文的优质程度。而对软文中提到的产品进行销量比对则是一种比较直接的评测方式,毕竟用户的购买力才是最直观的反映。

对中小型企业来说,以软文的形式进行产品推广能够有效帮助其节省宣传成本,因此该做的工作一定要做到位。换句话说,对软文的用心程度越高,企业得到的回馈就越显著。

6.3 高质量文案撰写案例分析

理论知识掌握得比较全面后,我们通过实际案例来进行知识的巩固,并对高质量文案进行更深入的研讨。某些不具备复杂属性、十分简单的产品,如何针对其写出具有吸引力的高质量文案呢?某些知名企业,又是如何通过对广告文案的策划来达成洗脑效果的呢?在本节,我们将对这些问题一一进行分析。

6.3.1 【案例】一款简单的帆布袋如何写出高质量品牌文案

提到高质量文案,许多人的惯性思维都会将其与奢侈品或技术类产品联系起来,而那些经常可以接触到的生活日用品,似乎与高质量文案的关联度并不大。然而事实上,一个足够优秀的文案撰写者,无论是哪种类型的产品都能为其构造出一个相应的品牌文案。本小节,我们就以某款非常简单的帆布袋为例,进行高质量品牌文案的探讨。

1. 撰写品牌文案前的思考

根据 6.2.6 节中所提到的内容,我们需要在撰写文案之前先对其内容、方向进行大致规划。因此,在初始阶段,最考验我们的关键是思想上的发展轨迹是否正确,因为其决定了文案内容是否能够起到吸引用户、激发其购物冲动的作用。在思考时,通常需要涉及以下方面,如图 6-13 所示。

图 6-13　撰写品牌文案前的思考

1)如何塑造背景

这里指的背景其实就像写小说一样,在构造某个新人物之前,作者自己首先要清楚为什么要设立这个人物、该人物在剧情中处于什么位置、具有哪些特性等。将这个思维模式代入品牌文案中,也就是说要告诉广大消费者群体,想要做一款帆布袋的理由是什么、该产品主要走哪种风格路线等。就背景而言,合理得当即可。

2)如何制造矛盾

制造矛盾是一个效果两极分化较严重的文案撰写方式,如果矛盾点的火候把握得比较好,帆布袋就有可能大受追捧;如果矛盾点过于尖锐,消费者就会对帆布袋的印象变差。

比如,如果我们在文章前半段提到"这个帆布袋的设计元素也太单调了吧"这一观点,而在后半段却又给出了一个明显具有转折意义的"忽然感受到了简约风格的美感"之类的回复,像这种矛盾就是可以被用户接受的,并且会引发其好奇心理,即为什么心态会发生这种转变。当然,我们还可以从帆布袋的其他角度去剖析矛盾点,但要注意转折要自然,不能强行制造矛盾。

3)如何进行解答

当我们成功制造出矛盾点之后,就要根据其转折给出一个合理的解答,而不能让用户自行猜测、揣摩。比如为什么我们的态度会从单调转变为简约也很具有美感呢？答案可以从帆布袋的设计角度切入，也可以从其风格理念上切入，但无论如何都需要有一个自然的过渡，能够对消费者进行同样的思维引导，使其产生"原来如此"的认同感。

2. 撰写品牌文案的正文要素

上述思维内容需要按照逻辑顺序来进行，而不能想到什么就是什么。当思考结束后，我们就需要对品牌文案的正文内容进行规划与填充，当然，在进行标题设置时也要尽可能使其变得更新颖一些。在帆布袋的文案正文部分，需要将目光锁定在以下几个要素上，如图6-14所示。

图6-14 撰写品牌文案的正文要素

1）产品样式风格

虽然我们已经用了"简单"这个概念来形容帆布袋，但在撰写文案的时候，可千万不能也将内容变得简单。首先，在过去几年里，帆布袋主要是用来装载物品。而随着时代的发展、理念的变革，帆布袋除了这一基础作用以外，还增添了不少文艺感，是许多"文艺青年"的出行必备品。

基于这一理念，我们可以先对帆布袋的样式进行介绍，要注意着重描述一些不易被察觉的细节设计点，比如帆布袋上某英文单词的释义、某装饰物的意义等。另外，还要对帆布袋的风格进行阐述，如是文艺风格还是复工风格，此种风格适合哪一类人群、哪些场景等。

2）产品材质选取

首先，帆布袋的材质自然是棉质帆布，这一点是大多数商家都会写进文案中的。但是，即便是这样一个看似不起眼的要素，如果用心雕琢也可以吸引到一部分消费者。撰写者可以先对此种材质的优势进行简单介绍，如质地较硬、结实耐磨等。然后可以进行一些感官上的描写，最容易使消费者产生代入感的就是帆布的触感,要注意文字的生动性。

3)产品具体规格

不同品牌的帆布袋尽管在材质上没有较大差异,但在尺寸规格上却各不相同。一方面,文案可以对帆布袋的容量进行描写,即侧重于容量大、能够装载较多物品的优势上;另一方面,撰写者也可以用某些消费者熟知的产品进行比对衡量,如帆布袋能够同时放入多少化妆品、充电器等,这样能够使消费者更加了解产品。

4)产品优惠活动

如果帆布袋正好在做活动或即将开展活动,就一定要在文案的显眼位置体现出来。无论是限时还是限量,又或者是赠送小礼品这类福利活动,都要完整、清晰地告诉消费者。另外,还要注明时间、条件等关键要素,最好能够打造出一种急迫感,以此来推动消费者快速下单。

即使是再简单的产品也总有其独特的优势,文案撰写者要做的就是抓住这一点,并且在了解消费者心理需求的基础上一步步对其进行思维与行动上的引导。

6.3.2 【案例】马蜂窝、BOSS直聘、知乎世界杯洗脑广告片案例分析

本小节,我们会选择三个在广告片领域比较有代表性的品牌,它们分别是马蜂窝、BOSS直聘与知乎。可以说,它们制作的广告片在某一时间段不仅以"洗脑式"效应使品牌影响力得到了大幅度的提升,更是为其他企业提供了诸多广告文案方面的灵感。下面,我们就来分别分析这三者的广告特点。

1. 马蜂窝

马蜂窝是一款旅游类App,其主要目标用户是年轻群体。马蜂窝的广告虽然有着不同的版本,但其中最令人印象深刻的还是一个"唠叨型"的广告短片。

该短片的主要内容是让某知名演员与一位"唐僧"进行问答式互动,而问答内容也极其简单,两个人像复读机一样反复重复"旅游之前"与"为什么要先上马蜂窝"这两句台词,在短片结尾处给出了总结式的"旅游之前,就要先上马蜂窝"这句话。从整体上看,该广告不过短短十几秒钟,出镜人物的动作也简单到几乎不需要设计,但从细节来看,马蜂窝的广告能够产生如此显著的效果,主要归功于以下几点,如图6-15所示。

(1)重复效果。

马蜂窝这一版本的广告直接将上述内容复述了三遍,在台词上没有丝毫变

动。这种方式虽然效果很明显，但也具有风险性，因为并不是所有重复性台词都能勾起用户的好奇心，还要配合整体的画面风格，唐僧造型就会使这种对话自然许多。

图 6-15　马蜂窝广告的特点

（2）简明扼要。

马蜂窝的广告台词胜在简明扼要，即便我们不看屏幕，只靠耳朵去听，基本上也能正确接收到台词信息，而不会产生歧义。这种简单直白的台词虽然不具有高级感，但非常易于在人群中传播。

（3）引发吐槽。

可以想见的是，马蜂窝的广告虽然流传甚广，但同时也引起了较大规模的讨论，其中以吐槽性观点居多。我们不能直接对这种反馈做出评价，不过有一点却是毋庸置疑的：对品牌广告而言，讨论度越高就意味着该品牌能够得到更多的曝光。

2.BOSS 直聘

BOSS 直聘，是一个以招聘为主要职能的 App，近期的发展情况称得上十分迅速。BOSS 直聘的广告同样有许多版本，而其与马蜂窝相比，在宣传方面的力度更大一些，有许多城市的工作人员都可以在电梯旁边的电子屏幕上看到 BOSS 直聘的广告。在这里，我们就选择其中一版最具代表性的广告来进行分析。

该版本广告的时间同样不过十几秒钟，却配合着十分"魔性"的音乐，使台词变得更具节奏感，也更容易被人记住。当我们提到"如果找到工作你就拍拍手"这句话时，即便这句话只是以文字的方式被记录下来，在许多人的脑海中也会开始循环相应的画面、台词语调等,这就是 BOSS 直聘广告的优势之处。

为什么许多企业都在向洗脑广告片的方向努力?就是因为它们能够在一众广告片中脱颖而出,成功收获人们的目光。换句话说,当人们想要通过互联网找工作时,如果第一时间能够在脑海中冒出"找工作,上 BOSS 直聘"这句话,那么 BOSS 直聘的广告就是有意义的。同样,该广告片也同样掀起了一阵讨论热潮,不过整体还在可控范围内,对 BOSS 直聘来说利大于弊。

3. 知乎

知乎制作的 2018 年世界杯广告,与上述两个品牌相比,在对其做出评价时相对会更复杂一些。虽然该广告也同样采取了多次重复、反问的台词模式,但其却得到了诸多差评,主要原因可以总结为以下几点。

其一,洗脑式广告或多或少都会有一种"烦人感",如果掌握适度的话,还是可以产生广告效果的。然而,知乎的广告却没有把握好这一平衡线,重复的频率不仅过高,且广告的出现次数也有些超标。其二,该广告的画面过于单调,没有合适的配乐也缺乏生动的场景,频繁出现会使用户产生一种抵触感。不过,如果从整体上来看,知乎也成功借此变得更加火爆,我们也无从进行客观的得失分析。

总而言之,如果企业的品牌知名度还不高,那么在迈向洗脑式广告这一目标的过程中,还需要更加谨慎一些。企业需要尽可能控制好"洗脑"的力度,可适当进行场景搭配,使广告变得更自然一些。

第 7 章
如何有效实现品牌自传播

产品自传播是每个企业都想做到的,因为该传播方式与正规的宣传模式相比,不仅成本偏低,并且产生的影响力完全货真价实、不掺水分。不过,想要达到自传播效果并非易事,企业需要了解使自传播趋势出现的四大前提,还要将用户的购买行为按照时间段进行划分,在每个阶段制定不同的传播方案。而在实战过程中,企业成员还要掌握更多理论知识,这样才能增加企业在市场中胜出的概率。

7.1 开发产品自传播潜力应满足的前提

想要利用产品去开发用户的自传播能力、提升产品的自传播效果,需要企业采取一系列合理的措施,而不是一开始就直接进入正式的传播环节。毕竟,用户也有自己的思维判断,不可能毫无理由地跟着企业铺设的路线去走。企业需要对产品进行一定的调整,还需在用户群体中准确挖掘出典型用户,二者综合起来才能使产品的自传播潜力得到提升。

7.1.1 产品能激发自传播潜力的 4 个前提

我们当前所熟悉的市场知名产品,其实有很大一部分是靠企业投入较多资金宣传得来的。他们通常会采取大规模购买广告位的形式，让我们可以在大街小巷的广告牌、各App的开屏等位置看到这些产品的广告，虽然这些方式也能够在一定程度上加深人们对产品的印象，却并不是长久之计。

首先，我们需要了解品牌自传播的概念。简单来说，传统的产品宣传形式主要是大规模、高频率地进行广告投放，完全依靠内部的资金条件来选定投放范围。而能够满足时代趋势的产品宣传，则是将用户放在传播的核心位置上，而企业只需要起到推动作用，不再需要承担过多的传播责任。然而，用户并非企业内部员工，不会轻易遵循企业的指定路线去走，想要使其自发成为产品传播的"代言人"，还需要满足以下几个前提条件，如图7-1所示。

图7-1　产品实现用户自传播的前提

1. 质量有保障

有关产品质量的问题，应该被企业放在第一位，并且要加大力度对其进行检查、审核。如果你购买了某产品，用了短短几天就出现故障，你还会为其进行宣传吗？可能只会使其负面影响力越来越广。

可以说，产品质量是一个必要前提。哪怕某些产品在前期可以蒙混过关，但由于其在产品制作时没有用心、只想谋求小利，那么消费者在产品中后期的使用体验感也会急剧下降，同样无法实现长久、稳定的自传播效果。所以，企业一定不能忽略对产品质量把关这一重要事项。

2. 需求较广泛

能够达成自传播效果的产品，毫无疑问一定会有一些创新点，但我们还是要明确一个很关键的问题：企业为什么想要达到产品自传播？无外乎是想要提升产品销量，或是塑造品牌形象。那么，为了实现这一目标，用户就必然要有所行动，而不是单纯与其他人对产品展开讨论，这从本质上来说并不能为产品带来帮助。

而按照这个思路推导下去，企业有什么理由驱使用户的行为？自然是使用户对产品产生需求、产生购买欲。在大多数情况下，不能面向广大用户群体、没有明显需求标志的产品，很难形成产品的自传播。

3. 差异感明显

差异性向来在产品行业中十分重要，用于自传播场景中，可以将其理解为使产品的创意度更强一些，但并不局限于产品自身。作为推动者，企业可以适当采取一些手段，比如某运动类产品的品牌方就曾举办过这样一个活动。

让用户自行寻找适合运动的场地，并阐述理由、上传相关图片，官方会在这些参与者中挑选出几个最符合条件的，然后号召广大用户进行网络投票，获胜者可以获得来自官方免费搭建的运动场地。该活动的趣味性、新颖性、社交性都很强，也与其他常规的活动形式形成了强烈的差异感。可以说，该品牌在自传播方面所做的工作是非常成功的。

4. 简单有特色

在分析这一点之前，我们可以先来看两个句子："苹果又大又红"与"苹果色泽度高、质量极佳"。单看这两句话，后者无疑会显得更完整、高级一些，但是如果让你对这两句话进行瞬时记忆，你认为哪句话会更容易被记住呢？

再举个例子，用户的自传播就像我们玩过的传话游戏一样，越是复杂的句子就越不好被清晰地复述下来。我们可以总结一下那些自传播效果较好的品牌，像拼多多、溜溜梅、瓜子二手车等，这些品牌名称大都采取叠字形式或其他简单易记的形式，且名称普遍不会太长。除名称以外，像广告时长、内容特色性等要素，也都要一一考虑到位，这样才能确保广告可以得到快速有效的传播。

7.1.2 如何通过复盘典型用户优化品牌传播路径

就像我们在产品筹备期会寻找种子用户一样，种子用户身上具备与普通用户相比要更高一些的意义与价值，因此在该阶段，这群人有一种代表性的象征意味。在自传播环节，我们同样要找到这样一批典型用户，并要对与其有关的信息进行深入分析，以此来使品牌传播路径得到更好的优化。

在这里，我们要先明确典型用户主要具备哪些特征，否则容易出现找错目标对象的情况，对后续的分析工作也不会产生帮助。想一想，如果我们要在班级中选出班长这个职位的人，具体要关注哪些方面呢？首先，个人能力要强、综合素质要高；其次，自身在班级里的话语权较高，人际交往情况也比较好。

在自传播场景中，我们需要的典型用户同样需要具备上述提到的要素，此外还要划分出不同的场景，如图7-2所示。

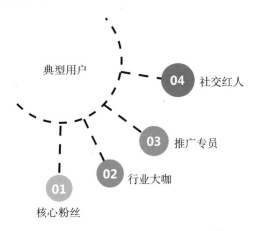

图7-2　优化品牌传播路径的典型用户类型

1. 核心粉丝

相对于其他几种类型的典型用户，核心粉丝的影响力与其相比会更小一些，但在广大普通用户群体中，核心粉丝的地位却是很高的。就像大多数社群中都会有几个管理者一样，核心粉丝一般有足够的资格与能力可以担当起管理者的职责，而他们也是优化品牌传播路径、扩大自传播范围的合格人选。

什么样的人能够成为核心粉丝？首先，要对品牌产品具有极强的忠诚感，且长期以来都有一定的消费行为；其次，必须对产品有足够的了解，且还会不定时给出产品的使用反馈，拥有自己的思维模式。

这类人群的品牌黏性比较强，非常适合在粉丝群或论坛等品牌专属领域进行宣传与引导，不仅可以带动原有粉丝群体，使其对品牌的需求度更高，还有可能实现自传播效果，通过朋友圈的扩散等形式去吸收更多新用户。不过，企业要注意保持与这类典型用户的沟通，并要给予其一定的权限。

2. 行业大咖

行业大咖，也可以被称为行业中的意见领袖，这类人往往对产品有着更为深刻的见解，且其关系网也比较密集，在公开场合所表达的每句话都很有分量。如果这类行业巨头可以帮助企业进行产品宣传，那么正常情况下企业的收获会很多。

不过，既然这类典型用户在行业中有较高的地位，那么想要让其来负责一部分传播任务，也不是那么容易的。像产品质量、特色化功能这些都是必备要素，那些过于普通的产品基本上很难得到行业巨头的关注。

除此之外，还有一个很关键的地方需要注意：该典型用户所处领域是否与产品相符，或关联性是否密切。如果你的产品属于奢侈品领域，而你所寻找的行业大咖则是高新科技行业，那么达成合作的可能性是很小的，只是在浪费时间及品牌专业度而已。

3. 推广专员

这里所指的推广专员虽然有一定的推销性质在内，但并非所有销售者都可以胜任。每个职业都会根据能力进行等级划分，如初、中、高级等，该行业也不例外。

在资金条件允许的情况下，企业可以分别在线下及线上寻找负责推广的专业人员，可以更侧重于对后者的管理。如果这类典型用户的个人能力比较优秀，那么他们就完全可以通过一种不会惹人反感的方法去协调、推动产品的传播。

4. 社交红人

社交红人的主要阵地一般在微博、小红书、抖音等用户规模较大的热门平台上，他们与行业大咖有一定的相似性，但专业度要逊色一些。这类社交红人的特点是粉丝量较多，且其中有较大比例的人愿意自发与其互动、倾听其发表的意见，这对于想要优化品牌传播路径的企业来说非常有利。

此外，与该类型的典型用户合作也比较容易，如果领域重叠度高且产品自身质量过硬，这类社交红人就可以在互联网中为产品做一些隐形推广。为什么说是隐形推广呢？因为那些推广经验较丰厚、推广反馈度较好的社交红人，通常不会采取硬广形式，而是会巧妙地将其融入故事或短视频剧情中。再借助自身的粉丝热度，产品的传播度自然能够得到有效扩散。

无论企业选择哪类典型用户，或是同时与多类型用户合作，都必须先掌握对方的基本信息，如口碑、擅长方向等。知己知彼，才能使双方的合作效果更好，同时能够避免一系列风险问题的出现。

7.2 利用产品设计形成自传播能力的4种实用方法

无论消费者购买产品时所耗费的时间多少，按照其消费行为来进行划分的话，我们仍可以将其分为四大阶段，即购买产品的前期、初期、中期、后期。每个阶段都有激发产品自传播潜力的可能性，如果企业能够准确分析出各个阶段的特点，那么其品牌自传播效果就会随着阶段推进而愈发明显。

7.2.1 购买前：降龙爪爪门店广告牌中的设计心思

在产品的设计流程中，有关产品广告牌的设计可以说十分重要。广告牌的存在就像我们走进一家餐厅前所看到的外观一样，虽然多数广告牌的规格都以小巧为主，但并不意味着人们看不到这一标志。有时，广告牌的美观程度甚至会成为影响消费者好感度的因素之一，因此不能忽视。

在用户购买产品之前，他们对于产品的熟悉度一般都不会很高。有许多企业的惯性思维是这样的：从产品的造型、功能等方面入手，不断从产品内外部来综合提升其质量，希望借此来打动用户，使其产生购买欲望。客观地说，这种思维并没有问题，但却有些片面。当你准备购买某产品之前，你是否会单纯因其外形而购买？是不是首先要了解该产品到底有什么用？

换句话说，我们在设计广告牌或是产品商标的时候，要尽可能体现出产品的特征。降龙爪爪这一在成都十分受欢迎的餐饮品牌在设计门店广告牌时，就巧妙地运用了多种技巧，我们也能够在其品牌标志（见图7-3）中感受到来自设计者的用心构想。为什么要着重将其广告牌的设计挑出来说呢？因为优秀的标志并不只是一个摆设，而是能实实在在为商铺增加客流量。

图7-3 降龙爪爪的门店品牌标志

1. 名称加分

大多数商标会有品牌名称的存在，降龙爪爪也不例外。在它的门店广告牌上，作为整体设计效果中的重要一环，"降龙爪爪"四个字以水墨风格出现，并且能够第一时间就被人们记住。比起某些"网红"餐饮店的名称，如"××和××的朋友们"这种又长又复杂的名称，降龙爪爪既简洁又不失个性。

除此之外，还有很重要的一点，也就是降龙爪爪的名称富有形象感。即便是第一次看到这个品牌且之前对该品牌从未有过任何了解的人，在前往门店看到广告牌的时候，也能够迅速明确该餐饮店的主要经营范围是什么，一个"爪爪"足以使其对店铺餐品产生清晰理解。有许多店铺会出现大批用户流失的情况，就是因为店铺名称没有设计好，用户在不知道餐厅经营方向的情况下，一般会选择自己更信任的餐饮店。

2. 形象易懂

降龙爪爪的门店，会在正门上方显示出店铺名称，在下方搭配商标样式。不得不说，其商标在设计上也十分形象化，既体现出餐饮店的主要菜品内容，也将其以半拟人的形式出现，戴上帽子、穿上斗篷，连动物的表情都十分生动。当人们通过名称对该品牌的经营范围进行初步判断后，再结合动物的商标就会更加明确。可以说，降龙爪爪的广告牌与商标"联手"，就像两个隐形的门店揽客人一样，使店铺的每日客单量得到有效提升。

3. 重点突出

在门店的广告牌上，不仅能够清晰地看到"降龙爪爪"这四个字，还可以感受到其被放大的效果。虽然许多餐饮门店都会将广告牌上的文字放大，但降龙爪爪的效果却更胜一筹，即便消费者还没有走近、隔着一段距离，也能看到其广告牌上的文字。此外，降龙爪爪的广告牌上并没有过于花哨的元素，颜色搭配也以黑白对比为主，不会出现模糊重点的情况。

在商标设计上，公鸡以一个俯冲的姿势出现，且设计师有意配合店铺名称，特意将动物的脚掌放大、凸显，从而使门店的整体效果更加融洽、自然。

4. 代入感强

降龙爪爪的广告牌除了在名称上足够用心外，还关注到顾客代入感这一问题。对餐饮业来说，最重要的就是打造出一种场景化氛围，使没有品尝过菜品的顾客能够感受到菜品的美味。

我们先来看放置于广告牌中的这句话:"一抿就化了",简简单单五个字,却将鸡爪的酥与软展现得淋漓尽致。一个"抿"一个"化",使顾客的感官可以受到极强的冲击。再来分析商标牌子旁边的宣传语:"味道入到骨头里",顾客同样能够直观感受到鸡爪本身带来的香气与美味。

触觉、味觉、嗅觉,这几种感官的综合传递,使顾客能够产生强烈的场景代入感,从而产生想要进店品尝的欲望。

7.2.2 拿到手:小米手机借助用户开箱体验形成病毒式传播

用户的自发传播如果达到一定标准,就有可能演变为病毒式传播,而这一效果,往往出现于用户已经产生了购买行为、将产品拿到手的阶段。毕竟,用户只有真正上手使用了产品,才能有自己的独特体验感,品牌方才有机会实现整体口碑的提升。但是,如果要完全采用自由放任的模式是很难见到成效的,企业还需要采取合理措施在用户背后进行推动。

小米一直以来在产品营销方面所做的工作都非常好,也是许多中小型企业学习的目标。在产品传播这一环节,小米予以的重视度也同样不低,其专业团队的创意思维能力也在此得到了体现。小米的产品传播手段有许多,我们在本小节就挑选出其中比较有代表性的模式来进行分析,即用户开箱活动。

开箱体验、测评,这些名词在互联网中出现的频率日益增长,而小米则步步紧跟潮流,也推出了一系列开箱活动。典型产品包括红米 6、MIX 系列等,每一个开箱活动的参与人数都十分可观,小米因此而扩大的影响力也无法以确切数字来衡量。

此外,还有一些情况,即小米本身没有刻意去推出官方活动,只是稍加引导就带动了大部分用户,引发了新一批的病毒式传播狂潮。除自身本来就带有的品牌号召力以外,小米还采取了以下技巧来更快地达成这一效果,如图 7-4 所示。

1. 官方引导

小米所推出的开箱活动,尽管有些属于非官方渠道,但其中也有小米团队中专业人员的引导。就拿 MIX 系列来说,MIX 独特的透明照功能可以说是手机的卖点之一,而以此为核心的开箱活动也不同于那些常规形式。以往的开箱视频大都以测评手机的性能、质量、功能等要素为主,测评者也会描述一些自己的看法,这是一种中规中矩的体验类视频。

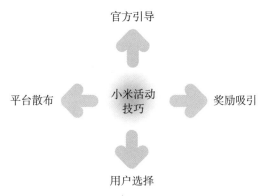

图 7-4 小米开箱活动的应用技巧

小米的 MIX 体验活动则将其变得更加趣味化,形式也不拘泥于文字或视频,即便只是在相应平台上晒出一张图片也是符合要求的。官方看起来也并没有用多么正式的态度,只是带头先晒出了一张用 MIX 拍摄的透明照,并提供了相关拍摄教程。这种形式的优点主要包括以下几个方面。

其一,使参与活动的条件与形式变得更加简单,以此来避免许多用户产生嫌麻烦、怕耗费过多时间的想法;其二,官方起到的其实是一种无形中的带头作用。就像如果上级发出一项任务,一定要有人先行动才能带动其他人纷纷参与进来一样,如果官方只是在口头上号召,那么用户的参与积极性就会低一些。

2. 平台散布

负责产品宣传营销工作的小米成员,往往会利用不同的社交平台起到"推波助澜"的作用。事实证明,某些热度较高的平台如抖音等,本就带有一定的流量优势,如果成员能够在不同的平台上适当进行活动宣传,那么参与者的数量与产品传播的效果就很容易达到持续优化的状态。小米所选定的平台都非常适合做开箱活动,而并非毫无规划地随意散布。

3. 奖励吸引

有奖活动是许多品牌都会采取的模式,而小米在开箱活动中也有过同样的举措。无论是红米 6 还是小米新款耳机等产品的上市,小米都在专属论坛及微博公众号的区域发布相关公告,意图通过奖励来吸引用户参与。不过,这种有奖模式的入选条件自然要比常规模式更严格一些,但即便入选者寥寥是小米与用户都清楚的一个事实,仍然有许多用户抱着"试一试"的态度去参与活动。

对官方来说,最重要的不是参与活动的作品质量如何,因为小米也不可能完全依靠用户的产出来进行产品宣传，其团队自然会与某些专业机构或人员进行合作。所以，参与者的数量、积极性才是小米最想看到的。此外，小米还会在微博上采取转发抽奖的形式为活动增添热度，不仅能够使更多人了解、参与活动，还会带动相关产品销量的增长。

4. 用户选择

我们在上文中也提到了小米会与一些典型用户进行合作，效果最好的应该是产品代言人。这类明星的名气较高、自带粉丝基础，只要配合小米发布一些活动图片就可以使产品的传播效果达到最优化，而一些知名测评号的参与也能够起到典范作用。

7.2.3 使用中：地砖品牌如何在使用中形成自传播

在使用过程中再次出现自传播趋势的产品并不在少数，只是传播的程度有所不同而已。都说产品需要不断更新才能更适应市场，思维也是如此，如果产品思维还停留在古老、传统的自传播阶段，那么品牌将很难得到实质性发展。在此，我们以看似与自传播不大沾边的地砖产品为例，来分析如何使其品牌在使用中形成自传播。

先按照常规的思路进行推理，像服装、食品这类常会出现在人们生活中的产品，想要达成用户的自传播效果还是比较简单的。服装完全可以借助自身的"颜值"来吸引亲朋好友的目光，通过交流与询问就能直接推动品牌传播的进度；而食品类产品的传播元素则更加多样化，口感、造型、功效等，这些都能轻易挑起人们的咨询与分享心理。

如果我们将上述要素放到地砖的场景中呢？首先，虽然地砖也有许多不同的风格、图样，但大多数人的家中所用的地砖都不会出现过于特殊的造型。其次，即使某些地砖比较美观，也难以形成广泛的自传播效果。其一，正常的作客、聚餐，家中人数不会太多；其二，人们至多只会夸赞一下地砖的效果，却不会产生强烈的购买欲望。

综上所述，我们并不能以常规思路去对待地砖类产品。品牌方必须在传播环节占据主动地位，而不能过于"自信"，将所有希望都放在用户的个人行为上。在这里，我们可以总结出几个比较实用的方案来进行参考，如图7-5所示。

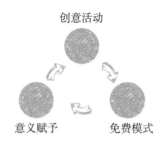

图 7-5　有利于地砖品牌自传播的方案

1. 创意活动

地砖品牌可以做一些优惠活动，但对于自传播来说意义不大，只能在固定人群中提升产品销售额，却无法使品牌的影响范围扩大。因此，作为品牌方必须另辟蹊径，去打造一些更有创意、更加新颖的活动。

比如，企业可以利用地砖去拼凑一些图案，可以是品牌的商标，也可以是一些小动物、建筑物等能引起人们注意力的特殊图案。在此过程中，所选取的地砖最好不要过于统一，可以颜色各异、可以风格多样，最好能够将其变成一种地砖产品的展示图。同时，这是一项非常考验能力的工作，因为要为用户呈现出既全面又不凌乱的效果。

另外，企业还可以进一步将思维扩展开来。比如，有些地砖用久了就会出现损坏、裂纹等情况，地砖品牌就可以推出一期关于碎片化地砖如何利用的教程讲解。通过对碎地砖进行再加工，如拼接、组合等，使其能够产生新的价值与用途，自然能够吸引到用户的注意。当然，在这里企业需要设定一个转折点，即要强调自家地砖的质量。如果上述活动能够结合节日热点，效果会更好。

2. 意义赋予

为常规产品赋予特殊意义，这一措施有利于使产品的附加价值得到提升，也能够调动起目标人群的传播兴趣。像项链、戒指这类首饰，我们还可以赋予其一些浪漫故事，那么地砖又能和什么联系到一起呢？

我们可以在地砖上印制一些图案，比如某些与镇宅有关的动物要素，或是将其与一些运势类内容结合起来，如财运、桃花运等。事实证明，这其实无关迷信与否，有许多年轻人也经常在互联网中进行一些运势类的测试，地砖品牌只要稍加引导、适当应用，就可以引起人们的关注。但是，不能将其当作主流宣传点。

3. 免费模式

免费模式主要建立在上述两项内容的基础上，比如可以制作一些非正常规格的地砖，再对其做一些细节上的调整，目的并不是让用户真正将其铺到地面上，而是通过免费赠送的形式使其对品牌更加了解。还有一些印有特殊图案的地砖，品牌也可以将其做成不同的系列，但不要走售卖的渠道，而是可以通过不同途径让用户免费领取。

不单单是地砖，像电视机、电冰箱这类一般不太常与自传播联系起来的产品，也同样可以参考上述思路来制定一些传播战略。不过，不同的产品有不同的特点，不能在毫无改变的前提下进行原样照搬。另外，还要注意一定要落实品牌的传播效果，尽可能使其在朋友圈和各大社交平台中得到真正的扩散。

7.2.4 使用后：三胖蛋瓜子提前为用户想好朋友圈传播姿势

当我们体验过了某服务，或是使用了某产品后，也有想将产品分享出去的冲动，但前提是商家的工作要做到位。在这里，我们就以经营年头比较久远的三胖蛋瓜子为例，来剖析其在产品传播方面所做的工作，并从中总结出一些启示。

朋友圈，最开始的作用比较单纯，只是用户用来记录个人生活的工具。而慢慢地，朋友圈存在的意义也发生了些许改变，逐渐与商业领域接轨，变成了有效的"种草"阵地。但是，对大多数人来说，微商在朋友圈以各种形式进行刷屏式传播，很容易引起人们的反感。因此，三胖蛋瓜子就将目光锁定到消费者群体身上。

一方面，如果消费者对食品感到满意，就会很自然地告诉其他朋友，从而引起连锁反应，比起找微商的成本要低很多；另一方面，熟人之间的推荐会使产品可信度在无形中得到增强。基于上述优势，三胖蛋瓜子就需要将重点集中在一个问题上：如何令用户心甘情愿地自发在朋友圈进行产品传播。该品牌所做的工作如图7-6所示。

1. 用户省心

当我们购买了某产品，在使用后觉得其质量很不错或者具有一些比较新颖的特点，想要将其分享到朋友圈时，经常会出现不知道如何去形容产品、懒得打太多字去对其进行评价的情况。这并不是什么个例，而是会频繁发生在每个行业领域中。即便某些企业为了促进产品的宣传，打出了"分享有礼"的标志，也有很大一部分群体会因为不想耗费脑力进行构思而选择放弃。

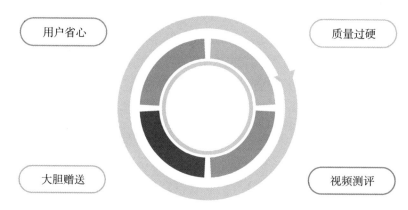

图 7-6　三胖蛋瓜子的朋友圈传播措施

为此，三胖蛋瓜子在准确洞悉了用户这一心理的基础上，就提前帮用户准备好了朋友圈的发布内容，即"十斤瓜子选二两"这一品牌宣传语。用户无须思考，直接将内容复制上去即可，因为这句宣传语足以表明产品的质量。这种让用户十分省时、省心的方法，成功带动了产品在朋友圈的传播效率，三胖蛋瓜子这一品牌名号也愈发响亮。

2. 大胆赠送

某些商家为了对新产品进行尝试，或者为了吸引更多顾客，会不定时举办一些免费赠送产品的活动，但一方面时间跨度较大，另一方面产品的赠送量也比较有限。三胖蛋瓜子也采取了这种赠送产品的手段，只不过持续了非常久的时间，从品牌刚成立的时候到处于繁荣期的当前，企业依然在以较高的频率来对外赠送瓜子。

别看瓜子不是什么奢侈品，许多卖得好的品牌也可以从中获得不少利润。如果说三胖蛋瓜子在产品研发之初向各个合作伙伴赠送瓜子还算正常，可以将其看作一种联络感情、调整产品口味的手段，那么在品牌已经走入正轨，还在大规模向社会各界进行瓜子的赠送，就让人有些难以理解了。

事实上，品牌创始人身边有许多熟人都向他提出过质疑，然而却没有使其动摇。每年都要送、每次都坚持纯免费模式，三胖蛋瓜子的传播速度越来越高，收到的用户好评也越来越多，朋友圈中不乏将这些内容写进去的人。久而久之，三胖蛋瓜子的忠实消费者数量不仅有所增长，并且在传播环节做出了不少贡献。

3. 质量过硬

想要让用户自发传播，前提是用户已经使用了产品且拥有较高的体验感。从三胖蛋瓜子创始人坚持长期赠送瓜子的行为中，我们就已经感受到其对于自家产品的质量是非常信任的，而"十斤瓜子选二两"这句话自然也不是说说而已。在瓜子的生产过程中，从材料选取到瓜子的检测、筛选，每一步都有严格的把关，这也导致品尝了三胖蛋瓜子的用户完全发自内心愿意为品牌进行传播。

4. 视频测评

当三胖蛋瓜子的品牌知名度得到显著提升后，有许多平台的网红也纷纷发出了对其瓜子进行测评的视频。其中，某网红在桌子上足足堆积了十斤左右的瓜子，一粒粒剥开将瓜子呈现给观众，并一边吃一边发表对瓜子的肯定。在几个小时的直播结束后，最终的结果是三胖蛋瓜子没有一粒质量存在问题。该视频无疑成为品牌形象塑造的又一有力推手，许多人也在朋友圈中纷纷转发视频截图。

归根结底，三胖蛋瓜子的用户自发传播效果可以这么好，与其创始人的用心程度有关。高质量的产品不会被埋没，稍加引导就可以被用户发现、认可。

7.3 其他可实现品牌自传播的6种实战方法

商业社会本就复杂，实现品牌自传播自然也就不止一种手段。掌握用户的信息并使其尽可能透明化，这只是最基础的工作，企业还要让产品的可视化程度提高，通过增加其颜值与曝光度等方式来促使更多人看到它。除此以外，企业还要创造出属于自己的社交货币，尽可能打造出能够超出用户预期的产品，使用户的参与感得到提升。总而言之，品牌自传播这件事要求企业不断学习与掌握各种新技巧。

7.3.1 实现产品与用户的双重可视化

可视化这个概念，应用于自传播领域，从本质上讲其实就是要增强产品或品牌的传播效果。想要达成自传播的目标，无论是产品还是用户，这两大要素一个都不能少，综合起来才能使品牌形象出现实质性革新的效果。为此，我们一定要将可视化的工作做好。

顾名思义，从最常规的角度来理解，可视化也就是从视觉角度出发，使某一事物变得更加容易被看到、更适合人们围绕其展开讨论。不过，企业不能用相同的手段去对待这两大要素，因为彼此的可视化应用会存在差异。下面，我们就分别对二者进行可视化分析。

1.产品

就产品而言，我们无须启动过于复杂的思维，换句话说，更简单一些反倒对自传播工作会有好处。产品的可视化，就是要让更多人看到、感受到产品的存在。比如，某香水类产品的香气十分浓郁，而当喷洒了香水的人前往公共场合时，身边的人虽然也会闻到这种味道，却并不知道该香水的品牌是什么，这就对香水的自传播产生了阻碍。

而像那些奢侈品，就格外注重产品的可视化特点。就拿 Gucci 的皮包来说，虽然也有很多人会吐槽 Gucci 的设计，但却能够凭借其显眼的品牌标志及设计风格轻松将其辨认出来。而其他品牌，更是会将商标大范围、全面化印制在产品上，暂且不说这种设计的最终效果如何，单说可视化这一点，品牌工作是非常到位的。

不过，产品可不仅仅只有在外形上做手脚这一种方式。重点是要让产品的传播力得到增强，目的是让更多人感知到产品的存在、实实在在地看到产品。在这里，可以参考一些常见的措施，如图 7-7 所示。

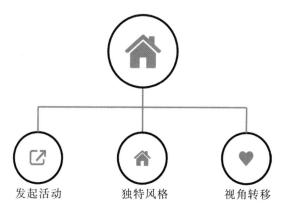

图 7-7　常见的产品可视化措施

（1）发起活动。

不同类型的行业都可以发起活动，如果企业的目的是想要增强产品的可视化效果，就不能走常规的活动路线。比如，互联网中曾经有一个公益类活动堪称火爆，即"冰桶挑战"。该活动主要以人群相互传递的形式进行，每个人可以选择接受挑战或者捐出一笔钱，主要用于对渐冻人的治疗。

本次活动虽然不涉及商业交易，却使渐冻人这一群体因活动而得到了直线上涨的关注度。如果将场景置换到产品可视化领域中，那么这种效果就是所有商家都在追求的，要善用创意思维、尽可能调动起大部分人的积极性，并要注意门槛的设置不应过高。

（2）独特风格。

设计环节对每一样产品都很重要，并不只是体现在奢侈品领域，即便是一包纸巾、一支钢笔，如果企业足够用心的话，也可以打造出系列的独特设计风格。像三只松鼠就胜在品牌形象与统一包装的工作都做得很到位，人们很轻易地就能识别出三只松鼠的品牌产品。

此外，设计风格并不一定都以精致、高端为主，即便是一个专属的简约标志，只要足够独特也是可以的。

（3）视角转移。

当企业在产品上的开发已经到了一个极限点，很难再利用产品去增强其可视化效果的时候，就可以将视角转移到与产品有关的其他人或物上。像美团、饿了么等外卖品牌的配送员，无论是服装还是配送箱都有着满满的品牌元素，让人立刻就能对品牌产生印象。总而言之，视角转移的方向有很多，需要企业综合内部情况与产品情况进行考虑。

2. 用户

产品透明化讲完了，我们再来看一看与用户透明化有关的知识。其实用户透明化理解起来也很简单，即要尽量使用户的行为数据透明化，让企业能够持续掌握来自用户的需求与反馈。前者是企业进行产品透明化的重要前提，毕竟基于用户需求来打造一系列产品活动、外形等，都能够有效对产品进行优化。

而后者同样也是需要企业留心的，因为某些在活动方面缺乏经验的企业很难做到十全十美，当某些活动效果不明显时，企业就需要在内部总结的同时收集来自用户的反馈内容。用户透明化离不开企业信息设备的配置，最重要的是一定要做好自我反思，并及时对后续活动做出相应调整。

7.3.2 产品个性化、高颜值、高档次自传播策略

产品自传播的关键,还在于能否触动用户的内心,使其产生自发参与的想法。为此,企业需要在了解用户需求的前提下,对产品做出一系列变革,由外形到内在都要用心调整。在此,我们就三个主要方面来进行分析,即产品的个性化、高颜值以及高档次。当然,处于不同发展阶段的企业有着不同的应用条件,可以视情况进行选择。

1. 个性化

产品个性化与高颜值有一定的相似性,因为二者大都会在产品外形上进行调整,但本质上存在的差异程度还是很大的。产品个性化,目前在商业界的存在感愈发强烈,我们可以换一个说法来对其进行定义:产品的定制化生产。

这个概念很好理解,因为我们在生活中并不难接触到定制类的产品。举一个最常见的例子,当亲朋好友过生日时,我们就可以通过线上或线下的渠道去购买生日蛋糕。在过去,蛋糕一般有统一、固定的模型,一般不支持进行过多调整。而在当下,许多蛋糕房都能给出足够多的自由空间让用户根据个人喜好进行蛋糕定制,比如照片打印蛋糕或造型蛋糕等。

直白地说,随着时代的进步,人们对于产品定制的需求愈发强烈,随之而来的就是用户自传播的潮流。为什么会出现这种关联性影响呢?这就是定制款与常规产品的差异所在,因为定制产品在多数情况下都有一种专属意味。试想一下,当大家都在喝普通咖啡的时候,与你喝到了一杯有着定制拉花咖啡相比,哪种场景会令你更有分享朋友圈的欲望呢?

产品定制所针对的就是人们的这种心理,因为每个人都是独立的个体,自然也会有不同的需求、审美。流水线的产品已经不能充分使其得到心理上的满足,因此定制化趋势只会愈发明显,企业要及时抓住机会,以此来促成品牌的自传播目标。

2. 高颜值

高颜值产品的应用范围比较广泛,比如服装的高颜值就体现在其配色、样式、裁剪等方面,而手机、电脑等电子设备的颜值则体现在其整体效果上,包括屏幕的设计、摄像头的位置、边缘的弧度等。如果想使产品的颜值得到优化,就要注意以下事项,如图7-8所示。

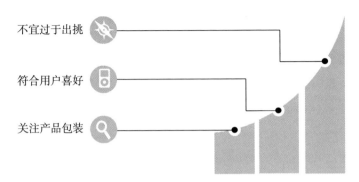

图 7-8　优化产品颜值的注意事项

（1）不宜过于出挑。

高颜值可以与独特、美观、创意等词语挂钩，但要记住控制住火候。第一要考虑产品的颜值优化是否与品牌形象相符；第二要注意保持平衡，不能只关注创新而不在意整体的视觉效果。换句话说，出挑不等同于美观，也有可能是因为过于古怪才比较容易被注意到。

当然，某些企业也想通过这种方式来变相获得用户的传播讨论，这种情况比较复杂，企业需要提前考虑好利弊得失。

（2）符合用户喜好。

其实有一定程度也会受到产品个性定制的影响，毕竟，颜值是一种很主观的东西，即便是大部分人都交口称赞的产品，也总会有人认为其不美观、不好用。因此，我们可以总结出一个心照不宣的道理：没有什么所谓的高颜值，只有符合用户喜好的产品，才能称得上高颜值。不过，通常情况下还是要以大众的喜好为颜值优化的依据。

（3）关注产品包装。

有时候，最吸引用户的并非产品自身的颜值，而是产品外包装也就是礼盒的颜值。礼盒的精致感、价值感甚至会超越产品，其传播量也远要比产品多，某些开箱视频的介绍重点也放在礼盒上。因此，有条件的企业不仅要学会对产品颜值进行优化，同时也要关注到产品的外包装，有可能会产生意想不到的惊喜效果。

3. 高档次

如何让产品的档次提升？其实，并不是只有名牌、高价位的产品才能显示出档次感，如果企业能够掌握到赋予产品意义的技巧，也可以使产品档次得到提升。为什么许多公益类活动的用户参与度总是非常高呢？就是因为这类产品能够满足人们的认同感、荣誉感等心理。事实上，购买那些高价位产品的人也是基于相似的心理，其对产品的需求度本身并不高，只是通过佩戴、使用奢侈品能够使其身份感更明显而已。

以上三大方面其实在本质上都没有离开对用户心理的探索与敲打。只有让用户真正心动，才能推动产品传播，因此一定要在优化过程中分清主次。

7.3.3 利用品牌标签形成自传播社交货币

我们都知道货币的概念，那么社交货币又是什么呢？它是虚拟的还是真实的？它为什么会存在于商业社会？它有哪些应用？带着这些问题，我们详细展开对社交货币的分析，并将其与品牌标签结合到一起。

简单来说，社交货币虽然也可以归入经济学的范畴中，但并不是人们用来交易的那种真正的货币。社交货币的关键就在于"社交"这一名词上，也就是说，如果人们都处于个体、彼此孤立的状态，那么社交货币将无法成立。当我们想要与其他人交换一些看法，或是在掌握高级知识的基础上将其对外分享时，这就是社交货币正在被利用、被消费的一种体现。

你是否已经对社交货币有了一定的了解？如果我们要将社交货币应用于品牌自传播领域，又该使用什么手段呢？如果想要使品牌成为人们的谈资，企业就必须给出足够合理的理由，即品牌自身有什么魅力可以吸引人们进行信息、知识的产出与共享。在这里，品牌标签就成为一个很关键的存在。

品牌标签，也就是人们对于品牌的普遍印象。比如人们提到王老吉凉茶，脑海中就会第一时间冒出它的预防上火功效，因此在选购凉茶时，即使是没有刻意去设定目标的状态，也会自然而然地将王老吉加入购物车，这就是品牌标签产生的重要作用。在利用品牌标签去形成社交货币时，应该遵循以下原则，如图7-9所示。

1. 标签需要革新

品牌标签与品牌定位的关联性非常紧密，二者都处于一经确定便要长期、稳定运营的状态，没有特殊情况不应进行变更。但是，就像再传统的糕点铺子也要定时推出新产品一样，企业的品牌标签也需要在适度范围内随着用户与市场进行小幅度调整。当品牌标签已经完全过时、根本无法引起用户注意力的时候，其就已经丧失了能够实现自传播目标的可能性，更不要说形成品牌标签了。

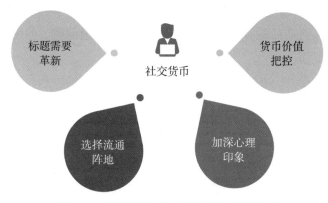

图7-9 利用品牌标签形成社交货币的原则

如果出现这种艰难的情况，企业团队就要果断撕下原始标签，再贴上一个符合时代潮流的新标签。当然，这一过程虽然会有许多风险，但不破不立，果断进入新世界或许会迎来新的转机。如果品牌自身拥有一定的粉丝基础，那么在标签更新之后，就拥有了形成社交货币的可能性。

2. 选择流通阵地

社交货币既然讲求社交性，企业就必须寻找到一个足够适合用户进行观点交流的货币流通阵地，如建立品牌专属论坛或者在各大社交媒体中开通品牌公众号等。海尔近年来在这方面的工作就做得很好，其将微博当作主要阵地，通过提供谈资、优化品牌形象与持续互动等方式来提升品牌的自传播能力。

此外，适时举办具有话题性的活动也是一个不错的方法，前提是要选择正确的流通阵地，且企业这边的引导工作也要做好，让用户能够轻易参与进来。在活动中，最好涉及一些与转发、分享有关的环节。

3. 加深心理印象

就目前的形势来看，能够形成社交货币的品牌还在少数。以匡威品牌为例，近年来匡威在人群中的自传播程度非常高，企业甚至无须动用过多的人力、财力就可以达成目的，根本原因还在于匡威产品在各方面都针对目标用户的心理，使品牌的忠实爱好者能够拥有较多可讨论空间。

企业在对品牌标签进行调整的时候，一定要同时考虑到该标签内容是否有深度、是否适合在人群中讨论、是否拥有传播出去的能力。

4. 货币价值把控

社交货币虽然不像正常货币一样能够直接用于等价交易，却同样存在增值与贬值的情况。这种概念很好理解，比如当某品牌出现讨论度降低、讨论人数减少、内容质量下降等情况时，就意味着该品牌的社交货币正在贬值，至于在后续过程中会不会回升，还要看企业自己的能力。无论如何，社交货币对于企业都非常重要，因此一定要留心用户数据，要及时对其进行价值调控。

就像市场竞争环境总会有优胜劣汰一样，社交货币也是如此，它并不是固定不变的，同样也不会仅仅只出现一种。新的社交货币会随着品牌发展而不断更新，如果企业不想被淘汰，就必须尽早进入状态，并要将典型用户放在重点位置上。

7.3.4　产品塑造超预期体验形成自传播实战技巧

大多数企业的目标是让用户感到满意，这也是产品形成自传播的必备条件。但是，还有一部分人的目光会更加开阔一些，他们更倾向于将重点放在超越平衡线的领域，即要通过产品为用户提供超出其预期的使用、服务体验。

我们可以想象一下，假设你对某新上映电影的期待值只有70分左右，但当你看完了以后，却发现这部电影的质量完全超出了你的预期估分，甚至在你的心中可以直接冲向90分的水平。在这个时候，你的心情一定是惊喜、满足的，完全无须其他人引导，就会自觉向朋友推荐这部电影，并在朋友圈中写出自己的观影感受。

当然，如果电影恰好处于70分左右，你应该也不会感到失望，只会产生一种"果然如此"的心理状态。所以，如果是这种结果，相比上述那种90分的状态，电影的口碑扩散效果会被大大削弱。

举这个例子是为了说明超预期体验对于产品传播的重要性，而虽然人人都知道让用户感到满意与惊喜是两种不同程度的状态，在努力实现后一种效果的过程中却会更艰难一些。毕竟，在当前这个快节奏的环境中，能够比过竞品、使用户满意就已经很不容易了。但这也是企业得到飞速发展的必经之路，不能因为困难就选择放弃。如果学会借助一些技巧的话，难度或许会降低一些，如图7-10所示。

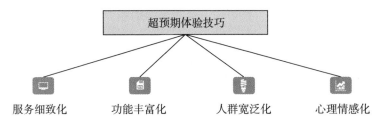

图 7-10 让用户获得超预期体验的技巧

1. 服务细致化

其实不只是餐饮、教育这类行业会涉及服务环节，当我们在网上购买某产品后，与其店铺客服进行沟通或者在产品到货后出现问题，店铺能够及时帮助解决问题，这些都可以算是商家提供的服务。如果想要使用户获得超预期的体验，就一定要从细节入手，将某些基础类服务的质量提高、将用户反馈的内容重视起来。

在商业领域，大多数与用户相挂钩的服务都是没有上限的。比如 A 餐厅的服务员中规中矩，能够快速为顾客提供送餐、送饮料等基础服务，而 B 餐厅的服务员则能够在用户上桌之前就迅速将餐具、茶品都摆放完毕，并会赠送一些纸巾、糖果等小礼品。两相对比之下，自然是 B 餐厅给顾客的服务体验感会更好一些。

2. 功能丰富化

就手机这款产品来说，在许多年前，只需要短信、电话等功能即可满足人们的需求。而在当前，不同品牌的手机有着不同的功能和特点，始终站在市场前排位置的苹果手机更是以技术力量而备受人们青睐。

事实上，某些功能如透明拍照、游戏模式、智能截图等，如果这些功能没有被研发出来，也的确不会对人们的日常使用造成实质性影响。然而，对待用户不应该是"点到为止"的态度，而是要侧重于"锦上添花"。只有让用户感受到产品的不断优化，才有可能在某个更新环节击中用户的心。但产品功能也并非越丰富越好，因为丰富不等同于毫无规划地泛滥开发，还是要围绕用户的基础需求来进行功能的延伸，并要注意功能之间的整体协调感。

3. 人群宽泛化

产品的自传播人数越多、横跨面越宽，对品牌来说就越有好处。这也意味着企业需要不断扩大目标群的范围，尽可能使产品可以面向更广阔的人群，而不是让其过于单一。比如某服装品牌原本只供应儿童，但由于服装的设计风格过于新颖、独特，因此引起了许多成年人的关注。

当需求越来越强烈时，该品牌的创始人决定生产一批同类型的限量版成年服装，而这一决定为品牌带来的优势是显而易见的：品牌的设计风格得到了广泛传播；限量销售激发了人们的紧张感，抢到的人会在朋友圈中炫耀，从而引发新一轮的自发传播。当然，企业需要适度对人群范围进行调整，而不能一下子就改变初期定位。

4. 心理情感化

有的时候，人们对于产品的基本需求，与其产生的情感诉求是两个截然不同的方向。比如洗碗机这类产品，基本需求非常简单，就是用来节省洗碗的时间；而情感需求则比较复杂，有些是人们主动形成的，有些则需要企业去仔细剖析，如许多人购买洗碗机是因为不忍心让家人过于辛苦，或是不想让其手部出现损伤等。

这时，企业就可以将重点放在产品宣传上，要将其附以情感要素，以此来调动那些抱有相同情感理念的人。不过，如果只是单纯强调亲情、友情等方面的内容，还不足以使用户产生超预期体验，企业最好配合产品提供一系列服务，如在戒指圈中刻字、在礼品盒中夹一些小信纸等。

在为超预期体验做准备的过程中，企业一定不要轻易动摇。消费者是既简单又复杂的群体，复杂是因为他们不容易被满足，而简单则是因为如果他们得到了满足甚至超出心理预期，就会自觉给予企业同样的回馈。

7.3.5　用户有参与感便会主动为产品宣传

互联网的出现，既为企业提供了机会，同时也为其增加了不少麻烦。其中，比较显著的问题就是摆放在用户面前的信息过多，使用户很难将目光集中到某产品上，且极容易被新出现的产品所吸引。为了提升产品的存在感、巩固现有用户的忠诚度，企业就必须从用户自身下手，使其感受到自己对于品牌是有帮助、有意义的，也就是我们常常提到的用户参与感。

在集体环境内，如果有一两个由于性格或其他原因而落单的人，他们就很难融入集体活动中。在这种情况下，这些人基本不可能有什么参与感，连带引发的就是集体荣誉感的缺失。想要培养忠诚用户、使其能够主动帮助产品宣传，企业就不能忽略每一个个体的存在，而是要尽可能调动这些人的参与积极性。具体可以参考下述内容，如图7-11所示。

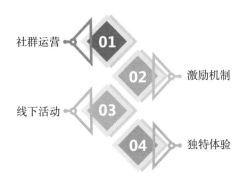

图7-11 让用户有参与感的措施

1. 社群运营

社群运营是近年来极受企业重视的一种用户管理方式，它自带的优势有很多，包括让用户产生参与感这一点，如果运营手段正确，就能达到相应的效果。大多数企业会将运营阵地选在微信上，不过也并不局限于此，如小米公司还有一大主要阵地就是其专属论坛，有专业人员会负责持续对论坛进行维护管理。

为什么该运营模式在企业中的地位如此之高？就是因为其能够高效地将用户联系起来，使品牌与用户、用户与用户之间的信任关系得到增强。在进行用户管理的过程中，企业需要将核心用户筛选出来，即那些贡献度较高、对品牌了解程度较深的忠实用户，将这批人牢牢黏住才能使品牌的宣传效果更显著。

这里需要注意，与用户进行不定时的沟通只是最基础的方法，在该阶段用户只会有一种受重视的感觉，却不能产生真正的参与感。为此，企业人员可以适当让用户参与到新品的研发过程中，比如在新品的设计环节，在群内咨询用户的喜好建议等。只有让用户感受到产品的诞生与其息息相关，才能使用户形成参与感，从而以"参与者"的身份自发为品牌做宣传。

2. 激励机制

适当为用户提供一些福利，这种方式也可以增强用户对产品的黏性。比如，如果A款游戏的功能内容十分简单，用户每天只需要在其中停留几分钟就算完成了任务；而B款游戏不仅有持续的签到环节，还有不定期发放游戏奖励的活动。相比之下，B款游戏无疑能够让用户投入更多的时间、精力，并且有更强的游戏参与感，而不是一个机械化的固定上下线过程。

国内的几大运营商，如麦当劳、肯德基这类知名品牌，都有各自的积分商城。用户可以通过日常的消费行为去获得积分，再利用积分去换购商品，某些品牌还会就积分问题推出一些更具诱惑力的优惠活动。

这样的行为使得用户在消费时会更加主动，因为他们知道这种行为可以获得回馈，再配合一些"分享有礼"的功能，就可以使品牌优势传播到更远的地方。

3. 线下活动

虽然目前互联网十分发达，许多活动也都会在线上举办，但如果论起参与度、归属感，还是线下活动的效果更好一些。

比如某些品牌会在周年庆期间或举办新品发布会时发出邀请函，邀请函的名额可以配合社群运营来使用，如在群内总活跃量较高的人或提建议价值量较高的人等。当然，如果条件允许的话，企业也可以邀请一些普通用户，但一定要记住不能遗漏掉那些贡献度较高的核心用户。

4. 独特体验

如果你的左手边是一个公共公园，右边是一个以你的名义打造的私人公园，那么你会对哪一个更感兴趣？用户参与感在一定程度上也与个人的独特体验有着较密切的关系，这并不是说产品要全面针对用户进行私人定制，这对非定制模式的企业来说是难以承担的。不过，企业完全可以加一些小心思，比如在 App 中为用户送上生日祝福，或是在新品发布时展示出一张图片、给出适当要求，让用户在上面自由发挥等。总而言之，要尽可能调动用户参与活动的欲望，并及时进行良好互动。

7.3.6 品牌贴热点形成自传播的 3 个黄金法则

当前，在浩瀚的互联网信息海洋中，有些人选择在岸边观望，有些人选择毫不犹豫地跳入海中寻找宝藏。在这片海洋里，热点就是吸引大多数人注意力的珍珠，不过并不是所有拿到珍珠的人都能利用其获利。及时获知热点内容，这对企业来说并不是一件难事，难就难在用正确的姿态进行应用。

人人都知道，不代表人人都会做、能做好。就像大家都知道数学想要拿高分就一定要将公式掌握熟练、将解题思路捋清一样，又有多少人能够真正将理论变为优异成绩呢？如果你是一个经常刷微博的人，就会发现热搜榜单上每天都会有新内容，甚至每分钟都会不定时出现热点的交叠更新情况。根据此现象，热点内容完全不会处于稀缺状态，甚至过于丰富。

因此，品牌贴热点的基础条件还是很好的。只是，如果想要借助热点去形成自传播趋势，企业就必须在该领域付出更多的精力，主要包括三大黄金法则，如图 7-12 所示。

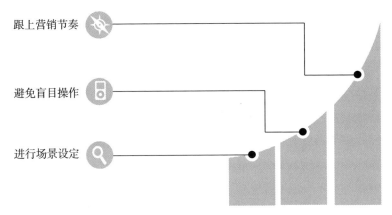

图 7-12　品牌贴热点的三大黄金法则

1. 跟上营销节奏

所有经过正规流程注册的牌子，都可以称为品牌。但是，如果少了一个"知名"的形容前缀，那么品牌在贴热点时就要更加注意对营销节奏的把控。知名品牌有着强大的粉丝基础，他们利用热点来形成自传播，本就已经有了较常规品牌而言更大的优势。换句话说，他们的赛道起始点在一开始就要优于其他选手，而这是没办法改变的现实。

在一些比较有跟踪价值的热点事件出现后，许多知名品牌往往会在第一时间赶制出相关视频、海报或文案等，而某些综合实力较平庸或偏低的品牌，即便在速度与质量上并不逊色于知名品牌，也很难得到更多的关注。企业贴热点的目的是吸引更多新用户，而不是反复"炒冷饭"，将用户圈子不断扩大才是企业最想看到的结果。

因此，如果不想让自己的心血被白白浪费，就必须采取适当的营销手段，而不能选择自由放任策略。目前，各大社交平台都提供了一系列智能化营销服务，比如微博就可以购买广告位或者为自己的贴热点内容付费加热等。所以，企业需记住一定不要吝啬于在营销方面的投入，切忌因小失大。

2. 避免盲目操作

贴热点是一项看起来简单，但实质上需要考虑到诸多复杂因素的技术活，而并不是说带几个热点关键词、随便配几张图就可以打广告了，这种方式会显得过于僵硬。

首先，并不是所有热点都适合去贴：容易引发歧义、纠纷的敏感内容，或与品牌风格有严重对立感、完全不适合品牌去做的热点，存在这些特殊情况的热点最好不要去盲目跟风。其次，除了要辨别好热点的符合度与价值感以外，企业还要明确贴热点时的内容是否可以真正触动用户。

营销只是一种推波助澜的手段，但不能将重心全都转移到营销上去。麦当劳就为了迎合新年的节日热点，曾经推出过送金桶的优惠活动，但凡名字中带有指定偏旁部首的人都可以参与。麦当劳的这种贴热点手段就比较自然、合理，而不会产生刻意为之的感觉。

再举一个反向的例子，假如某品牌在母亲节、父亲节等节日打出"不要让父母过度辛苦"的旗号，却又倡导父母多使用智能产品去做家务，这就会让人产生一种摸不到重点的矛盾感。品牌要注意，口碑有时候比起短期的销量更加重要，因此不要在贴热点时让商业化的味道过于明显。

最重要的是，要尽可能利用热点靠近用户的内心，使其能够真正受到触动，而不要在用户刚刚产生一丝感动之情时，再将其打回现实。

3. 进行场景设定

尽管目前文字也可以营造出较强的场景感，但相比直观呈现的图片、视频，文字给人的冲击力还是会稍差一些。在品牌贴热点时，如果是餐饮业就要尽量多选择图文结合的形式，不要干巴巴地用长篇文字去叙述，其他行业也同样如此。场景化并不只是字面意思上将环境、菜品等拍照就好，最好晒出有相关人物参与进来的图片，简而言之一定要具有表现力，不能使其呈现的效果过于平淡。

品牌贴热点是一项灵活性很强的工作，掌握上述三大黄金法则也不代表企业一定可以成功引发自传播潮流，但总比零基础、光说不做要强得多。如果想要使自传播效果更稳定，企业还需要学习更多的知识和技巧。

第 8 章

将消费者转化为品牌粉丝的实战法则

"粉丝经济"这个词,近年来在互联网中频频出现。有人尚不知其含义,有人则早已嗅到了其中的商业气味,第一时间抓住了这一有利机会。事实证明,拥有较大规模粉丝助力的品牌,大都能在市场中取得相当不错的成绩。不过,许多粉丝在初期只会以普通消费者的形态出现,企业要善于探寻、击中其心理,有条件的话还可以借助来自明星粉丝的强大力量。

>>> 8.1 消费者为何能成为品牌粉丝 <<<

将消费者变成品牌粉丝是每个企业都在追求的目标,但这并不是工厂中机械化的材料加工、转换,而是具有思考能力的人。想要使其完成转化有许多种实用方法,其中最重要的还是攻克其心理,这就要求企业必须掌握与粉丝心理学有关的知识。除此之外,不能只是拥有理论知识,还需要明确具体的转化路径,即转化过程中实际要做的工作。

8.1.1 消费者可转化为品牌粉丝的心理学基础

说起"粉丝"这个名词,很多人会下意识地将其与追星行为画上等号,不过其实也可以应用于品牌的营销领域。事实上，越来越多的企业开始将品牌粉丝的转化工作放在重点位置，因为与普通用户相比，品牌粉丝无疑会为其带来更高的利润与贡献。

有人说，粉丝与普通消费者的差异度其实并不大，区分的标志只在于二者为品牌花费的金钱不同而已。这的确可以算作一个不同点，不过所占比例并不大，消费者的忠诚度、好感度一旦涨到一定程度，就意味着他们将会出现转变为粉丝的可能性。拥有较多粉丝的品牌，与竞品相比的优势不仅体现在销售情况较稳定这一点上，若论起品牌传播的速度、质量，或是对普通消费群体的号召、管理，品牌都可以借助粉丝的力量来实现并使其变得更好。

在无比严苛的商业社会中，几乎不存在天上掉馅儿饼的事。如果品牌始终处于一种高高在上的位置，与消费群体之间永远隔着较大距离的话，消费者是很难自动转化为品牌粉丝的。虽然说将消费者向粉丝转化也有许多措施与技巧，不过我们在本节要侧重的是其心理方面。只有弄明白消费者的心理情况，才能有一击必中的效果，如图8-1所示。

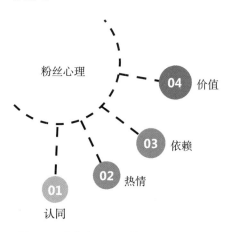

图8-1 消费者向粉丝转化的心理内容

1. 认同

每个知名品牌对粉丝都有一个独特称谓，比如小米的粉丝叫"米粉"、海尔的粉丝叫"海星"等。有些人会顶着这些称谓在各个社交平台发言，在排除少部分特殊情况的前提下，大多数佩戴"粉丝勋章"的人会对品牌有基本的认同感，然而这并不能证明他们都可以升级为真正的粉丝。

认同感只是转化过程中的初始条件，然后要慢慢过渡到对品牌的喜爱阶段。就像我们说"我认为某个人的言论是正确的"与"我喜欢某个人的发言"这两句话所体现出的情感程度是完全不一样的。企业需要认同，更需要被更多的喜爱之情包围，后者会为企业搭建起一道更坚固的城墙。因此，当消费者产生认同感时，企业一方面要重视起对其的引导转化，另一方面要注意引导方式的正确性。

2. 热情

当我们梦寐以求的某样东西出现在眼前时，第一反应是不是欢呼雀跃？或者是不可置信、反复确认？无论如何，我们的心里必然是起伏状态，而不会心如止水。当然，我们不排除粉丝群中确实有一部分人由于自身的性格、习惯等原因，展现不出过多的热情感。但如果被企业划分到粉丝范畴中的人，绝大部分都呈现出这种比较平淡的状态，就不是正常现象了。

从理论与现实的双角度来说，热情都是品牌粉丝不可或缺的一个特质。粉丝会有这种比较热烈的心理，皆是因为对品牌抱有较强的喜爱之情，而这种热情会使其在宣传产品时更加努力。

3. 依赖

如果严格来说的话，在依赖之前还应有信赖的存在。这两个概念尽管都能表达出消费者对品牌的认同感，但程度终究还是有高低之分的。对品牌产生了信赖感的消费者，会在购买品牌产品时更加放心；而转化为依赖感的粉丝，具体表现则是在选购同类型产品时，会主动、毫不犹豫地将品牌产品放在清单中的第一位，甚至不会再去考虑其他品牌。

换句话说，依赖感会使品牌粉丝的忠诚度更高，即便市场中出现新的竞品，这些已经转化为粉丝的群体也很难再因此而动摇。比起普通消费者，他们会更加坚定，因为他们已经习惯于使用某品牌的产品，而这是一种潜移默化的长期影响。

4. 价值

品牌粉丝在价值观方面，会比普通消费者更加深化，前提是企业能够给予其对等或超出预期的回馈。某些品牌粉丝不仅会频繁购买某单独的品牌产品，还会照顾到品牌的其他系列产品；还有一些粉丝，非常擅长品牌的宣传工作，而不会简单地在朋友圈放上几张图就算结束。

这类粉丝愿意去做这些事，会受到上述提到的热情、依赖等心理要素的影响,而对自我价值的提升也是一种驱动力。他们会认为自己所做的事情对品牌有帮助,从而在心理上得到满足。总体来说,粉丝的心理还是比较复杂的,需要企业去用心探索、分析与利用。

8.1.2 品牌将消费者转化为粉丝的4个常见路径

在了解到消费者向粉丝转化过程中的心理方面的特征后,企业就需要抓住这些心理,并制定出一系列实用可行的措施。需要注意的是,这一转化工作不是短期就能看到成效的,负责成员必须保证自己有足够的耐心,既不能过于草率,也不能轻言放弃。下面,我们就来看一看四个常见的转化路径,如图8-2所示。

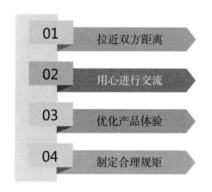

图8-2 消费者转化为粉丝的四个常见路径

1. 拉近双方距离

将消费者变成粉丝,并不是说一定要让品牌成员与广大消费者群体成为朋友,这是一件不现实的事。但是,企业至少要保证自己有形成拉近双方距离的意识,并且愿意为此去做出努力。

假如你进入某个品牌组建的粉丝群内,但作为品牌方的管理员却只负责拉人与维持最基本的秩序。不要说与消费者进行频繁沟通,就连公告、问候几乎都没有发出过,对于这样的品牌,你会有什么样的感觉?多数人会选择在一段时间后离开,还有一部分人会慢慢对品牌丧失好感。

任何关系都是双向的,企业想要把消费者转化为粉丝、想要粉丝对品牌充满热情与忠诚,那么企业作为这段关系中的另一个主角,就不能以置身事外的态度去对待消费者。这种行为就像培育种子一样,初期可能看不到什么成效,但慢慢地，种子就会快速成长起来。社群运营只是拉近双方距离的手段之一，还有许多其他的方式等待企业去开发、应用。

2. 用心进行交流

企业的用心程度如何，多数消费者都能清晰感受到。这种用心并不是浮于表面，在群里发几个问卷调查、逢年过节送一些粉丝福利，这些都没什么问题，但后续的工作也要跟上。比如咨询了消费者的意见后，不能就此石沉大海，是否采纳了意见、意见对于产品研发有什么帮助、具体的进度在哪里，这些都是可以向消费者反馈的内容。

如果条件允许的话，相关负责人最好能够一对一与核心用户进行沟通——与每个人都沟通的意义并不大。这种偏私人沟通的模式会使双方都收获颇多，沟通效率不仅会直线上升，核心用户还会更强烈地感受到自己的受重视程度，产生一种令人愉悦的参与感。当然，对于那些不具有代表性的消费者，也不能将其忽略，可以采取邮件形式与其进行交流，并要仔细浏览每一封回信的内容。

3. 优化产品体验

将目光放在最本质的地方，消费者能够转化为粉丝，并且愿意成为品牌的自发宣传人，主要还是基于产品的质量与消费者享受到的产品体验感。如果消费者长期以来的产品体验感并不算愉快，甚至称不上合格，那么即便企业意图以提高发放福利的频次为由来吸引消费者，也只能维持虚假的宣传表象。

如何才能使用户的产品体验感得到优化？其一，不能将消费者的反馈与评价当作耳旁风，也不能自动"过滤"掉那些非恶意的差评；其二，要真正将其意见应用到产品的调整、更新工作中，要做就要用心去做，避免出现一个问题多次出现、反复修改的情况。不然，即便是对品牌喜爱感较强的粉丝，也会慢慢对品牌失去信心。

在优化产品体验的过程中，企业要做到既能听取消费者的意见，也能保持自己的立场，这一点非常重要。提出某意见的人数比例、修改后对产品整体效果的影响等，这些都要考虑进去，不能轻易作出决定。

4. 制定合理规矩

虽然消费者不同于正式的企业员工，但同在一个聚集阵地之内，企业也需要制定一系列合理的规矩。这种行为能够使群体的纪律性变强，毕竟谁都不希望打开品牌专属群以后发现有用的信息没几条、恶劣广告大量刷屏的情况。其次，为了使其能够顺利完成转化，企业还要采取一定措施去培养消费者的归属感、参与感。

管理员可以定期发出一些全员都能参与的小活动，比如与品牌知识有关的有奖竞猜、组队比拼活动等。而"每日签到""积分商城"等功能的上线，也可以进一步推动消费者向粉丝转化。

8.2 品牌最大限度将明星粉转化为品牌粉实战方法

"粉丝经济"是互联网中非常流行的一个概念，可以应用于任何会产生商业化交易的领域。由于时代的推动，明星在近年来的商业价值越来越高，使得许多企业纷纷改变了自己原有的营销方案，开始将目光转向明星粉这一群体。如何找到最适合品牌的明星代言人？在确定人选、达成合作关系后又如何将其粉丝转化为品牌粉？我们会在后文找到答案。此外，肯德基与其代言人鹿晗之间的合作案例也非常值得我们深入剖析。

8.2.1 品牌如何利用数据分析寻找最优明星代言人

许多品牌会借助明星的力量去寻求热度，毕竟明星也会根据综合实力分出几个等级，但就算是偏低级或崭露头角的新人，其影响力也要比普通人高一些。但是，就像消费者中也会有普通用户与典型用户一样，不同的明星能够为企业提供的帮助也是有差异的。所以，寻找明星当代言人务必慎重考虑，一定要做好相应的数据分析。

明星这个概念涵盖的范围很广，其合作费用一般也会很高，对于中小型企业来说，寻找一个明星代言人意味着他们必须从明星身上获取到同等的利益，否则就会得不偿失。在信息化时代，单纯想要凭借个人喜好或道听途说去了解一个人是非常不靠谱的行为，唯有数据才是最客观、最有说服力的。因此，企业在寻找代言人的过程中，或是暂时锁定了某个明星以后，都要通过数据评判来进行更加精准、稳妥的分析，如图8-3所示。

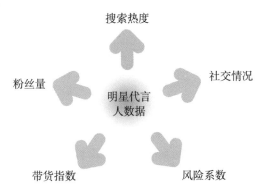

图 8-3 寻找明星代言人需要分析的数据内容

1. 粉丝量

明星粉丝量是企业需要优先考虑的内容,这也是能够直观反映出明星人气的数据。不过,当这件事成为业内外的共识以后,粉丝量的水分也会变得更多一些。当前许多经纪公司为了让自家明星的粉丝数据更好看一些,会采取各种手段作假,这也成了企业进行数据分析时的一个难点。

不过,尽管不能绝对准确地给出去除注水量后的数据,通过对明星社交平台账号中评论、转发量的参考,以及与明星个人实力的匹配,也能看出该明星粉丝量的真实程度。

2. 搜索热度

就像企业需要不断扩大自己的自传播范围一样,明星也需要持续吸引新粉丝,而不是固守在某个阶段停滞不前。搜索热度在一定程度上能反映明星对于普通大众的吸引力,按照常规情况来看,搜索热度越高,对于企业来说越具备价值。

但有时也要考虑到一些反向情况,如果搜索热度始终呈平稳的曲线,然而某日忽然以不正常的涨幅急剧增加,那么企业就要探查一下当日的情况。毕竟,因个人魅力增长搜索热度,与因丑闻曝出而增长热度,这两件事的性质是完全不同的。

3. 社交情况

无论你身处普通职场还是复杂的演艺圈,都要让自己不能过分陷入被动、孤立的环境中。对于明星来说,尽管因为个人性格等会使关系网不太宽广,但也不能少到仅有家人、经纪人等常规关系的存在。

当然,明星的社交爱好与企业无关,但其社交情况却会实实在在地对产品造成影响。试想一下，当社交情况较好的明星接了代言以后，会有许多圈内好友纷纷为其转发助势，直接为产品增加了许多额外的热度。而某些社交网过于狭窄的明星，即便有公司在其中安排，效果也不会像正常的社交一样好。总而言之，社交情况虽然不是过分的扣分点，但为了产品的整体效果，还是要尽量挑选那些人际交往能力较强的明星。

4. 带货指数

带货指数这一数据需要放在重点考察项目中，除某些特殊产品如高端汽车、尖端奢侈品以外，大多数企业寻找代言人都有希望产品销量能够显著提升的意图在内。像李佳琦这种专业带货的网红，在企业眼中就是闪闪发光的存在，而明星虽然不能像李佳琦一样耗费太多时间在直播、打广告的工作上，却同样能够为企业创造利润。

这里就要提到粉丝经济的力量了。粉丝量在其中算是一个影响因素，但并不是关键的因素。某些粉丝量横向对比算得上比较客观的明星，在真正接了代言后，带货能力却非常差的情况时有发生，并不是个例。这里的关键在于真实粉丝群体中的核心、忠实粉丝有多少，因为这群人往往拥有"以一敌十"的消费能力，她们愿意主动去购买明星代言的产品，甚至无须品牌方做推广活动。为此，企业在选择代言人的时候，一定要格外重视这一点。

5. 风险系数

作为企业，在看待事情时一定要全面，不能被一些短期利益蒙蔽双眼。风险系数主要指代言人身上存在的或可能发生的、会对企业形象口碑造成伤害的特征，比如政治理念这种比较敏感的因素，还有不同的国籍方面也存在一定的风险。企业需要做的不是降低这些风险，而是尽可能排除掉所有风险系数较明显的明星，这样才能真正保障品牌的声誉。

综合各项数据以后，企业或许会选出一个或几个综合评分较高的明星，然后再对这些人进行新一轮更细致的评估。数据或许也有虚假的部分存在，但大多数情况下还是比较真实、客观的，千万不要被个人情感所左右。

8.2.2 娱乐明星粉转化为品牌粉 3 步走

我们在上一小节中已经介绍了粉丝经济的重要性，但在其重心进行转移之前，企业并不能对明星粉进行适当的管理。因为此时此刻的粉丝，会支持产品完全是受到明星的影响,而实质上对于品牌只是抱以一种十分平淡的感觉。对于品牌来说,只能获得短时间的利益,对于品牌的长远发展并没有好处。为了解决这一问题,企业必须掌握将明星粉向品牌粉丝转化的技巧。

为什么这种转化具有必要性?因为明星与品牌之间只是一个合作关系,品牌的目光如果不局限于某产品的销量,而是要放眼于其他系列产品或是品牌的整体口碑,就必然不能忽略明星粉的力量。明星粉基于明星的原因机械式购买产品,与由于对品牌产生好感、主动购买产品或进行宣传,这两个场景对企业来说,其程度是不一样的。想要顺利完成转化,企业需要走好以下三大步骤,如图 8-4 所示。

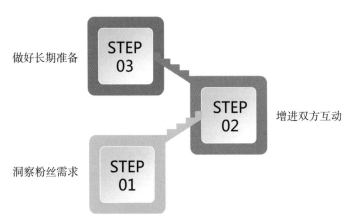

图 8-4　明星粉转化为品牌粉的步骤

1. 洞察粉丝需求

作为品牌方,如果想要成功捕获新粉丝,就必须了解他们想要的是什么。对症下药虽然听起来很俗套,但事实证明,能够做好这一点的人往往可以轻松实现自己定下的目标。不过,这也是一门技术活,因为揣摩他人的心思原本就不容易,所以品牌方一定要通过对粉丝数据、资料的分析来洞察其真正的需求。在这里,我们可以将需求拆分为产品与明星两个角度。

站在产品的角度,虽然当前不乏有许多"狂热粉"的存在,但她们的狂热只是源于明星的号召,却并非会因此而失去理智。比如,如果明星代言的产品是某款护肤品,那么品牌方就至少要保证产品的质量不能出问题,若许多粉丝反映用了护肤品后出现皮肤过敏、损伤等情况,这种狂热也会瞬间掉转方向变成质疑与怒火——指向的却并不会是明星,而是品牌的生产商。

当然，多数情况下选择都是双向的，明星能够接手的产品代言一般在质量上不会出现较大的问题。那么，品牌就可以从另一个角度切入。比如，如果明星的女粉丝较多，那么品牌就可以针对女粉丝的爱好与痛点来进行宣传，如口红就可以侧重于质地、色泽等，一定要凸显出产品的魅力点。

而如果以明星为重心，品牌就一定要发挥出明星的作用，比如用明星的签名照或私人语音等来当作为粉丝准备的福利。虽然这种福利形式大多是限量发放，但也要注意不能欺骗粉丝过分提高门槛，有诚意的品牌方才能获取到粉丝的好感。

2. 增进双方互动

在已经大概了解了粉丝需求的基础上，品牌就要以此为依据来进一步增进双方之间的互动。如果永远只隔着明星，而品牌与粉丝没有直接交流的话，就很难使关系更近一步。品牌需要明星粉的支持，同时也需要明星粉的信赖与喜爱，而一些线下活动就成为维系双方关系的最好纽带。

当然，这类由品牌方举办的活动肯定会有明星的存在，但品牌本身的意愿也不是要切割粉丝与明星的关系，只是要尽可能获取一部分粉丝好感度而已。因此，在进行线下活动时，品牌一定要让现场的氛围足够火热，不能出现冷场现象，活动环节也要有序跟上，如抽奖、发放粉丝纪念品等。总而言之，一定要借活动形式让粉丝对品牌有更多的了解，最好使其能够享受到超预期的体验待遇。

3. 做好长期准备

通常情况下，品牌与明星的合约时间不会太短，至少要保持在一年以上。因此，品牌方也要做好长期"战斗"的准备，不能在前期让粉丝感觉自己是被重视的，而中后期却渐渐松弛下来、态度也变得格外敷衍。这种心态与行为都是不提倡的，俗话说"精诚所至、金石为开"，如果品牌可以始终保持自己的用心专注度，那么粉丝也一定可以感受到。

这几个步骤中涵盖的内容虽然看起来比较简单，但在实际操作过程中还有不少要考虑的地方，并且还有可能由于一些突发情况而打乱整个计划。但在出现这种情况时，要沉着应对、随机应变，不要过于慌张。

8.2.3 【案例】肯德基转化鹿晗流量粉案例分析

明星鹿晗与肯德基保持着长期的合作关系，迄今为止合作时间已经四年有余。尽管肯德基自身原本就拥有一批固定的忠实粉丝，但所有品牌都想要爬上更高的地方，肯德基也不例外。因此，肯德基通过与鹿晗等明星进行合作，采取一系列措施从中获得了较多的利润，也成功在其粉丝群中实现了粉丝的转化，如图8-5所示。

图8-5 肯德基转化鹿晗流量粉的措施

1. 广告创意度高

肯德基的广告始终以精美、新颖为主要风格定位，每一年都会发布几款不同的广告版本，而有鹿晗参与的广告质量自然也非常高。我们可以分析一下肯德基在广告方面的成功之处。

（1）造型多样。

鹿晗在外形方面的条件很好，因此也非常适合各种造型的改造。无论是比较酷的舞台歌手造型，还是比较乖巧的居家造型，又或者是科幻风格有些夸张的造型，鹿晗都能很好地适应，呈现在屏幕上的效果也非常好。

（2）剧情加分。

近年来肯德基也经常会让广告走剧情形式，其中有一个版本的广告就主打讲故事的路线，虽然剧情比较简单。鹿晗在其中以古典小王子的装扮出现，与另一个主角一起进行了魔法风格的对战，故事称不上有多复杂，却足以吸引观众的目光。

（3）便于宣传。

肯德基在文案方面的撰写质量非常高，且经常会配合相应的音乐来提升整体广告效果。比如"桶桶吃掉、过瘾就好"这种简单的句子，既便于人们进行记忆，也能营造出场景化的氛围。

2. 进行福利诱导

以明星为由头进行福利引导，是每个有代言人的品牌都会去做的一件事。不过肯德基在这方面会显得格外"慷慨"一些，并且送出的礼品也格外具有创意，而不是简单的明星照片、签名等。比如肯德基就曾经在推出新款小程序的时候，将鹿晗的独特语音问候当作诱惑点，以此来吸引粉丝纷纷注册、使用小程序，并利用小程序中的一系列功能使粉丝体验感进一步得到优化，以此来博得粉丝群的好感。

除此之外，肯德基还针对鹿晗的粉丝群推出过一项大型活动：粉丝可以通过在肯德基指定的 App 中点播鹿晗的歌曲，来进行目标解锁，如果点播量的达标进度达到，鹿晗的新歌就会在线下各门店中循环播放。直白地说，这就是利用粉丝心理的一种激励手段。对大多数粉丝而言，如果品牌能够给予明星更多的支持，粉丝也会回馈给品牌同等的热情。

3. 增加营销曝光

肯德基作为知名快餐品牌，自然也不会在营销环节掉链子。我们不仅可以在电视屏幕上看到肯德基的广告，也能在车站、商业区等人流量较多的地方看到。为此，肯德基的营销曝光度一定能够得到有效增长，这虽然是双方合作内容中的一部分，但作为明星粉会非常喜欢这种大范围的营销形式。品牌自身必须先强势起来，才能带动粉丝的热情与转化，而不是将全部希望都寄托于粉丝经济中。

4. 善用微博互动

作为肯德基线上发布消息的主阵地，微博也成为粉丝了解鹿晗新动向、与肯德基进行友好交流的地点。肯德基经常不定时在微博发布一些与鹿晗有关的内容，且形式各不相同。有时是转发抽奖、有时是发出讨论话题，总之不会让鹿晗的粉丝长时间看不到新内容。

5. 戳中粉丝心理

肯德基每次推出新产品时，原本就会引起许多人的注意，而当其将鹿晗作为另一个主要宣传点时，就更容易戳中粉丝的心理。比如用"鹿晗同款""鹿晗限量版"等关键词来吸引粉丝，能够迅速激发其购买新品的欲望。久而久之，许多原本可能对肯德基产品接触甚少的人，在受到肯德基的一系列文案、活动激励后，也会在品尝新产品的过程中感受到肯德基的美味口感，然后转变为肯德基的忠实消费者。

8.3 品牌如何利用IP营销聚集忠实粉

明星粉会为品牌增加热度，但企业自身还是要重视内部粉丝忠实度的提升。

为了达成这一目标，企业需要与时俱进、不断改善自己的 IP 营销思维。无论是与知名 IP 进行联动，还是打造一个原创 IP，都需要企业团队具备较深厚的理论知识与应用能力，同时还要注意遵从适度营销原则，否则容易使粉丝产生反感，很容易使先前所做的工作都变得毫无意义。

8.3.1 品牌进行 IP 营销的 7 种不可替代的优势

图 8-6 IP 营销的优势内容

IP 营销从本质上来说就是品牌对内容的创作或利用，且 IP 自身的涵盖范围十分广泛，无论是动漫、文学还是影视等，都可以被品牌以合理的形式应用于营销领域。IP 营销自身的优势感非常明显，也因此成为知名品牌必做 IP 营销的理由，如图 8-6 所示。

1. 流量更可观

企业可以进行 IP 的原创，也可以选择与现有 IP 进行合作，后者通常能够为企业带来更多的流量。比如，优衣库在前期虽然凭借服装的风格、质量与性价比等因素而受到人们的欢迎，但消费者一般比较固定，不利于优衣库扩大用户规模。而在与各个知名 IP，如哈利波特、高达等联名后，优衣库在某段时间内一度成为人们争相抢购的火爆品牌，这其中虽然也有优衣库的营销在助力，但不能因此而否认知名 IP 自带的流量。

2. 品牌差异感

利用有价值的 IP 进行营销的企业，通常会比普通企业更具优势。因为 IP 这个概念原本就具有特殊性、创意性，而 IP 则能够帮助企业拉近与消费者的距离，使品牌的可视化程度更强，形象也更加生动。

有些企业自身的实力其实很不错，但就是没有利用 IP 打造出品牌差异感，这就导致其他竞争对手抓住这一缺陷，通过对 IP 的打造与营销乘胜追击。为什么品牌必须保持独特性？因为市场中的产品随着技术进步而变得愈发多样化，消费者没有足够的耐心去一一进行了解，只会挑选、记住最具特色的品牌，如三只松鼠、旺旺等。

3. 改变空间大

IP自身本就具备强大的生命力,这种生命力会使其愈发灵活,而不像研发产品那样始终会受到一些条条框框的影响。当企业选择了某IP后,就可以结合品牌特点对IP进行再创造,当然也要控制在适当范围内,不能直接将古代的IP变成现代风格,那样会失去应用的意义。

像江小白自身本就是一个商业价值极高的IP,而其团队也没有放过这一机会,直接出品了系列模式的动画,并在剧情、人物设定等方面都展示出品牌的独有理念,同时迎合了市场,创造出比较符合用户口味的产品。

4. 更利于创新

IP营销无疑能够增强企业自身的创新能力,这对企业来说是非常重要的。在过去,某些企业的创新往往是它们的短板,而现成的IP则成为一种调和道具,使企业的创新之路更顺畅。此外,在文化创新方面,如果企业拥有了IP,那么文化创新力也会随之提升。比如可以集思广益进行IP衍生周边产品的设计,而成品也可以发放给员工或逢年过节用于客户的赠礼。

5. 开拓新市场

企业的自身定位在初期就会被固定好,而在中后期所研发的产品,如果没有意外情况也需要按照既定轨迹来进行产品的开发。但IP就不一样了,因为IP自身的形式本就十分多样化,肯德基这款快餐类品牌可以与竞技类游戏《绝地求生》联合,小米的手机领域也可以与Line布朗熊联名。换句话说,企业在选择IP的时候无须局限在固有思维中,完全可以借助IP的力量去开拓新市场。

6. 接受度更强

品牌近年来愈发重视对人格化的打造,因为一个亲切、鲜活的形象设定,足以使品牌吸引更多的消费者。如果三只松鼠在最初没有以可爱小动物的形象出现,那么它在市场中的竞争力还会这么强大吗?其松鼠形象不仅能够帮助消费者加深对品牌的记忆,还能使消费群体的规模得到扩大,使人们对其第一印象得到优化。由此可见,IP营销对品牌来说是一项必须去执行的工作。

7. 加深情感

建立一个IP的过程,是企业慢慢培养、塑造消费者忠诚度的过程。换句话说,IP其实是品牌用来维系与消费者关系的重要道具。品牌需要更多黏性较强的核心消费者,这时普通的产品活动效果就不是很好了,企业必须借助品牌的力量来触动人们的心理情感，比如温暖、轻松、快乐等。

需要注意的是，虽然 IP 营销一定会被赋予商业性质，但不要使其太过明显。就像人们接受度比较高的广告都是创意类题材一样，IP 营销也要与时俱进，不能过于直白。

8.3.2 品牌 IP 的必备要素

在本小节，我们探讨一下存在于品牌 IP 之中的必备要素，如图 8-7 所示。

图 8-7　品牌 IP 必备四要素

1. 独特设计

品牌 IP 的设计是一个关键，因为这会直接决定消费者对品牌的第一印象。也就是说，品牌能否以最快的速度抓住消费者的心，IP 的构造与设计在其中所占的影响比例是非常高的。为什么我们会得出这样的结论呢？下面借助品牌 IP 比较有代表性的例子来对这个问题进行解答。

旺仔这一品牌所面向的人群十分广泛，而其品牌形象的塑造也可谓十分成功。也许有很多人不是旺仔的忠诚消费者，但如果你向其提起旺仔，他们也会在脑海中自动浮现出那个有着生动表情的卡通形象。品牌 IP 的初步成功就体现在记忆点这里，毕竟只有先对品牌产生印象，才能有勾起其兴趣度的可能性。例如，小熊饼干、Teenie Weenie 等品牌也都有着格外鲜明、独特的形象。

因此，企业必须重视初始的一步，因为其在中后期就是支撑桥梁的立柱，如果立柱不能发挥作用的话，桥梁所做的大多数工作都会悉数崩塌。先不提品牌形象的美观度与细节设定如何，单说原创性这一点就必须好好把关，要尽量避开与其他品牌IP所用元素相撞，即便是相似度较高也不行。某些经验不足的新公司可以适当放缓设计的速度，不要急于求成，要多去参考成功的品牌IP，再去结合产品特点与公司文化理念进行设计。

2. 巧妙融合

品牌IP的形象正式塑造出来后，企业对其的培养才算刚刚开始。品牌IP可以借助独特亮眼的形象引起人们的注意，或许还会引发小规模的自发讨论，如果企业因为这些成绩而沾沾自喜，不再从内部对品牌IP进行干涉、调控的话，品牌IP很快就会随着新竞品的出现而失去关注度。

想要使品牌IP能够长久存在于人们的视线中、持续获得更高热度，有一个最简单也最直接的方法：提升品牌IP的曝光度，即让其能够时时刻刻地在消费者面前刷存在感。比如，企业举办新品发布会或其他线下活动时，可以将以IP形象为样本制造的周边产品分给在场人员。而在平时，尤其是品牌IP被打造出来的初期，企业更要注意对品牌IP进行全方位的曝光与宣传。

3. 创意运营

曝光度会为品牌IP带来更多的热度，与此同时企业的运营节奏也要跟上，不能仅仅依靠大规模的宣传。虽然二者都能够为品牌IP影响力的扩散提供帮助，但在性质与作用上还是有所差异，如果说曝光度是一艘结构稳定的船，那么运营就是推动船只顺流航行的河，相互配合才能使品牌IP的效果达到最优化。

品牌IP的运营没有绝对固定的模板，因为每个企业的运营手段都不一样。但是，在运营过程中还需注意以下几点。

其一，运营方可以适当借助时事热点的力量。比如在节日期间让热点内容与品牌形象结合做一些图文宣传等，但一定要有所调整，要使品牌形象能够适配于每个节日，而不能生硬地进行系统套用；其二，运营方最好有足够的创新能力，做到引领潮流而不是自始至终紧追潮流，带头者和跟随者相比得到的结果是不同的。

4. 长远发展

毫无疑问，一个优秀的品牌IP一定能够使企业从中获利，因此商业界才会如此重视对品牌IP的打造、运营。然而凡事都讲求一个适度性，正如人们都知道所有广告的目的都是卖货，但仍旧更喜欢看那些创意类广告一样。企业可以利用品牌 IP 来获取一些利益，但如果从长远角度来考虑，企业要做到不过度汲取品牌 IP 中的养分，也可以让其生命感更加强烈。

企业与品牌 IP 之间应该保持相互依赖又彼此独立的关系，虽然听上去有些复杂，但如果企业可以掌握好对品牌 IP 的应用限度，还是可以在适当范围内使其发挥作用的。

8.3.3 优质品牌 IP 实战开发流程

品牌 IP 的开发过程中涵盖许多重要事项，且其中的每个环节都会影响到最终的 IP 应用效果。所以，在本小节会对品牌 IP 的开发流程进行详细阐述，以此来帮助某些经验不足的企业少走一些弯路、避开一些陷阱，具体流程如图 8-8 所示。

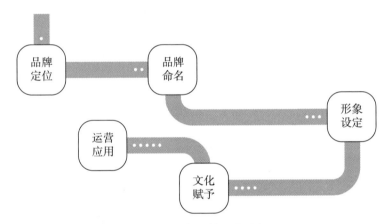

图 8-8 品牌 IP 的开发流程

1. 品牌定位

既然品牌 IP 是企业的象征或缩影，那么其必须具有一定的代表性，要让消费者清晰感知到品牌想要传递什么、适用于哪部分群体。在品牌定位这一初始环节中，我们需要思考如下内容。

首先，企业想要走哪种风格路线？是可爱还是高级？其次，该风格路线是否能够在市场中占据一席之地，与同类型的竞品相比具有哪些优势？是否符合目标消费者的需求？比如，企业以母婴产品为主，品牌风格就要贴合亲切、温柔的感觉，标新立异、走酷炫风格就不合适了。最后，该定位是否能够对产品的宣传、销售起到推动作用,这些都是企业需要提前考虑周全的。

2. 品牌命名

如果品牌名称起得好,就可以起到锦上添花的作用。比如"三只松鼠"就非常简单易懂,第一次看到这个名字的人可以直接给出反馈:小动物形象、爱吃坚果类食物。即便不能第一时间想到后者,这个名字也能够快速被消费者记住。品牌 IP 是一个整体,如果从名称上就可以先一步让人感受到其人格化的特征,就会使后续工作变得更轻松一些。

当然,企业不一定非要以动物的名字来命名,但一定要保证让消费者能够通过名称去获得一些有价值的信息。过度添加复杂、专业的词汇,或是想要使其向"网红"名称靠拢,这些都是具有风险性的。

3. 形象设定

为品牌 IP 设定一个形象,主要是为了让其视觉化程度更高,让人们能够增强品牌联想感,而不是在想到品牌的时候,脑子里除了名称以外其他都是空白。为了实现这一目的,企业一定要同时保持其优质的人格化特点与差异性优势,具体可以参考以下几点。

(1)颜色选取。

颜色是品牌形象中很重要的一个元素,毕竟颜色的选择与搭配也会使企业想要通过品牌形象传递的理念发生改变。大多数以儿童为主要目标群体的品牌,其配色都会比较柔和一些;而汽车、电器类品牌,多会使用比较稳重、高级一些的色系。

(2)视觉效果。

品牌形象不一定要十分复杂,有时只需寥寥几笔,因为人格化不代表要让其过度写实。像小黄鸭这一形象就非常可爱、生动(见图8-9),其形象又十分简洁,无论是线条还是配色都没有过于高级的要素,其表情的绘制更是点睛之笔。所以,不要让思想被禁锢,优质的品牌形象原本就要求设计者有开阔的想象空间。

(3)辨识度。

形象设定要注意有辨识度,而不要将重点集中于将所有华丽要素都装点上去。将品牌形象变成圣诞树不一

图 8-9 小黄鸭的品牌形象

定能够使其成功，反倒会由于成分过多而导致辨识度下降。

4. 文化赋予

品牌 IP 之所以能够得到消费者的认同与喜爱，第一是因为其拥有新颖美观的外形；第二是因为有着企业赋予的文化理念。通常情况下，前者可以用来吸引消费者，而后者则会发挥黏住消费者，使其对品牌了解更深、更具信任感的作用。直白地说，只有形象而没有文化理念的品牌 IP 并不合格，因为其缺乏有趣的灵魂。

许多品牌 IP 都有专属的独特理念，比如海尔的品牌理念就是高标准、高质量，信誉度永远放在第一位，同时也要持续培养自己的创新能力，在面向产品时要始终保持创新精神。这就是来自品牌文化的魅力，而不单单只是一个徒有外表的空壳。

5. 运营应用

我们在上一节提到过品牌 IP 运营的重要性，企业可以通过线上、线下两大场景来分别对品牌 IP 进行适度应用。比如，网易云音乐虽然没有明确的可视化品牌形象，但其在人们心中就是文艺的象征。比较出名的大概就是其在地铁站里所做的歌词、评论活动，不仅覆盖面积非常大，且效果也非常好，是一种巧妙植入品牌 IP 进行宣传运营的方式。

品牌 IP 的开发在前期见效会比较快，但企业不能因此而产生自满情绪，否则容易使热度曲线从某一天开始直线下滑。品牌 IP 需要以持之以恒的心态去对待，且需要随着时代变化而不断对细节进行调整、革新。

8.3.4　品牌 IP 营销如何避免粉丝反感

许多企业虽然在前期的品牌 IP 营销工作做得不错，从而吸引了许多新粉丝，品牌产品的销量也因此而得到提升。然而，有些企业在后续工作中却因为尝到了来自品牌 IP 的甜头而过度进行营销，这种行为非常容易使品牌粉丝感到反感。消费者是非常自由的个体，如果感到不愉快，就会果断去寻找替代品，过度营销的企业大都失败于这一阶段。

吸收品牌粉丝本就不是一件容易的事，因此企业一定要学会不让其感到反感的技巧，如图 8-10 所示。

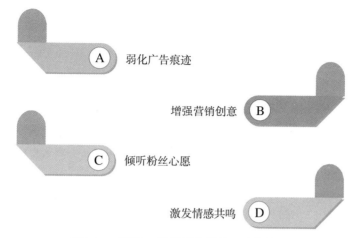

图 8-10 品牌 IP 营销避免粉丝反感的技巧

1. 弱化广告痕迹

品牌 IP 是企业的获利工具，并不是企业的摇钱树。同样，品牌粉丝也不是没要求、没脾气的人，因此他们或许可以支持广告痕迹非常明显的营销活动一次、两次，却并不意味着他们的忠诚度会永远都那么高。事实上，有些企业并不是没有能力，只是对品牌 IP 的营销毫不上心，导致一系列活动只是在慢慢消耗品牌粉丝的耐心与好感。

在蹭热点、写软文的时候，企业要避免过于"直白"的行为，即不要开门见山直接让消费者感受到这是一篇产品广告。另外，有些企业不会这么直接，会在软文开头处先说一些引导类的内容，然后转折到营销内容中。这种方法在过去或许还比较有用，但在当前，许多消费者是抗拒这一行为的。

为了淡化广告痕迹，以免引起粉丝反感，同时又要真正使品牌营销达到效果，企业最好选择巧妙融合的文案方式。比如，如果要推广某款食品，就可以用试吃体验的形式来进行文案撰写，既不会让人感到突兀，也能达到品牌 IP 的营销效果。

2. 增强营销创意

品牌 IP 的营销并不只有一种形式，营销人员也需要将思维向横向、纵向延伸，让粉丝看到更多新颖有趣的营销内容。在线上的话，企业最好多以视频广告的形式来进行内容设定，因为视频能够让营销人员有更多的能力施展空间。比如奥利奥这款饼干品牌就直接通过创意视频的形式展现出了产品的特色，即将奥利奥当作"砖瓦"堆积出城堡的形式，再配以具有仪式感的音乐和完美的镜头拍摄手法，此视频得到了粉丝大范围的传播。

而在线下的话，企业完全可以将人格化的品牌形象放大比例，让其走入现实世界，以此来拉近与粉丝的距离。最常见的就是让工作人员穿上与品牌形象相同的服装，那些小动物类的品牌形象在这里会比较占优势，因为其形象通常憨态可掬，极容易靠近粉丝、与其进行互动。

3. 倾听粉丝心愿

如果企业想要与某知名 IP 进行合作，那么在合作前一定要事先放出风声去征求粉丝的意见，比如问卷调查或投票等。企业可以从胜出的选项中挑选出自己有能力合作的 IP，或者从中寻找这些 IP 受粉丝喜爱的地方，并以此为依据来选择最优的合作对象。

并不是所有知名 IP 都适合企业进行合作营销，还要考虑产品的适配度与粉丝喜好，例如，百雀羚原本就是知名国货品牌，与同样具有强烈中国风意味的故宫合作就很适合。

4. 激发情感共鸣

情感共鸣是一种难度较高但很有效的方式，毕竟只有当人们的思绪跟着品牌 IP 的营销内容而变化、能够真实体会到营销过程中传递的情感理念时，才能真正调动其对品牌 IP 的支持度。想要激发粉丝的情感共鸣，就一定要使营销内容变得更加生动、更贴合品牌定位。如江小白打造的系列动漫，其中的剧情、人物性格等就比较成功。

营销本是一项灵活性很强的活动，营销人员需要随时对自己的思维理念进行更新，不能用传统的营销思维去对待现代化的 IP 营销。

8.3.5 【案例】MM 豆品牌 IP 营销案例复盘

MM 豆也就是许多年轻人都很爱吃的巧克力豆，起源于美国，而其在国内也十分流行。市场中巧克力类型的产品并不少见，无论从哪个角度（如口味、包装、形状等）都能延伸出无数的品牌，为什么 MM 豆能成为其中的佼佼者呢？MM 豆在国内的存在时间长达 20 多年，其间新品牌竞相出现，但 MM 豆在人们心中的地位仍然非常靠前。下面对 MM 豆这一品牌的 IP 营销进行深入分析。

1. 独特形象

MM 豆能够在市场中有如今这样的成就，成为许多人心目中的经典品牌，其独特的品牌 IP 形象（见图 8-11）在其中扮演的角色分外重要。可以直白地说，如果 MM 豆在最初没有打造出这样一个鲜明而独特的人格化形象，那么其将很难获得这样经典的头衔。

图 8-11　MM 豆的品牌形象

虽然 MM 豆的形象与当前的一些新兴 IP 形象相比会略显传统，但却必须承认，MM 豆的形象设定足以在大多人身上体现出"过目不忘"的效果。简简单单的形状，却并非统一模板，圆形与椭圆形都有；在配色方面，MM 豆也选取了反差度较大的配色，使消费者能够产生较好的视觉效果，而不是被同一种颜色刷屏。

除此之外，能够成为显著加分点的还是 MM 豆团队为品牌形象设计的表情。没有加上表情的 MM 豆很显然在灵动性方面会差很多，不同颜色的 MM 豆有不同的表情，消费者完全可以根据每个形象的面部表情去感受其性格特点。比如绿色 MM 豆的睫毛很长，是女孩子的温柔性格；而红色 MM 豆则显得更活泼一些，眉毛总是高高上挑，是比较开朗的性格。

2. 广告创意

MM 豆的品牌形象与其经典广告相结合，就成为 MM 豆专属的有力武器。即便其广告当前在屏幕上出现的频率已经大不如前，忽然同他人提起，也能迅速唤起人们对于 MM 豆的广告记忆。最令人印象深刻的那句广告文案莫过于"快到碗里来""你才到碗里去"，这一问一答的句式有着较强的洗脑效果，可谓 MM 豆的核心记忆点。

而其广告在剧情设定上也非常有意思，不是干巴巴地对产品进行介绍，而是以朋友聚会为场景，使 MM 豆活灵活现的性格特点以趣味形式得到展现。别看只有十几秒的时间，MM 豆的应用场景、"妙趣挡不住"的品牌宣传语等都清晰地传递到了消费者的心中。此外，当时的 MM 豆广告播放频率非常高，这也奠定了其品牌 IP 营销的基础。

3. 文化内涵

在品牌 IP 的营销过程中，MM 豆的营销团队也尝试过举办各种各样的活动，比如以互动小游戏的方式来吸引年轻人的兴趣,并用观影优惠券当作奖励来激发其参与积极性。这一活动在当时引发了消费者自发传播的热潮,而该品牌 IP 的文化内涵也充分显示了出来,即合作、分享与快乐。这些活动的门槛都不高,且大多是团体类活动,其中还有 MM 豆周边玩偶的参与,这也使得 MM 豆这一品牌又增加了一些曝光度。

4. 激发共鸣

激发消费者共鸣感能够使其对 MM 豆的热情更加高涨,这不仅能够使品牌产生收益,而且对品牌的整体发展都有巨大帮助。

就以 MM 豆举办的某线下派对为例,虽然在场的人都心知肚明这也是营销方式的一种,但却能够被美甲、舞蹈、艺术等环节激发起内心的情感共鸣。年轻群体有着无穷的活力与热情,而同样倡导此理念的 MM 豆则能够比较轻松地击中其内心的真实想法。通过派对活动,有不少人的情绪都受到感染,对 MM 豆这一品牌也变得更加信任。

如果按照经营时间来算的话,MM 豆无疑是一个年代久远的老品牌,在很多地方都无法像新品牌 IP 一样做到游刃有余。但是,MM 豆并没有放弃前进,而是不断寻找时代的新潮流,这也是 MM 豆品牌精神的体现。

8.4 让社群成为品牌营销的全新增长极

以社群为手段来促进品牌营销的增长、吸收更多新用户,在当前的商业社会中是很常见的事。然而,社群运营不能过于心急,企业在做社群前要先问自己一个问题:我的品牌是否走社群运营路线?哪怕评估出的结果没有问题,企业也需要在运营过程中注意一些关键内容,这些内容往往决定了企业是否可以真正借助社群达到良好的品牌营销效果。

8.4.1 如何用 STAR 法则评估品牌是否适合做社群

社群无疑是当前的时代新潮流,也是商业界内各个企业都会优先考虑的运营活动。通过对大数据的考察与分析,可以看出有许多知名品牌已经早早就开始了对社群的打造工作，也通过社群获得了许多对品牌发展有利的东西。但是，作为企业一定要有自己的主见，不要被跟风思维左右大脑。

并不是所有品牌都适合做社群，企业要事先对其进行充分而科学的测评。如果没有经过这一环节，那么社群将很难达到可以高速运行的条件，其也只能成为一个最普通的用户聚集地而已。因此，我们可以选择用 STAR 法则来对品牌进行评估，来考察品牌与社群之间的契合程度，如图 8-12 所示。

图 8-12 用 STAR 法则进行品牌与社群的评估

1. 情境（Situation）

情境主要指企业在打造社群前对内部的业务情况是否具备深刻了解，主要包括两大要素：产品与用户。企业的正常经营离不开这两个要素，因此必须将其放在同等重要的位置进行综合评估。

站在产品的角度分析，就意味着企业必须搞清楚自己的业务形态是怎样的。有些产品自身的特质非常适合做社群，但有些产品的适应程度就会稍差一些，需要企业进一步调整，还有一些产品则根本不适合走社群运营这条路。像高端奢侈品要做社群运营就有一些局限性，而某些进货、补货速度都很快，便于定期开展产品活动的业务品牌，就可以考虑走社群运营的路线。

此外，对于用户的理解不要太过狭窄，并不是只有品牌消费者才能成为社群成员，比如销售员、加盟商等类型的人都可以进入社群中，企业可以更好地对其进行管理。所以，还要思考所面向的目标群体是否适合以社群的形式进行聚集，是否存在风险等。

2. 任务（Task）

在初步规划了社群的大致情境后，企业已经对业务情况有了基本的判断，而这一步要做的就是对社群运营的目的进行思考。每个企业对于成功社群的定义都各不相同,有些企业希望借助社群来黏住品牌消费者,还有些企业意图将消费者转化为忠实粉丝。

通常情况下,企业可以同时设定几个目标,但一定要有主次之分,多个目标放在同等位置上并行运营会导致效果低于预期。无论如何,在设定目标时要注意不能过分放大,要抱着实事求是的态度。

3. 行动(Action)

当我们建立了一个目标以后,要做的不是立刻付诸行动,而是对后续行动先进行大致规划,以此来确保正式行动后的效果可以达到最优化。品牌的社群运营手段有多种,我们可以选出几类比较常见的手段,如图8-13所示。

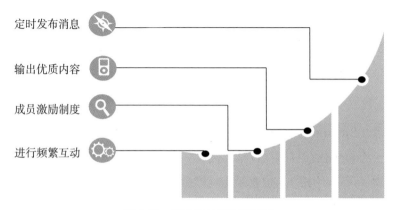

图8-13 常见的社群运营手段

(1)定时发布消息。

如果想要使社群不会随着时间而慢慢沉寂下来,作为社群管理者就一定要起到带头作用,在成员之间还没有那么熟悉的阶段定时发布一些消息或话题,以此来吸引成员进行积极讨论。

(2)输出优质内容。

优质内容能够有效黏住社群成员,使其对品牌产生更深刻的认知。与此同时,发布优质内容还可以吸引更多新用户来了解、使用产品。

(3)成员激励制度。

社群成员大都对品牌抱有好感,但程度各不相同。无论企业想要实现的目的是什么,以福利形式对成员进行激励一般能收到较好的效果,比如签到满多少天送一些小礼物或举办产品优惠、抽奖等活动。

（4）进行频繁互动。

互动并不仅仅表现在群内的聊天气氛有多融洽、热闹这一点上，还体现在群管理者是否有迅速回复、解答来自成员的问题，成员的建议是否有真正记录、听取等方面。

4. 结果（Result）

社群运营的结果可以根据大数据来进行预测，在没有正式进行社群运营之前，可以通过对现有业务的数据情况进行分析来评估社群运营可能获得的结果：软文发布后获得的热度与评价、二次购买某产品的消费者占比等。当然，结果只能用作参考，对结果的评估还要综合其他数据，如果与目标相差甚远就意味着品牌做社群运营的难度可能会更大一些。

8.4.2 做好品牌社群的3个关键词：密集、亲近、时长

想要将社群组建起来并不难，想要使其长时间生存下来也不难。一个成员毫无互动、内部氛围极其冷淡的社群，即便没有解散，也没有存在的意义。当社群运营的目标敲定后，企业就必须抱着将品牌社群做好的心态去对待这件事，要将重点放在三大关键词上，具体内容如图8-14所示。

图8-14 做好品牌社群的三大关键词

1. 密集

这里指的密集主要包括两层含义，主要针对的还是社群运营的初始阶段，也就是对目标成员的定位、筛选工作：第一层指运营者需要筛出更多的成员，使其达到比较广泛的效果，而不能单单只有一两个成员，这样无法使社群顺利组建起来；第二层指运营者为了实现组建社群这一目的，就必须同已经被锁定的目标人员多多接触，最好能够达到密集接触的效果。

换句话说，达到什么程度才算得上密集呢？即让这些人能够对品牌产生印象，在想要购买该领域产品时，能够将该品牌放在选择的首位。那么，企业又如何对目标进行定位呢？这一步是非常关键的，如果定位模糊不清的话，社群内部的成员特征将很难达成统一或相似的效果，这对于社群运营来说非常不利。

如果企业的业务类型非常清晰，如母婴、健身、童装等，就可以直接依据产品研发之初的目标用户关键词去寻找对应成员；如果是日用品，如洗发水、保温杯等受众范围较大的产品，企业就需要尽可能将范围缩小一些、更精准一些，即筛选出最具价值、对产品需求度最高的用户。

在接触目标人员的过程中，企业要先从已经组建的社群中寻找目标对象，主要指某些对外公开、可无条件进入的社群场所，如微博、小红书或一些互联网社群等。这一步的关键就是密集接触的程度是否到位，因为程度高低会影响到品牌在用户心中的印象。

2. 亲近

所有社群管理者大都知道这样一个道理：要经常与社群成员进行互动，以此来拉近双方的距离，使社群凝聚力能够提升、使成员产生更强烈的归属感与信赖感。如果站在现实的角度，管理者又会在运营的过程中发现一些问题，即要如何把控品牌与社群成员或粉丝的关系。

俗话说："距离产生美。"如果我们将这句话代入社群运营的场景中，又该如何去理解呢？我们需要与社群成员保持一定的距离，但这并不代表我们要在彼此之间画上一道清晰的分界线，而是说与成员的接触要掌握火候，过于"热情"很有可能使成员心生反感。

为什么许多人提起微商都没有好印象？其实有时候与微商贩卖的产品质量关系不大，而是由微商的频繁刷屏所引起的。当你想要点开朋友圈看一些生活动态的时候，入眼的却是清一色的广告，且内容毫无价值可言，那么你会不会产生想要立刻删掉这个人的冲动呢？

这个事实告诉我们，即便是在管理者可以生产优质内容的前提下，也要注意留出适当的自由空间给成员，不要让其产生一种被社群消息包围的压迫感。品牌与成员之间应该是愉快、轻松的互动关系，而不是单方面的步步紧追。

3. 时长

时长这个问题很容易理解，就是我们常说的用户对于品牌的黏性，如果再细化一些，也就是用户对产品的依赖感与使用时长。虽然时长会更多地应用于线上产品，即各类 App，如抖音、手游等，但也不排除实体产品。

不过，就前者而言品牌运营方的操作空间会更大一些，因为此类型产品比较容易进行功能的调节与漏洞的修复，通过定期更新即可实现。有了这种优势，企业就可以通过社群运营去更多地获取来自成员的反馈意见，从而更精准地掌握其对产品的真实需求。有了这些信息，企业就可以利用一系列活动来增强其在产品页面的停留时长，如抖音就具备为用户贴上个人兴趣标签的智能功能，用户可以频繁浏览到自己感兴趣的内容。

想要做好品牌社群当然不能局限于上述三个方面，不过也要将其重视起来，在运营过程中不断去发现、解决新问题。

8.4.3 【案例】罗辑思维利用社群实现商业成功案例分析

"罗辑思维"是一档非常火热的脱口秀节目，自上线以来收获了无数人的好评，节目的崛起速度在同类型的自媒体领域中也称得上非常迅猛。其创始人也是主讲人罗振宇，是如何一步步提升这档节目价值含金量的呢？这就要从其一手组建的社群体系说起，成功的社群运营减少了罗振宇在品牌发展之路上的阻碍，如图 8-15 所示。

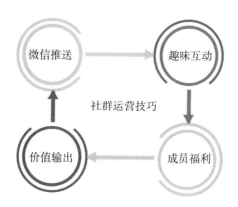

图 8-15　罗振宇的社群运营技巧

1. 微信推送

罗振宇在每一期的脱口秀节目中，都会适当地对微信公众号进行宣传，一部分人受到节目的吸引后，就会循着节目引导去关注公众号。这是非常重要的一个步骤,即能否将这些对节目有好感、但大体还处于路人阶段的关注者成功留下。这里指的"留下"一方面是基础层面的持续关注公众号;另一方面则是更深层次,即关注者能否对品牌或主讲人产生浓厚兴趣,从而主动查看历史推送或对其进行自发宣传。

公众号是罗振宇极其重视的运营阵地,他也为此做出了不少努力。先说一个比较独特的应用,如果你已经关注了这个公众号一段时间,你就会在每一天早上定时收到来自罗振宇的 60 秒语音。当然,语音推送并不特殊,其优势点主要包括:

时间控制得当,一分钟的时长非常适合早晨随手播放,不会耽误用户过多的时间;语音内容有质量,不是无意义的心灵鸡汤,用户可以从中获取到一些新知识;每天发送、定时发送,这种从不间断、质量也未曾下滑的语音推送使许多人产生了习惯感,而这恰恰能够为社群运营的发展提供帮助。

2. 价值输出

"罗辑思维"可以如此火爆,归根结底还是节目质量有保障,且罗振宇的个人创作能力也非常强大。有着这种能力上的优势,罗振宇就可以将社群当作阵地,来输出更多有价值的内容、文章,或是与社群成员进行话题讨论。价值输出就像一盘卖相良好、味道优秀的菜品一样,没有人会不喜欢这种被精心准备出来的菜。

不得不提到的是,罗振宇在进行内容输出时的个人特点虽然很明显,但同时也没有走偏路线,即不会为了追求差异感、新颖性而过度"标新立异"。罗振宇在进行题材选取时,会考虑到近期的热点与成员可接受的、感兴趣的内容,有着这种充分的事前考虑,罗振宇发布的内容往往能比较精准地击中社群成员。

3. 趣味互动

不同于管理与被管理、通知与被通知这类普通的社群关系,罗振宇作为社群创始人,与付费成员之间的关系可以称得上十分融洽、平等。首先,罗振宇并不会将自己摆在高高在上的位置上,而是以实际行动来告诉成员,他们是可以成为朋友的。其次,为了使成员能够在社群中更愉快、充实,罗振宇及其团队还会频繁举办一些趣味性较强的活动,如开办绘画比赛让成员绘制与罗振宇有关的漫画。最后在群里进行综合评选。无论是否拥有绘画才艺,都可以参与比赛,写实、抽象、简笔画,罗振宇的重点在于调动起成员的参赛积极性,毕竟这也不是国际专业比赛。与这类活动相似的情况还有很多,而这些则使双方愈发熟悉,互动时也更像交往密切的好朋友一样轻松。

4. 成员福利

罗振宇的社群并非所有人都能无限制进入,而是需要缴纳一定的会员费,才能拥有进入这个团体的入场券。不过,虽然是付费制度,但成员们却鲜少会出现觉得自己亏了的想法,这是因为罗振宇并不吝啬于为成员们发放福利。罗振宇很明确这个道理,如果想要让社群保持稳定发展的状态,就必须让成员感受到同等的回馈。

在线上,成员拥有自己的专属福利,比如能够以听书形式去聆听更多优质书籍,同时还享有独特的非卖品阅读权。而在线下,社群成员的福利就更明显了。罗振宇经常在社群中举办线下活动,成员首先享有优先参与权,其次可以和罗振宇近距离接触、交流,逢年过节还会有一些独具特色的活动,如中秋节集体做月饼等。

总而言之,罗振宇能够成功利用社群在业内获得如此大的成就,归根结底还是与其频繁创作的优质内容有关。社群成员可以通过内容输出的质量去探寻社群运营者的用心程度,所以,社群运营还是要注意以质量为先。

第 9 章

做好品牌公关实战要则

品牌公关在当今时代已经成为各个企业的有力武器,但想要让这一武器发挥作用,还需要企业掌握一系列实用的公关方法。公关不是简单地摆在那里就可以自动运作的,相关人员的公关意识不仅要十分敏锐,还要明确互联网与品牌公关的关系。此外,公关危机也是在企业经营过程中一个很常见的概念,公关的效果会直接影响到品牌的后续发展,因此必须对其予以重视。

9.1 品牌公关在营销中的独特性

何谓品牌公关?品牌公关在营销领域又是一种什么样的存在?企业要在掌握品牌公关基本知识的前提下去利用它,这样才能使公关过程中遇到的阻碍更少一些或更容易被解决。另外,我们在本节还需要梳理品牌公关同广告、促销这两大同属于营销领域的部门之间有什么区别。

9.1.1 什么是品牌公关

在过去,虽然某些企业会设置公关部门,但从整体环境来看,对于公关这一职位的需求度还是比较少的。即便是成立了公关部的企业,其实也没有很好地利用这个部门来发挥其真正的作用。而当前,品牌公关这个概念随着时代推进而愈发流行。不过,仍有许多企业对于品牌公关的认知比较模糊,不清楚其究竟能够为企业带来什么。

在许多人的印象里,提到公关,随之联想起来的就是与企业恶劣新闻有关的内容。如果企业产品出现了质量问题,或是线下连锁店的员工出现了比较重大的行为问题,企业就会立刻发动公关的力量,将事态迅速控制住。虽然这也是公关部门存在的原因之一,但毕竟我们的思想要与时俱进,当其与品牌结合到一起时,需要更加全面地去看待这个问题。

企业的经营过程虽然有许多风险,但并不会时时刻刻都会被曝出情节恶劣的事件。另外,消费者对于品牌形象的重视程度也在逐年上升,品牌形象塑造得越是成功、给人的印象越是深刻,企业就能获得更加有利的市场地位。品牌公关在其中扮演怎样的角色?又有什么样的作用呢?如图9-1所示。

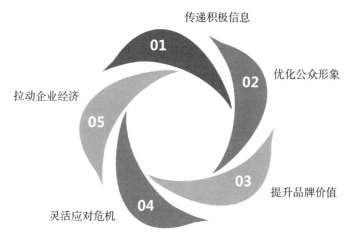

图 9-1　品牌公关在企业中的作用

1. 传递积极信息

品牌公关的主要目标对象就是外界社会,企业需要将对自己有利的思想观念、文化内涵等依靠各类公关活动传递出去。虽然"是金子总会发光",但在商业界,如果抱着这种默默无闻、等待消费者自行发现品牌闪光点的想法的话,那么企业未来要走的路将会变得十分艰难且漫长。

与其等待消费者的目光转移,还不如利用品牌公关主动将积极信息对外传递,这就考验企业与各个媒体之间的熟悉程度了,因为媒体与公关往往是不可分割的。

2. 优化公众形象

这里指的公众形象主要是指品牌留给大众的印象,如果笼统地进行划分,可以分为印象极差、印象一般与印象极好。

塑造品牌形象是基础工作,而优化其在公众眼中的形象并借助媒体的力量持续对外传播,这就属于进阶的水平了。一般情况下,公益类活动是最容易使品牌形象上升的,而企业平时经营模式与产品质量等也很容易影响到公众观感,所以不要放过每一个可以优化形象的机会。

3. 提升品牌价值

能够影响品牌价值的因素有许多,其中消费者认知度、好感度占据了较大的比例。这句话很容易理解,因为那些经营时间比较久远的品牌老店,基本上是靠着消费者的持续支持才能得以存活、发展。

就像明星的商业价值会受到带货水平、粉丝规模等因素的影响一样,企业也需要通过品牌形象的改善去获得更多消费者的好评,品牌知名度也会由此得到提升。

4. 灵活应对危机

当企业因各种突发问题而产生形象危机时,品牌公关的基础作用就得以体现了。在知名企业中,海底捞无论是公关速度还是质量都堪称典范,其团队的品牌公关能力十分强大,在处理公关事件时,不仅迅速扭转了原本处于不利状态的局势,还获得了来自社会各界的认同。如果企业想要尽量降低风险事件对品牌形象造成的损害,在平时就一定要注意对公关部门成员能力的培训,也要抱着未雨绸缪的态度提前做一些应对危机的方案。

5. 拉动企业经济

品牌形象得到优化,对企业来说有许多好处,其中最直接的就是对产品销量、企业经济的积极影响。人们愿意去购买知名度高、口碑好的品牌,这样能使其在购物时更加放心,因此能够使企业利润显著增长,市场地位也会得到提升或愈发稳固。

品牌公关的作用与优势毋庸置疑,想要做好品牌公关,企业还需要不断学习,掌握更多公关技巧。

9.1.2 品牌公关与广告、促销的区别

广告、促销与公关这三个领域,在大型企业中均有存在,有时会出现轻度重合的情况,因为可能彼此要合作去做一些事情。不过,既然将它们分配在了不同的部门,就意味着其大部分职能与作用还是互不干扰的。想要真正利用好公关部门,使其价值能够得到体现,就一定要摸清公关与其他相似部门的区别,如图9-2所示。

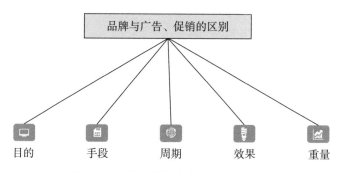

图9-2 品牌公关与广告、促销的区别

1. 目的不同

企业成立公关部门的目的可以按照时间段来进行划分,过去比较重视对风险的抵抗能力,而当今则比较重视对品牌形象的维护与优化。直白地说,品牌公关的主要目的就是让品牌能够在人们心中有一个高评分、好印象,这样才有利于企业的整体发展,而广告、促销则更倾向于进一步拉动产品销量、扩大产品影响力。

2. 手段不同

真实性是品牌公关所涵盖的特点之一,单从这一点我们就能感受到品牌公关所用的手段特征:在对外界传递企业信息的过程中,要保证信息是客观、真实的,企业一定要避免弄虚作假的情况出现,这对公关人员来说是非常严重的失误。虽然广告、促销也要对产品的真实功能、作用等有所保证,但不需要被过度局限于这一框架中,无论是视频还是软文等形式都可以适当夸张化,还可以虚构场景。

简而言之,品牌公关的传播形式比较固定,通常会以新闻或发布会等形式出现,场合大都庄重严肃,在进行公关类文字的撰写时也需要保持严谨的态度。相比之下,广告、促销会更自由一些,不必非要还原真实场景,像我们看到的一些科幻类广告效果也是不错的。

3. 周期不同

就时间周期这一点来说，可以清晰地划分出公关同广告、促销之间的周期分界线。经过上文对品牌公关基本知识的介绍，明确了品牌公关的主要作用，即为企业塑造出一个优质的品牌形象。打造一个品牌或许可以在短时间内完成，但想要使品牌在公众心中的地位上升，就要做好打长期战的心理准备。品牌公关的周期没有具体上限，会伴随着企业发展而不断优化。

广告、促销类活动，一般来说可以根据活动的规模来规划周期，且这项工作通常是必备环节。比如想要在超市摆放一个产品促销展区，那么就一定要有相应的活动截止日期，在几天、几周之内都算正常周期。而广告的话，时间可以视情况延长，以年为单位也是被允许的，但也不会像公关一样长期无休止。

4. 效果不同

效果这一点需要与周期结合起来看待。品牌公关所需的周期较长，甚至会无限延伸到永久，这也使得其很难出现立竿见影的效果。短则几个月、长则几年，品牌在持续公关的过程中，企业似乎很难察觉到其日复一日在细微之处的变化，但量变坚持下去往往会引发质变，企业要耐心去做、去等待。

与之相对的广告、促销，在短时间能就能看到反馈，多数可以用实际的数据来进行评估。如产品销量是最直观的，而相关活动的参与人数也是一种效果反馈。

5. 重量不同

虽然公关与广告、促销对企业来说都非常重要，缺少哪个都会延缓企业发展的脚步，但如果一定要按照重要程度进行地位排序的话，公关还是应该居于上层位置，而广告、营销会稍次之。这是因为公关会直接影响到品牌形象的效果，而企业往往需要立足于社会大环境中，公众对品牌的印象就会变得非常关键。可以这么说，广告、促销就像人的手和脚一样，而品牌公关则处于心脏这一核心位置上。

弄清楚了这几个职能部门的区别，企业就要根据各自的特点去充分将其价值潜力开发出来，无论是适当结合还是单独运作都要注意所用方法的合理性。

9.2 高效做好品牌公关实战要则

品牌公关不是一个人的战斗，而是要置身于现实的商业战场中，同时与许多对手一起竞争。如果不想失去自己在市场中的地位，如果想要通过品牌公关去吸引更多新用户来提升企业实力的话，相关团队就一定要掌握常用的公关方法，并且要注意把握好互联网这一性质复杂的技术工具，努力开发其具有积极影响的一面。

9.2.1 做好品牌公关的7种常用方法

品牌公关涵盖的工作内容很多，在遇到突发情况时要迅速处理，在平时也要注意通过各种活动去改善品牌形象，且所面向的区域非常广阔。为了尽量避免出现手忙脚乱的现象，企业需要掌握以下几种常用的品牌公关方法，以此来提升企业自身的公关质量，如图9-3所示。

图9-3 做好品牌公关的7种常用方法

1. 控制公关费用

品牌公关可能不会像普通的产品营销活动那样，在某阶段会耗费较多的费用，但也不能因此而忽视对品牌公关所做的预算工作。特别是品牌公关在投入了资金后，往往不能立刻看到回馈，如果企业本就不属于资金充裕的快速发展期，那么一定要提高自身的公关费用控制意识。

在参与某些大型项目时，或想要举办一些线下活动时，无论是购置设备还是选择与其他团队合作，都不能毫无规划地支出，要有精打细算、将资金控制在最优化范围内的经济理念。

2. 做好场地布置

为了使品牌影响力能够扩散出去，企业经常会以举办活动的形式来实现。最常见的就是企业准备推出新品时所举办的新品发布会，还有一些日常的专访活动等，经过媒体配合后通常可以使更多的人对品牌产生关注。

不过，无论企业所邀请的嘉宾地位是高还是低，都一定不能忽略对场地的布置，以及对各种细节之处的考虑，比如，邀请函的设计、灯光的准备等。因为这并不是企业内部的活动，主要目的是通过发布会向外界传递来自品牌的信息，而场地布置同样可以显示出品牌的专业度与用心度，会通过互联网等渠道让更多人看到。

3. 迅速传递信息

品牌公关对信息是非常敏感的，公关人员不仅要时刻注意对信息的收集，还要在发生意外情况时及时向上级传递信息。如果信息出现瞒报或延迟传递的情况，原本处于可控状态、尚能扭转的事态就很有可能快速向负面发展。信息的流通性对品牌公关来说很重要，公众的看法与反馈、活动的进展与效果等，这些都需要公关人员与团队、上级进行频繁沟通，不要使信息处于封闭状态。

4. 打好媒体关系

如果说品牌公关是船，那么媒体就是载船的河流，是顺流还是逆流会直接决定品牌的后续发展。品牌公关离不开媒体，而媒体也同样需要借助企业去获得利益，这是一种相互促进、互利互惠的关系，而媒体在某些场景下所占据的主动空间还会更大一些。如果能够同媒体打好关系，且不说品牌一定能因此而大获成功，其公关之路会顺利许多。

5. 重视竞争对手

品牌公关看似只是企业单方面地对品牌形象进行美化，但实际上仍旧没有脱离企业之间的竞争。品牌公关就像在打攻防战一样，当竞争对手出现比较重大的失误时，企业就必须立刻抓住机会，选择最恰当的时机利用品牌公关精准出击。当自身处于被动地位时，一方面要处理好危机，另一方面也要留意竞争对手的动作，以免陷入更加不利的境地。

6. 进行舆情监测

企业当然不希望自己会经常遇到危机事件，但一定要有危机理念。舆情监测与品牌公关关系密切，企业一定要充分收集各项数据，无论是在活动、消费者方面,还是在竞争对手方面,都要建立专业可行的信息系统,以此来对可能出现的危机事件进行预警,这样可以最大限度地避免品牌口碑下降。

7. 关注公益活动

公益活动是最容易提升用户对品牌好感度的渠道,无论是参与还是举办公益活动,只要能够让他人对品牌的印象关键词中出现公益二字,那么企业的品牌公关就可以说比较成功了。另外还要注意一点,做公益需要量力而行,同时也要遵循适度原则。可以借助媒体的力量进行公益宣传,但不要用力过猛,否则容易给人以炒作的恶劣印象。

9.2.2 互联网快速传播特性对品牌公关带来的影响

身处商业战场这一复杂环境中,作为本就要将视野放得更广阔的公关人员,在看待互联网技术时不能让思维过于单一化,必须辩证地去看待这件事。任何新兴技术都会对企业造成影响,不单单只有优势的一面,企业同时要注意防范其恶劣影响的那一面。下面就互联网与品牌公关之间的关系这一问题展开探讨。

当前,互联网所呈现的趋势是高速发展、持续革新,这一点是每个密切接触互联网的用户都不能否认的事实。信息的渗透与快速散发、传播,是互联网的基本特征,许多自媒体行业也正是看准了这一点,才会在近年来愈发流行。

品牌公关需要频繁向社会传递信息,以此来达到优化品牌形象的目的。毫无疑问,作为企业,所传递的信息一定是对己方有利的积极内容,比如,能够唤起人们共鸣的品牌文化理念、做公益活动时的一系列行为等。然而,互联网从来不受单方的把控,品牌公关要注重互联网的快速传播特性。

在互联网用户越来越多、各个社交网站流量越来越大的时代,公关这一行业的地位也在稳步提升。然而,如果某天互联网忽然曝出了对企业品牌声誉有损的事件,中小型企业必然会受到一定的负面影响,这同样也是基于互联网的传播特性。

而在这里,最令人烦恼的其实是信息的不确定性,比如竞争对手为了打击自己而恶意发布虚假内容,即使企业迅速做出澄清,也难保有些用户对品牌的印象会变差。因此,面对看似优势感满满的互联网环境,其实还需要做许多心理准备以迎接新挑战,如图9-4所示。

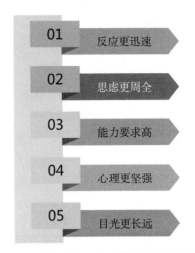

图 9-4 品牌公关面对互联网要迎接的挑战

1. 反应更迅速

在过去,互联网技术还没有如此发达,习惯于在网上"冲浪"的用户也还没有如此多的时候,虽然公关人员也需要具备快速反应的意识与能力,却不至于像当今这样需要时刻关注网络中的动向。

试想一下,在深夜一两点这种互联网流量本应减少的时间段,即便是某营销号发出一段文字后又以极快的速度删除,也很有可能被大规模传播出去。在这样的网络环境下,如果公关人员的反应速度不能随之提升,就很有可能失去最佳的控场机会。

2. 思虑更周全

以往品牌公关会更多地以召开新闻发布会的形式来公布或澄清某事件,而当前却有越来越多的企业会将网络公关当作主要手段,这也证明了互联网在品牌公关领域中地位的提升。过去,可能品牌公关只需要瞄准互联网的某个主要阵地即可,而现阶段公关人员需要关注的互联网区域却越来越多,一不留神就有可能导致某个被忽略的区域出现问题。这意味着公关人员需要投入更多的精力到互联网中,思虑也要更周全。

3. 能力要求高

互联网环境的改变,虽然使公关这一群体变得更加热门,但同时企业的招聘需求也在不断提升。像海底捞、麦当劳这种知名企业,应对突发事件时的公关能力堪称一流,然而中小型企业虽然难以在短时间内拥有这样的公关水平,却也同样不能忽视对公关团队能力的要求。应对特殊事件的反应、公关稿件的内容质量、能力程度不同，对企业带来的影响也不一样。

4. 心理更坚强

网络环境瞬息万变，而许多用户在虚实不明的庞大信息量面前，也很容易让思维跟随热门风向走，如果企业自身不够强大的话，公关也会变得更困难。所以，企业不仅需要公关人员有更强的能力，还需要其具备更强大的心理素质。只有足够坚定、不会被一系列问题轻易动摇，才能使公关效果变得更好。

5. 目光更长远

品牌公关需要紧跟潮流，不应只停留在当前的网络流行中，而要加快速度走在潮流趋势之前，最好比竞争对手更先触碰到最新的网络热点。只有这样，品牌公关才有机会抢占更多优势。

总而言之，互联网的发展对于品牌公关来说，虽然利弊兼具，但一般情况下还是好处更多一些。那些弊端大多是公关速度不够、风险意识不强所导致的，要看到自己的短板并尽快做出改善。

9.3 如何化解公关危机

企业危机这件事，说大不大，说小不小。之所以这么说，是因为某些企业公关能力不足，会将原本可以轻松解决的事情变得严重化；而有些企业由于公关意识与能力都很强大，会在竞争对手以为机会到来的时候，从困境中脱身而出。面对公关危机，企业不仅要掌握相应的应对原则，还要了解公关危机的不同类型，这样才能在应对时游刃有余。

9.3.1 品牌应对公关危机应把握的 3 个基本原则

公关危机如果处理得当，企业就很有可能夺回主动地位，甚至会借机提升自己的品牌知名度。所以，品牌在面对某些危机事件时，一定要注意遵循以下几个基本原则，以此来增加成功化解危机的概率，如图 9-5 所示。

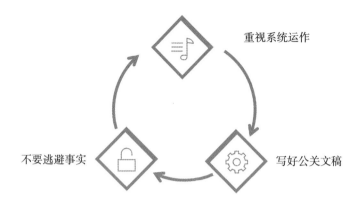

图 9-5　品牌应对公关危机要把握的基本原则

1. 不要逃避事实

当品牌遇到危机事件时，无论事情的真相如何、是否真的与企业有关，公关人员都必须遵循实事求是这一点，千万不要妄图通过转移话题来逃避事实，虚构信息、数据等更是不可取的行为。如果事件是谣言，那么企业根本没有逃避的理由，只要有条理地将事情梳理清晰即可；如果事件就像被曝光内容中说的那样，没有歪曲也不存在虚假情况，企业就更要快速反应过来，尽快以最真诚的姿态去面对广大用户。

比如，阿里巴巴曾经也出现过很严重的危机问题，更是直接受到"3·15晚会"的点名。然而，阿里巴巴面对食品的违规现象，却有条不紊地发出了网络公告，不仅直面晚会中提及的事实，并且在解释中也十分具有权威性及说服力，而不是干巴巴地为自己辩护。

如果说阿里巴巴在这次事件中选择顾左右而言他，那么即便有一部分忠实用户仍然会选择相信该品牌，也仍会失去更多的用户，同时品牌形象出现明显污点也是事实。除了某些性质非常恶劣的事件外，如果品牌的态度比较真诚，那么用户也不会过度追究。

2. 写好公关文稿

撰写公关文稿是每个公关人员都要拥有的技能，文稿的质量好坏会直接决定危机公关的结局方向。在稿件的撰写过程中，至少需要满足以下几点要求，如图 9-6 所示。

图 9-6 撰写公关文稿的注意事项

（1）用词要严谨。

与普通的营销类文稿不同，用于应对危机事件的文稿本就具备较强的严肃性，因此在用词上也一定要更加严谨，不要指望用一些看似幽默风趣的语言就能将事情圆过去，这样只会使事态升级。

（2）表述要清晰。

要知道，有许多人其实并不能在第一时间了解到完整的事件内容，因此他们一般会通过企业发布的公关文稿去理清事情的背景及前因后果。所以，撰稿者要将事件真实、清晰地呈现出来，要注意内容上的逻辑感。

（3）解释要合理。

公关文稿的关键就在于对事件的解释内容上，解释合理与否并不是企业轻飘飘地说一句"我们没有做这件事"就可以决定的，最好给出具有权威性的证明。如果事件并非杜撰，就更加考验公关人员的撰写能力了。

（4）态度要明确。

无论事件是哪种类型，公关文稿中都必须有明确的态度，比如是向公众致以歉意还是侧重于对事件进行澄清。不同的态度会给人以不同的看法，但无论如何，都一定要让公众感受到来自企业的真诚。

3. 重视系统运作

公关危机涵盖许多环节，不只是写一篇稿子或开一个发布会就能解决的。从危机警报拉响的那一刻起，立刻做出初步回应、进行公关对策的制定、敲定公关文稿的主题、迅速联系关系较密切的媒体等，这些环节都是必须去做的，且具有严格的顺序性。所以，企业一定要重视系统运作这一原则，将公关危机看作一个整体，不要将某一环节单独拆分出来。

另外，公关人员要尽可能用全面性的视角去看待问题，社会影响、公众形象等要素都要考虑到位，唯有如此，才能让危机处理取得最佳效果才能使品牌公信力更强。

9.3.2 不同类型品牌公关危机与实战处理方法

企业所处的经营领域不同，其常会面对的危机事件性质也会产生差异。无论是哪种类型的品牌，都要提前做好应对危机的准备，要明确自己有较大概率会遇到的是巨大的石块还是湍急的河流，这样才能对解决方案进行合理有效的规划。下面就来分析一下常见的品牌公关危机类型及相应的处理方法，如图9-7所示。

图 9-7　常见的品牌公关危机类型

1. 内部危机

企业内部危机所涵盖的内容比较多样化，通用性也比较强，许多处于不同领域的企业也常会遇到，其危机程度要视情况而定。企业内部员工如果做出了一些有损企业形象的事，特别是涉及违规违法的事情，一旦被曝光，企业就不能再完全将其当作内部事件进行处理，而是要给关注这件事的社会大众一个合理的交代。

顺丰这类大型快递企业所遇到的突发问题会比常规企业多一些，因为其工作本来就有较强的流动性，所接触的人也比较复杂。例如，就有网友在微博中曝光了顺丰员工在没有征求本人意愿的前提下私拆包裹的事件，这就属于内部危机的一种，因为责任人就是企业的内部员工。内部危机一般来说公关难度不算太大，不过要注意表明自己的立场。

2. 信誉危机

信誉危机也是企业常会面临的突发事件类型之一，有时虽然会以突然爆发的形态出现，但实际上与企业自身的监管力度不够这一原因有关。这就像"狼来了"的故事一样，前几次的欺骗行为虽然都骗到了人，但人们的信任度其实是逐次递减的，而到最后就会迎来爆发，落得没有人再去相信自己的结局。

多数企业会有面临信誉危机的可能性，不过像食品类、金融类等企业会更容易将其触发。以食品业为例，如果某知名餐饮品牌被曝出后厨的卫生情况极差且原材料过期、变质的情况，那么即便品牌对此事件进行了公关、给出了足够有诚意的解决方案与致歉态度，其品牌的信誉度还是会急剧下降。

企业重视品牌公关，有一大原因就是其可以使品牌在社会中的信誉情况变好，信誉度就像商业社会通行证一样，信誉度越高，通行证的升级速度就越快，如果过低的话，会没有领取这张证的资格。在处理信誉危机的时候，有三个关键点：第一，必须放低品牌姿态；第二，必须实事求是地将事件背景交代清楚；第三，一定要在发言时突出社会群众的利益，要将其放在首位。

3. 灾难危机

灾难危机在大多数情况下可以被划分到重大危机的范围内，且大部分情况并不能人为控制，比如以养殖、种植为主营业务的品牌，水旱灾害、地震等都会对其正常的经营状态造成严重影响。

灾难危机就不同于一般的公关危机情况了，品牌本身处于受害人的位置，不会使社会公众的利益受到过多损害，因此在公关时要注意涵盖以下基本要素：要正视灾害，用理性、客观的语言去叙述事件；阐明灾害使品牌造成的损失，要实事求是；避免让公关文稿大量被"卖惨"内容所占据，这只会使原本抱有同情心的用户印象分下降。

除此之外，还有一些情况是由于企业自身管理不力造成的，比如仓库起火这件事，虽然会使企业出现不小的损失，但如果企业前期更重视对仓库的监管以及对人员的培训，那么事故发生的概率也会降低许多。就这种危机情况来说，企业一定要在公关过程中明确表示出自己的态度，并要将日后的管理措施制定出来。

4. 法律危机

法律危机涵盖的内容有许多，比较常见的包括与员工产生的劳动纠纷或因竞业协议被一方违背而产生的法律矛盾，这些虽然不严重，但如果公关效果不好的话，也会使品牌形象受到损害。还有一种比较严重的情况，就是企业涉及偷税漏税、接受他人贿赂等问题，这种情况下的公关就一定要以致歉为主，要坦诚自己的错误并且明确表示接受惩罚的态度。

事实上，虽然危机公关的主要类型常聚集于固定的几类中，但当企业真正遇到危机事件时，在迅速调动提前设置的解决方案时，也不要忘记灵活地审视、应对局势，而不能完全借助模板的力量。

9.3.3 【案例】教科书级的海底捞危机公关

有许多知名餐饮企业因餐品质量或其他内部原因而出现过危机事件，但为什么海底捞就能成为该行业领域中危机公关的代表呢？主要有两点原因：第一，海底捞向来以食品的安全卫生为主要招牌；第二，海底捞的品牌形象与信誉度过于优秀。对这类品牌来说，站得越高，越要注意自身的安全，否则一旦跌落就很难再爬起来。

2017年，海底捞在某地区的门店被前来暗访的记者曝出了极为恶劣的新闻：后厨情况极差，主要体现在餐具的清理消毒不到位、老鼠频频在厨具之间穿梭、难闻的味道极其明显等。该新闻被多家媒体发布之后，在社会上引起了广泛的讨论，而此时的海底捞就站在风口浪尖上，如果处理不好就会立刻被人们的批评与反对之声淹没。在这种危机情况下，海底捞的优秀公关能力发挥了作用，甚至使社会舆论的方向变成了认可、支持。那么，海底捞在公关过程中究竟有哪些值得我们借鉴的地方呢？如图9-8所示。

图9-8 海底捞危机公关的可借鉴内容

1. 较快的反应速度

海底捞在本次危机事件中的反应速度堪称极快，比起某些事发后匆忙商讨对策、在一两天后才能给公众一个交代的品牌，从事发到完美解决危机事件只用了不到 24 小时的海底捞,其反应速度绝对是本次危机公关的有利加分点。这种速度一方面能够证明海底捞在公关方面的能力非常强,可以第一时间发现问题、解决问题;另一方面也可以有效平息社会公众的怒火,如果时间再延后一天的话,公关的效果也很难像现在这样好。

2. 强大的团队协作

当海底捞收到消息后,就立刻与其他成员展开商讨,且在此之前还要通过团队的力量再去收集一些详细、真实的信息,如目前互联网中的讨论热度、出事门店的负责人情况、记者报道的信息是否全部属实等。我们所看到的海底捞公关成果可能只是一纸声明,然而在声明背后隐藏着的是海底捞公关团队所做的一系列工作。

3. 合格的公关声明

对本次事件来说最关键的就是海底捞的公关声明,可以说该声明直接决定了海底捞在日后的营业情况。海底捞的公关声明一共有两个版本,一个版本的目标是对社会公众,另一个版本的目标则是涉事门店。下面,我们来简单分析一下海底捞公关声明中的优势体现。

(1)逻辑清晰。

海底捞两个版本的声明在行文结构上比较合理,严格按照标题、称呼、正文等常规结构来进行撰写,在标题上就直接体现出了本篇公关文稿的立场:致歉。海底捞直面记者报道的问题,并且公关人员在撰写时采用了直接切入的写作方法,没有铺垫也没有逃避,在面向公众的致歉信中开篇就对该事件进行了"问题属实"的证明。

在承认了事件的真实性之后,海底捞又紧随其后表明了自己作为总部的立场:向公众表示歉意与自责,不会姑息此类事件,并会将事件的处理过程及结果透明化。虽然不能说海底捞的此篇公关回应堪称满分,但与一些事发后只知道为自己辩解的品牌相比,海底捞能够在此次严重危机的情况下全身而退也不是没有理由的。清晰的逻辑、严谨的措辞,这些都是能够挽回品牌信誉度的有效因素。

(2)态度恳切。

海底捞的态度在本次公关危机中占据了非常重要的地位,哪怕海底捞的态度稍微模糊一些或是与社会公众的心理预期有所偏离,那么海底捞在之后所面对的情况也将会更加复杂。对一个知名餐饮业来说，卫生问题与食品安全的负面影响虽然很大，但也并非没有挽回的余地，企业的态度就是决定性因素。

（3）思虑周全。

不知道有多少人注意到了海底捞致歉文稿中关于媒体部分的言论，海底捞在这一点上做得非常好，其不仅没有忽略媒体在本次事件中的影响，还对媒体表示了感谢。虽然媒体也只是如实报道了事件，但海底捞的致谢态度依然非常重要，因为媒体与公关始终是紧密相连的，与媒体的关系恶化并不是什么好事。

从海底捞的案例中，我们可以看出：一个实力雄厚的品牌，不仅要懂得如何去运营，还要懂得如何使用最优方法来使自己从危机中脱身。

第10章 打造优秀营销团队实战攻略

一个优秀的营销团队,既能成为企业的盾牌,为其减少来自市场竞争的攻击,也能成为企业的刀与剑,帮助其不断提升品牌地位、赢得更多胜利。因此,企业不仅要重视对营销人员能力的单独培训,还要重视营销团队的整体效果,这样才能使企业的品牌营销发挥积极作用。

10.1 如何提升个人营销能力

团队的力量虽然强大,但前提是团队内的每一名成员都能够发挥出自己的作用,否则即便组成了团队,也只是一个没有实践意义的空架子。企业如果想要提升营销人员的能力,首先要明确哪些是基础的、哪些是核心必备的,毕竟人无完人,如果将所有能力都堆叠上去也不现实。此外,还要明确如何对营销人员进行培训,要从哪些方面下手才能促进其进步。

10.1.1 优秀营销人员应重点培养的 8 种核心能力

营销人员对企业的重要性不言而喻,但不要将其与销售人员混淆,营销人员的工作职能更侧重于对战略的制定以及对人们的诱导。一个优秀的营销人员,能够帮助企业解决许多难题，并且能够有效规避会对企业造成危害的陷阱。不过，此类人员同样需要具备一些核心能力，才能成为优秀的人才，如图10-1所示。

图10-1　优秀营销人员的核心能力

1. 信息采集能力

营销人员基本上每天都要同各类数据打交道，虽然他们不像销售人员那样要频繁地同消费者群体直接接触，但作为"幕后"人员，他们必须做好辅助工作。无论是从市场人员那边反馈回来的市场信息，还是销售人员这边传递的消费者信息、产品信息等，营销人员都要对这些信息足够上心，并且要有自己的信息采集渠道，同时要对各个渠道的信息重要程度进行次序排列。

2. 沟通能力

企业在招聘营销人员时，通常会将"较强的人际交往能力"放在要求列表中，越是外向、擅长与他人交流的营销人员，就越能在此行业中取得相应成就。营销人员无论是与品牌合作方还是与团队成员等进行沟通，都一定要保证自己的语言逻辑性要强，并且在涉及公关领域时要尽量让自己处于有利位置。

3. 应变能力

营销人员需要负责的事情比较多，并且需要面对的人也可以用多种多样来形容，在营销过程中会经常遇到一些突发问题，这些都是很常见的现象。一个优秀的营销人员必须具备强大、灵活的应变能力，才能见招拆招、避免落入陷阱。

4. 创新能力

创新能力对于主要负责产品营销这方面的员工要求较高，如果缺乏新颖的构思，只是长期使用传统、老套的营销形式，那么长此以往品牌用户的兴趣度与忠诚度都会逐渐降低，然后会转向那些能够推出一系列创新活动的品牌。另外，在日常的工作过程中，创新能力也是必不可少的，因为营销人员只有不断创新才能实现自我突破，才能让思维更加开阔，而不会被限制在某一狭小区域内。

5. 自我反思能力

如果只是忙于策划活动或针对品牌去制定一系列战略内容，而从来没有对活动结束后的反馈进行采集与分析、没有真正落实战略实施的情况，那么企业的发展状态将会变得非常不健康。

比如，如果营销人员参与了一场产品展会的布置与规划活动，那么在之后至少要思考这些内容：来宾的反馈如何？媒体的传播力度大不大？本次活动有没有达到初期目的？有哪些尚需改善之处？下一次活动要注意哪些方面才能进一步优化活动的效果？这些都是营销人员需要考虑的内容。

6. 洞察能力

营销人员一定要足够敏锐，要具备较强的洞察能力。通常，人际交往能力较强的营销人员在洞察力方面也不会是弱项，尤其是想要扩大产品所占市场份额的时候，就必须利用自己的洞察能力去剖析核心用户的需求。

有些人天生就在这方面占据优势，他们能够结合信息、数据格外精准地看到目标消费者想要的东西。在公关或谈判的过程中，洞察能力也可以发挥良好的作用，使营销人员能够掌握对方的弱点，从而精准出击。

7. 决策能力

决策能力虽然不是营销人员的必备能力，但如果营销人员具有此种能力的话，在应对突发事件且时间要求十分紧急的情况下，也许能够有效帮助企业顺利从险境中脱身。决策力越强就意味着该员工的反应速度越快、思维灵敏度越高，否则很容易因为犹豫不决无法作出决定而使事态的严重程度加剧。

8. 数据分析能力

营销人员在收集到有效数据之后，一定要知道如何对其分析才能产生更大的价值，即要掌握分析数据的技巧。另外，某些缺乏数据分析能力的人很容易被市场风向及其他社会因素所动摇，不具备自己的数据判断意识，这样甚至会使数据分析的结果产生误导。因此，优秀的营销人员通常会对数据非常敏感。

所有营销人员都是从新手时期渐渐成长起来的，在成长的过程中一定也有过犯错、受挫的时刻，但自始至终都不要忘记不断为自己补充新知识，这样才能使自己的发展速度更快一些。

10.1.2 懂数据、懂用户心理的营销人进步更快

事实证明，互联网时代一定离不开数据，且二者的关系只会随着时间的推移而越来越密切。在这种环境下，营销人员必须不断地训练自己对数据的敏锐感与分析能力，除此之外还要将目光放在用户心上，目的是要摸清其真实心理，从而以产品为箭，做到百发百中。

初级营销人员会分析一些简单数据，如活动的参与人数与效果、产品的销售额与企业盈利等。从这些数据中，营销人员可以获取到基础信息点，可以判断哪一类产品的价值潜力较高、消费者更喜欢哪种类型的活动等。不过，对于某些高级营销人员来说，对数据的分析往往更加深入，所采用的分析方法也不会像初级那样简单。

提到互联网技术与数据，我们就必须对营销人员的另一项能力有所要求：对智能系统的使用熟练程度。建几个表格、折线图，这种基础的数据分析方法在当前已经无法适应时代的要求了，而是要学会使用更多系统化、专业化的工具，以便使数据分析的结果更加全面、准确。

除此之外，懂得如何分析数据只是推动营销人员进步的因素之一，还有一大主要因素就是对用户心理的揣摩。营销人员的性格可以各不相同，但必须掌握用户的心理，才能对症下药制定出有效的针对方案。下面总结出几类在营销场景中比较常见的用户心理，如图 10-2 所示。

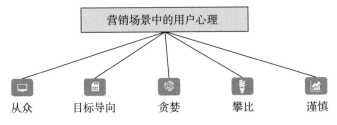

图 10-2 营销场景中的用户心理

1. 从众心理

就从众心理这一点，我们可以用罗振宇的"得到"App 这款产品来举例。罗振宇没有将宣传重点放在有多少人开通了付费会员、会员有哪些特殊福利上，而是利用了人们的从众心理与当代人或多或少都会有的焦虑感来旁敲侧击：在这个知识越来越宝贵的时代，所有人都在努力吸收新知识，而落单的你很容易被时代

抛下。从众心理的关键就在于一定要让目标用户可以清晰地感受到落差感，但注意营销手段不能过于直接。

2. 目标导向心理

我们在跑步的过程中，最难熬但同时最能坚持的一段路其实是快要抵达终点的那一段，因为人们往往会产生这种念头："都已经跑了这么久了，现在停下不就前功尽弃了吗？"如果将该理念应用于营销场景中，方法合理的话就可以产生明显的营销效果。比如某个主营健身产品的品牌，就可以将方案重点放在"半生都在与减肥做斗争，就差最后一关，还不要再努努力吗"这类内容中，要激发出用户不甘心放弃的情绪。

3. 贪婪心理

从常规含义来看，贪婪其实是一个贬义词。然而，站在营销人员的角度，如果能够利用好用户的贪婪心理，那么这个词也未必不能发挥积极作用。利用这种心理的时候，要注意不能在一开始就将门槛抬高，最好让用户可以抬腿就跨过去，而让其不用费力也不收取任何费用。

当用户一点点看到门后的风景全貌之后，营销人员就可以将暗中布置好的网慢慢收拢，像抽奖、免费试用这类活动都属于利用了人们的贪婪心理。但是，营销人员可以用一些小奖励去吸引、诱惑目标用户，却不能欺骗他人，否则就属于违反规定的行为了。

4. 攀比心理

利用用户的攀比心理时，需要营销人员把控好火候，否则非常容易激起用户的不满心理。比如，当用户在犹豫是否要购买某款口红时，营销人员就可以借助"办公族必备、你的同事们都会购买……"这类具有对比感的句子来激发用户的攀比心理。当前，也有许多文案会以"有了××，你的生活质量才会更高"等内容去调动人们的情绪。

5. 谨慎心理

谨慎是因为受到了不确定、不信任心理的影响，而营销人员如果想要增强品牌或产品的可信度，就要为产品添上更多权威感。比如知名网红李佳琦的个人口碑非常好，许多女性消费者也非常相信他，因此许多被李佳琦推荐过的化妆品品牌就会打出"李佳琦推荐/使用过的××"来削弱目标用户的犹豫感。如果企业的质量检测非常严格，也要充分利用好这一点，要将具有权威性的证据全都贴出来。

数据与用户对营销人员来说都很重要，就像左膀右臂一样，要二者兼顾、相互协调,才能将营销工作做得更好、使品牌的知名度可以得到更大范围的扩散。

10.2 如何组建优秀的营销团队

当企业将团队成员都培训到位后,并不能因此而松懈下来,还要考虑到成员之间的磨合问题。如果营销团队不具备高效执行力的话,许多事都有可能受到严重的阻碍。除此之外,还有一些企业由于建立的时间不长,很容易出现人才流失的现象,因此要掌握相关技巧去尽可能留住人才。

10.2.1 营销团队组建初期如何吸引、留住人才

对某些初成立的企业来说,组建一个营销团队或许并不困难,但寻找一个经验丰富、能力强大的营销人员并将其成功拉进团队中,这件事可并不简单。如何能够在自身实力还不够强大的时候,就能吸引到优秀的营销人才呢?下面就对这个问题详细讨论,如图10-3所示。

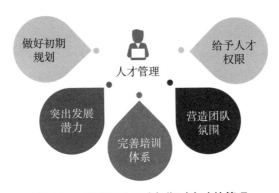

图 10-3 营销团队组建初期对人才的管理

1. 做好初期规划

企业在发布招聘启事或从内、外部寻找营销人才的时候,一定不要过于仓促,要对团队的规模、具体的职责分布、核心能力的需求等方面进行初期规划,否则即便人才来到队伍中,也会因为感觉团队架构混乱而无法长久留下来。

2. 突出发展潜力

在与营销人才进行面对面沟通时，作为代表企业形象的面试官，需要明确对话过程中的关键点。

首先，不要过分夸大企业优势，要客观地向人才介绍企业，不要给人一种吹牛、不靠谱的感觉。其次，营销人才之所以在商业环境中如此抢手，就是因为其从业经验多、综合能力强。因此不要妄图靠一些不具备竞争力的物质奖励去吸引对方，而是要知道对方真正想要的是什么：是能够通过具体的信息、数据去描绘出的发展潜力，还是先进、有价值的经营理念。

营销人才通常会有较强的洞察力与分析能力，即便双方对话的时间并不长，其也能够对该企业形成大致的评估。无论如何，态度要真诚，但不要过分放低姿态。

3. 完善培训体系

营销人才加入团队只是企业走向成功的第一步，就算是普通员工都有因各种原因而随时离职的情况出现，更何况是对企业尚处于不甚熟悉状态的营销人才。能够吸引人才是基础，能够使其对企业产生归属感、愿意与企业齐头并进，企业的营销团队才能真正发挥作用。

不要认为营销人才个人能力很强，见过的场面也多，就疏忽了对培训体系的制定与完善，员工培训的质量同样会影响到营销人才对企业的印象分。至少，企业也要让其了解内部的规章制度、发展理念、产品卖点与目标人群类型等，否则就像交给厨师没有任何食材的厨房一样，厨师能力再高超也会有无从下手的迷茫感。

此外，最好能够在进行员工培训的时候交给其一些新知识、新技能，而不只是机械化地走过场。营销人才大都具备较强的学习能力，他们愿意加入一个新团队，也肯定不希望自己在这里原地踏步。

4. 营造团队氛围

团队氛围是很重要的，有时甚至能够影响到重要事件的走向。假如团队氛围不好，那么即便企业招募再多的营销人才，也只会让彼此之间的关系更加僵化，对工作的热情也会日益衰减。团队氛围可以体现在许多方面，比如团队成员之间的默契度、沟通情况；团队活动的成员参与积极性；推进某活动进度时的意见讨论情况等。

只维持表面的和平远远不够，而营造团队氛围也不应走向极端，一味地举办各种活动来试图提升团队凝聚力并不可取，要注重在各种细节方面的设置。企业的内部环境非常重要,当成员之间产生矛盾时是否能够在第一时间被调和而不是置之不理,无论是企业管理者还是团队负责人都务必要将这个问题重视起来。

5. 给予人才权限

营销人才选择加入企业团队,是因为在初期对企业的印象还不错,并且认为自己可以在该企业中寻求一些突破。为此,企业要适当给予其一定的自由权限,这个限度一定要控制在合理范围内。正常的汇报、上下级沟通的制度不能被破坏,否则企业将对营销人才毫无约束力可言,这并不是正常的企业氛围。

与此同时,企业可以交给营销人才一些比较重要的项目,一方面要让其感觉到自己在企业中的受重视地位;另一方面企业可以给予其支援,但不要成为束缚他的枷锁。当然,必要的监督还是要有的。

10.2.2 有效提升营销团队执行力的4种方法

一个团队的执行力高低,会直接决定某活动或某事项的完成效果。不过,执行力可不是简单的上级发号施令、员工立刻执行那么简单。就像马拉松比赛一样,如果一开始的方向就没有定准确,那么后续即便耗费再多精力也毫无意义,反而会白白将机会让给竞争对手。所以,企业在提升团队竞争力的时候,一定要思考全面、选择正确的方法,如图10-4所示。

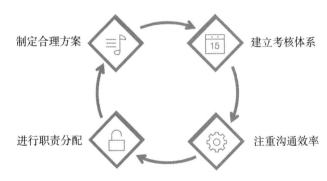

图10-4 提升营销团队执行力的方法

1. 制定合理方案

企业在为团队设定目标的时候,一定要考虑到几个问题:这个目标合理吗?预计需要多长时间?能够实现的概率有多少?是否适合在现阶段、由当前的团队去执行?

即便营销团队的实力真的很强，也要在合理目标的驱使下才能提起工作的动力。除目标以外，企业还要对具体的时间进度进行详细规划，如截止到哪段时间需要推进到哪一阶段、预计完成项目的大概时间等。如果条件允许的话，时间越具体越好，这并不是对团队施加压力，而是想要提升团队执行力的必经渠道。

如果没有时间限制的话，团队就会有轻微的懈怠感，虽然项目也可以正常完成，但效率低下也会对企业造成损失。

2. 进行职责分配

由于不同企业的内部情况不一样，所以在团队架构与规模方面也无法达成统一，不存在绝对通用的团队模板。不过，但凡有一些从业经验的人应该都知道，一个正常的团队必须进行职责分配，否则团队的后续合作或许会出现很严重的问题。

就像我们在某个班级中，从大体来看是由教师与学生构成的，如果再进一步细分的话，我们还可以在学生中找出班长、课代表等不同职责的人员。而在团队中，只有保证每个人都能各司其职、负责自己擅长的领域，才能使他们的个人能力得到充分发挥，再经过协调与配合形成默契的团队效果。

按照常理来说，一个营销团队中至少要有这些角色：负责制定营销方案的策划者，负责与其他人合作对接的沟通者，负责落实方案内容、推动项目进度的执行者等。这些都是正常营销团队中的必备角色，而在对个人进行分配时也要考虑到每个人的能力优势，要注意扬长避短。

除此之外，还要着重强调团队责任人的选择。责任人在一定程度上需要更多的压力，无论是能力还是心理素质都要高于其他人，而其在团队中也要起到关键作用，所以在选定责任人时务必格外慎重。

3. 建立考核体系

如果按照因果关系来看的话，团队的执行力得到提高是因为他们在办公情绪上就比较热情、积极，而会引发这种情绪的原因一定是有什么因素可以对其产生激励作用。某些优秀的营销人才选择企业或许是因为企业的工作风格比较对其胃口，或是其他的某些加分项，无论如何，最直接、最受成员欢迎的，始终还是实打实的绩效考核奖励。

在建立考核体系时，有几个注意事项需要考虑到位：第一，绩效考核的目标设置是否合理？过高或过低都有可能影响到团队的工作效率。第二，绩效考核的奖励是否能够真正对成员形成激励效果，而不是产生反向的负面作用。第三，考核体系的建立是否足够全面，即将每个角色都涵盖在内，要避免出现所有职责都一概而论的情况。

4. 注重沟通效率

团队执行力的提升与成员沟通效率关系密切。如果信息传递受到阻碍，每个人都习惯于独自工作而不轻易交流的模式，那么项目又怎么能顺利推进呢？在这种沟通效率低下的环境中，不仅不利于培养成员之间的默契度，而且很容易使项目出问题。因此，企业首先要加强对内部信息系统的打造，其次要反复强调沟通的重要性，以此来培养成员的沟通意识。

营销团队成功与否离不开上述四大方法，但也不仅限于这些内容，有许多细节之处还需要团队负责人与相关管理者自行探索。

10.2.3 【案例】美团地推"铁军"是如何炼成的

美团这一品牌虽然截至目前还开发出了一些其他类型的业务，但其最为知名、利润最高的业务还是各种团购服务，其中以餐饮最受欢迎。美团如今能够在市场中占据绝对的优势份额，与其内部大批量负责地推的员工脱不开关系。

我们先来了解一下美团的地堆员工都需要做什么：由于美团的业务特殊性，因此其地推员工最基本也是最主要的职能就是寻找更多商家，并与其建立合作关系。我们当前在美团 App 中看到的大多数商铺，其实都是美团地推员工努力过后的成果。而且，美团几乎涵盖了每一个城市，这意味着美团对于地推员工的管理难度更高。

可以预想的是，美团在初期一定也会在管理地推团队方面遇到许多问题。但随着一步步的前进，美团逐渐摸索出了一套完善的团队管理方法，具体内容如图 10-5 所示。

1. 重视人才作用

无论是在哪一时期，优秀的地推人才都能在美团内部有着较高的地位。众所周知，美团的业务已经遍布全国各地，而每个城市中又有数不胜数的中小型商家。如果换作某些普通企业的话，或许就会以地推员工的数量为先，目的是尽可能用最短的时间将各地的目标都点亮。

图 10-5　美团对地推员工的管理方法

美团之所以能够获得成功，就是因为其管理团队的目光并不狭隘，虽然他们也想尽快合作到更多商家，但他们却明白这件事并不能单靠无限发展地推员工的规模来解决。一个优秀人才的个人价值足以抵得上几个普通地推员工，而美团则非常明确这一等式换算，在中后期也始终将地推人才视为核心。

2. 面试严格把关

除核心员工外，美团在招募普通的地推员工时，也不是任何人都能无条件领取到资格券的。因为地推这项工作，从实质上来说门槛并不低，如果社交能力不强的话，就很难同商家建立合作关系。如果只是为了走流程，那么在这种形式主义下组建的地推团队并不能发挥什么实际作用，反倒会使美团的经济情况受损，因为很难利用团队去得到一些有价值的东西。简而言之，美团在面试环节的把关非常严格。

3. 优化培训质量

当新员工进入美团后，美团不会立刻就将地推任务交给他们，而是会视其能力高低进行针对性的培训。可以说，这一环节虽然从短期来看会拖延美团的地推进度，然而如果从长远发展的角度来看，优质、高效的员工培训使其可以在每一次走访商家时的合作成功率都能得到明显增加。在一无所知的情况下上战场，与装备充足、地形明确相比，结果肯定是不一样的。

4. 打造晋升机制

做得好就会有奖励,所有人都懂得这个道理,许多管理者也知道这会对员工有所激励,然而却往往会因激励方式不正确或过于"吝啬"而使得员工失去信心。美团在打造晋升机制的时候,考虑得还是比较全面的。

地推员工想要晋升,第一要真正做出成绩、达到或超过目标,这是硬性条件,同时也是非常公平的晋升条件。第二则比较特殊,但也不会引发其他人的异议,即要看地推团队中担任管理者这一职责的人员对下级的培训能力如何。就像教师如果培养出许多成绩优异的学生,其个人能力就能够得以体现,自然也能迅速从普通教师升级为高级教师一样。

5. 责任分工明确

地推人员需要同形形色色的人打交道,在沟通过程中也总会遇到一些比较棘手的问题,这时就需要有一个人来负责作决策,而这个角色一般会由团队的管理者担任。

责任分工明确其实也是团队富有执行力的体现,即如果所有人都犹豫不决、畏缩不前,不愿意背负作决定后需要承担的责任,那么事情就会陷入僵局,难以得到解决。而受过系统培训的团队管理者,能够迅速作出决策,且有着承担风险责任的勇气。长此以往,不仅可以提升团队成员的执行力、凝聚力,而且可以使管理者得到更快、更好的成长。

附录

在附录中,我们从品牌营销案例中挑选出两大典型,分别是名创优品与擅长打造网红品牌的营销达人"雕爷",我们会对其所采取的营销手段进行详细剖析,并剖析出其在品牌营销过程中那些值得借鉴的地方。

【附录1】 名创优品从0到100亿元品牌营销全流程解析

名创优品这个品牌在国内可以用火爆来形容,基本上覆盖了全国各地,在全球范围内的开设情况也比较良好,且大都聚集在人流量较多的繁华商业区。名创优品的产品十分多样化,而物美价廉也是人们对其产品抱有好感的主要原因之一。不过,如果只是单靠产品的话,名创优品要走到知名度如此高的地步还是有些困难的。我们会将名创优品当作案例进行分析,就是因为其在品牌营销方面有许多值得我们参考的地方,如附图1所示。

附图1 名创优品的品牌营销技巧

1. 巧借文案力量

名创优品自始至终所走的都是低价路线，但在初期的营业效果其实并不好，无论是客流量还是销售额都达不到目标水平，而类型的线下商铺也是如此，基本上掀不起太大的水花。虽然名创优品当前的优势正是因为产品性价比极高，但在过去，大多消费者却对名创优品抱以怀疑的态度，因为价格实在是过于便宜。

这个想法其实并不难理解，因为那时的名创优品对人们来说还十分陌生，像护肤品这类比较特殊的产品，消费者自然不敢轻易购买。为了解决这一难题，名创优品便借助了文案的力量，比如"同类产品同一质量""优质低价不暴利"等。当然，单靠文案肯定不会使所有人都受到影响，但只要有人愿意去尝试，就是一个良好的开始。

2. 倾听用户需求

想要做好品牌营销，就一定不能忽视用户的需求。或者说，要赶在竞争对手之前先一步发现用户的需求。做好品牌营销的前提就是产品对用户需要具备一定的吸引力，如果连核心用户对品牌产品没有什么兴趣的话，那么品牌就不具备营销的底气。为了把握好用户需求，名创优品在选品环节会格外谨慎且耗时非常久，一方面要结合近期的产品销售情况去考虑用户喜好，另一方面也要结合当前的流行趋势。

3. 注重品牌差异

虽然名创优品的产品售价低廉，然而其店面装修与产品包装等都具备较强大的竞争力。例如，街边常见的"×元店"，而这类店铺的产品尽管也同样实惠，却很少能形成品牌，更不要说打出知名度了。而名创优品很显然也意识到了这一点，即如果不塑造出成功的品牌形象、不能使品牌差异度增强，那么品牌自身将很难存活下去。

因此，名创优品便做好了比较独特的品牌定位，主要走简约清爽的日系风格，还会适当与北欧风格相结合。这样的品牌定位形成之后，品牌档次也随之提升，再辅以一些营销手段，就可以使人们对名创优品的印象更加清晰化。

4. 自发传播模式

如果忽然向你提一个问题：名创优品比较知名的广告有什么？或许你在一

时间会感觉有点茫然,因为名创优品似乎没有深入人心的"魔性"广告。事实证明,名创优品虽然也非常注重对品牌的宣传,然而却并不想走常规的大范围广告宣传路线。

名创优品的宣传渠道主要有两个:其一,软植入电视剧中,如偶像剧《甜蜜暴击》中就曾多次出现名创优品的品牌标志及代表性产品,但并不会引起观众厌烦,反倒带起了一波比较强烈的品牌效应;其二,借助消费者群体来完成品牌的自发传播。

线下是名创优品的主要阵地,其经常举办优惠力度较大的活动,使本就被低价吸引的消费者购物情绪愈发高涨,比较常见的是部分产品买一送一或满减形式等。有了这种实打实的优惠,消费者会对名创优品愈发满意,无论是为了拼单还是单纯想要告知朋友,名创优品都能收获较显著的自发传播效果。而在这一过程中,名创优品的宣传支出是很低的。

5. 进行内容输出

有趣的内容往往可以吸引到更多新用户,名创优品也常在微信公众号中定期发布一些文章,且类型并不统一。有时是新产品的推荐文,有时则是与网络热点相结合的软文,大多数文章会获得较高的热度。

名创优品的文案团队经常在文章标题上做一些手脚,比如"新年爆痘怎么办?教你一招……"或是"快进来!看看你的脸型适合什么发型"。像这类标题就很容易引发人们想要点进去看一看的兴趣,而正文的质量一般也比较好,大都能激发人们的讨论欲望,公众号的运营人员也会挑选一些内容进行回复,以此拉近与用户之间的关系。

总体来说,名创优品在进行品牌营销时,每一步都走得十分稳妥,每一个决定都有依据可言。最重要的是,名创优品始终以用户为先,会处处考虑用户的体验感。

【附录2】 营销达人雕爷连续打造三大网红品牌背后的实战方法论

打造网红品牌不是一件容易的事,因为被冠以网红名号的品牌往往只是昙花一现,而无法在市场中长久驻足。然而被称为营销达人的雕爷,却足以担当得起这个称呼。无论是热门的餐饮品牌"雕爷牛腩",还是在国内知名度非常高的护理品阿芙精油,又或者是提供上门服务新模式的河狸家,这些都是被雕爷一手打造的品牌。

正如我们当前所看到的那样,在这个节奏快、略显浮躁的市场中,新网红品牌层出不穷,与旧品牌持续不断地进行着更替。能够在这种竞争激烈的环境中守护住自己的品牌,并且能够在日后继续推出新品牌且相继获得成功,就不能只是用一句运气好来解释了。事实上,如果没有一定的营销能力,雕爷也很难在业内真正创出名气来。我们可以以雕爷打造出的几款品牌为依据,从中剖析雕爷的营销理念与相关技巧,如附图2所示。

附图2 雕爷的营销方法

1. 了解用户心理

雕爷的营销理念中,有一点是非常基础、人人都知晓的,即摸清用户的心理、了解其真正想要的是什么。该理念虽然在营销界就像一个常识一样,然而总有许多人无法真正落实这一点,但雕爷却深知用户的看法对于品牌营销有多么重要。

虽然在外界看来,雕爷是一个营销功力深厚的人,但本质上还是因为雕爷能够将用户放在第一位。如果只是一味地注重加大力度对产品进行宣传营销的话,就很难保证产品的质量，而这往往是决定用户是否会对品牌产生好感的最关键环节。在一些访谈活动中，雕爷也提到，无论是哪个品牌，他都会频繁浏览用户反馈的信息，如好评多一些还是差评多一些、差评内容都有什么等。只有真正了解到用户的态度，才能使品牌有所进步。

2. 注重品牌传播

就品牌传播这一点，我们可以用阿芙精油来举例，可以说雕爷在该款品牌上所做的营销推广工作算得上多种多样。从最常规的电视剧植入、广告插播，到结合时代潮流进行互联网营销、不断紧扣热点事件，雕爷的营销手段随着其思想一起更新。

雕爷非常注重对品牌自传播工作的引导，为此在准备做一些热点话题进行营销的时候，通常都会以团队形式召开讨论会议，讨论内容包括选题、研究方案、分配任务等。另外，这里还需要提到其团队的一个优势点，即高效的执行力。毕竟热点内容具有时效性，如果团队执行力不够的话，就很难在第一时间将热点的价值发挥到最大化。

3. 打造品牌差异

说到品牌差异，其本质上还是对创新力的比拼。河狸家创办于2014年，主要的目标群体是需要美妆、造型等服务的女性群体，虽然市场中已经有了不少提供同类型服务的品牌，但大多数是线下实体店的传播模式。

雕爷具有较强的品牌差异意识，如果依然走同类路线的话，至多也只能维持不温不火的经营状态，所以打造出了灵活的上门服务模式，目前在多个城市都上线了社区体验馆，且生意可谓相当红火。当互联网的发展愈发迅速之后，雕爷又将主意打到了信息技术上，即通过对互联网的运营来打破信息的封闭性，使更多人能够更加快捷地发现、体验到河狸家的服务。

4. 明确跨界意义

从雕爷现阶段所打造的品牌体系来看，雕爷的目光放得相当长远。即便单独把阿芙精油这一品牌挑出来，其带给雕爷的利润在市场中也算得上可观，但雕爷并没有因此而满足,反倒有着极为强烈的危机意识。如果只专注运营一个品牌,那么该品牌会面临的市场风险就会变得非常大;如果打造出多个品牌形成跨界体系,品牌的风险或者雕爷需要肩负的压力相对来说就会少很多。

雕爷手中的品牌目前在市场上仍旧十分火爆,而从雕爷所制订的计划来看,他还会继续研究其他跨领域的品牌。雕爷的成功在于其懂得如何去剖析用户心理、如何去研究市场状况,并且还有一个能力足够强大、能够果断抓住机会的团队。